D1673285

Fachkräfte in der Gesundheitswirtschaft

Veränderte Strukturen,
neue Ausbildungswege
und Studiengänge

Jahrbuch HealthCapital Berlin-Brandenburg 2008

Herausgegeben von Günter Stock

Fachkräfte in der Gesundheitswirtschaft

Veränderte Strukturen,
neue Ausbildungswege
und Studiengänge

Herausgegeben von
Raphael Krüger und Rolf Dieter Müller

Akademie Verlag

Dieses Vorhaben/Projekt der TSB Innovationsagentur Berlin GmbH wird über die Investitionsbank Berlin mit Mitteln der Senatsverwaltung für Wirtschaft, Technologie und Frauen gefördert, kofinanziert von der Europäischen Union – Europäischer Fonds für Regionale Entwicklung. Investition in Ihre Zukunft!

Die Deutsche Nationalbibliothek verzeichnet diese Publikation in der Deutschen Nationalbibliografie; detaillierte bibliografische Daten sind im Internet über http://dnb.d-nb.de abrufbar.

ISBN 978-3-05-004511-1

Satz: Sabine Taube, Berlin
Druck: MB Medienhaus Berlin
Bindung: Norbert Klotz, Jettingen-Scheppach

Printed in the Federal Republic of Germany

■ Inhalt

■ Editorial

Im vergangenen Jahr haben wir erstmals einen Überblick über die Ausbildungs- und Studiensituation beim Thema Gesundheit in Berlin-Brandenburg gewonnen. Rund 30.000 Auszubildende belegen 55 verschiedene Ausbildungsberufe, 15.000 Studierende sind in 81 Studiengängen der Medizin und Gesundheit eingeschrieben. Hinzu kommen hunderte von Weiterbildungsangeboten, deren Vielfalt kaum überschaubar ist.

An universitären und außeruniversitären Einrichtungen arbeiten 10.000 Wissenschaftler in 350 Forschergruppen an der Medizin und Gesundheitsversorgung von morgen. Die Region Berlin-Brandenburg ist damit eines der großen europäischen und internationalen Zentren für Aus- und Weiterbildung, Lehre und Forschung in der Gesundheit. Traditionell bilden wir nicht nur für unsere Region aus, sondern weit darüber hinaus.

Vergleicht man die Gesundheit mit anderen Branchen, so fällt auf, dass sie eine außerordentliche Breite an Berufsbildern und Tiefe von Qualifikationsprofilen bietet. Sie reicht vom Pflegehelfer zum Medizinnobelpreisträger und vom Versicherungsangestellten bis zum Laserspezialisten. Kaum zufällig ist die Gesundheitswirtschaft in Berlin-Brandenburg mit knapp 350.000 Beschäftigten der größte Erwerbszweig. Mit rund 14 Milliarden Euro Bruttowertschöpfung im Jahr 2007 ist sie zugleich der wichtigste Wachstumsmotor unserer Region.

Ob diese Bedeutung anhält und noch zunimmt, hängt von Zahl und Güte der Fachkräfte ab, vom Erzeugen und Umsetzen kollektiven Wissens, von der Aktualität der Berufsbilder und von den Karriereaussichten, die sich mit ihnen verbinden. Alle Gesundheitsberufe stehen im Wandel wissenschaftlicher und technologischer Entwicklungen, demografischer Veränderungen, neuer Versorgungsstrukturen und gewachsener Patientenansprüche.

Das erste Jahrbuch von HealthCapital widmet sich daher ganz bewusst dem wichtigsten Thema: der Bildung und Qualifizierung von Menschen, die Gesundheit erst möglich machen.

Prof. Dr. Dr. h.c. Günter Stock
Sprecher Netzwerk Gesundheitswirtschaft
HealthCapital Berlin-Brandenburg

■ Vorwort

Vor dem Hintergrund einer stark alternden und zugleich schrumpfenden Bevölkerung in Deutschland vergeht keine Woche, in der nicht düstere Zukunftsszenarien der gesellschaftlichen Entwicklung gezeichnet werden. Ein dramatischer Mangel an Fachkräften gilt als unvermeidliche Folge und wird in einigen Branchen bereits heute beklagt.

In Deutschland sind die Ingenieurberufe bereits seit Jahrzehnten notorisch unterbesetzt. Es wird viel zu wenig getan, um den steigenden Bedarf an Naturwissenschaftlern und Technikern hinreichend zu decken. In den 90er-Jahren wurden die IT-Berufe als Nadelöhr des deutschen Wirtschaftswachstums ausgemacht, bis die Internetblase an den Börsen platzte. Anschließend wurden die Lehrer zum knappen Gut erklärt. Seit einiger Zeit ist die Unterversorgung im Gesundheitswesen ein Reizthema, nicht zuletzt aufgrund des spürbaren Fachkräftemangels.

Dem akuten bundesweiten Schwund an Pflegekräften will die Bundesregierung mit einem Ausbildungsprogramm zu Leibe rücken, das den Krankenhäusern 21.000 zusätzliche Stellen innerhalb von drei Jahren zuspricht. Landesregierungen und Kassenärztliche Vereinigungen versuchen dem wachsenden Ärztemangel in ländlichen Regionen zu begegnen, indem Sonderregelungen und Privilegien eingeführt werden – allerdings mit sehr mäßigem Erfolg. Es ist offenkundig, dass unattraktive Ausbildungs- und Arbeitsbedingungen, schlechte Karrierechancen und Verdienstmöglichkeiten sowohl Pflegekräfte als auch Mediziner oft demotivieren. Viele Ärzte weichen in beratende, werbliche oder produzierende Gesundheitsbereiche aus statt im Gesundheitswesen tätig zu sein, oder sie wandern ins Ausland ab. Diese Entwicklungen weisen deutlich auf Strukturdefizite hin.

Trotz des Wandels im Gesundheitswesen wird hierzulande in den Gesundheitsberufen bei der Aufgabenstellung und Qualifizierung immer noch an traditionellen Berufsbildern festgehalten. Erkenntnisse, die besonders im Ausland gesammelt wurden und die zu einem besseren Einsatz von Fachkräften und zu mehr Patienten- und Arbeitszufriedenheit führen können, werden in Deutschland bisher nicht oder nur unzureichend umgesetzt.

Neben den Lücken in der Patientenversorgung, die vor allem Politik und Öffentlichkeit beunruhigen, ist der wirtschaftliche Schaden des Fachkräftemangels im Bereich der Gesundheit bedrohlich. In einer Studie von Dennis Alexander Ostwald und Anja Ranscht, beide wissenschaftliche Mitarbeiter am Lehrstuhl von Prof. Bert Rürup an der Technischen Universität Darmstadt, wurde herausgearbeitet, dass die Gesundheitswirtschaft für Berlin-Brandenburg von zentraler Bedeutung ist. Mehr als jeder achte Erwerbstätige ist in der Gesundheitswirtschaft beschäftigt, die mittlerweile knapp 14 Milliarden Euro zur regionalen Wertschöpfung beiträgt. Diese herausragende Stellung wird durch Defizite bei der Qualifizierung und Fachkräfterekrutierung gefährdet.

Entsprechend thematisiert der erste Abschnitt des vorliegenden Jahrbuchs die Fachkräftesituation in der Region sowie die Bedingungen ihres Wandels. Zudem werden Möglichkeiten vorgestellt, die gegenwärtige Fachkräftesituation und ihre zukünftige Entwicklung zu messen, zu analysieren und zu bewerten. Die Feldstudie der IHK Berlin von Marion Haß und Stefanie Richter ist hier – wenngleich nicht repräsentativ und in alle Einzelheiten gehend – sicherlich richtungsweisend. Die Hälfte der befragten Unternehmen beklagt aktuelle Qualifikationsdefizite bei Fachkräften. Besonders „weiche Faktoren" wie Dienstleistungs- und Serviceorientierung, Kommunikationsverhalten und Sprachkenntnisse werden als unzureichend benannt. Mit Blick auf die Zukunft erwarten drei Fünftel der Unternehmen zunehmende Schwierigkeiten am Arbeitsmarkt.

Anja Walter, Carsten Kampe und Markus Höhne von der Landesagentur für Struktur und Arbeit (LASA) Brandenburg stellen ein Fachkräftemonitoring vor, das die Probleme frühzeitig erkennt, nach Regionen, Branchensegmenten und Berufen differenziert, die Analyse vorhandener Arbeitsmarktdaten intensiviert, die Unternehmen durch systematische Befragungen einbezieht und einen Prognosehorizont von drei Jahren verfolgt. Eine alternative Methode, die primär auf vorhandene Arbeitsmarktdaten aufsetzt, sich zugleich stärker auf eine wirtschaftszweig- und berufsspezifische Betrachtung konzentriert und wirtschaftliche wie auch demografische Ansätze aufnimmt, haben Igor Koscak, Dennis Alexander Ostwald und Anja Ranscht von der Technischen Universität Darmstadt entwickelt.

Skeptiker von Unternehmensbefragungen führen häufig das Argument ins Feld, dass Arbeitgeber tendenziell aus Eigeninteresse und Personalkostenkalkül das Fachkräfteangebot schlechter bewerten als es tatsächlich ist. Aus dem Beitrag von Stephan Padberg und Thomas Winschuh wird indes ersichtlich, dass den wesentlichen Trends in der Organisations- und Personalentwicklung tatsächlich neue Herausforderungen zugrunde liegen. Struktur- und Systemveränderungen sowie technischer Fortschritt in der Gesundheitswirtschaft erfordern sowohl von den Arbeitgebern als auch von den Beschäftigten einen hohen Anpassungsbedarf.

Neue Berufsbilder und veränderte Ausbildungsgänge, so der zweite Abschnitt des Jahrbuchs, sind unausweichliche Konsequenzen der skizzierten Entwicklung. Die Fülle an Ausbildungsangeboten in der Gesundheit, die Tobias Funk von SPI Consult eindrücklich beschreibt und systematisiert, bildet keineswegs die heutige Nachfrage ab. Wo die Schranken zwischen ambulanter und stationärer Versorgung fallen, wo Patientenbetreuung nicht mehr nach Abteilungen und Medizinbereichen, sondern nach Behandlungspfaden und Versorgungsprozessen organisiert wird, wo Vorsorge und frühe Nachbehandlung gegenüber der kurativen Intervention an Bedeutung gewinnt, ändern sich Aufgaben und Rollenverteilungen in der Erbringung von Leistungen für alle Arbeitsfelder grundlegend.

Lukas Schmid, Olaf Schenk, Jochen Sieper und Parwis Fotuhi von den HELIOS Kliniken in Berlin beantworten die zunehmende Spezialisierung bei gleichzeitiger Öffnung innerhalb der stationären Versorgung mit gezielten Weiterbildungsmodulen für Pflegekräfte. Für neue Wege der ambulanten Versorgung in der Fläche steht das Modellprojekt „AGnES", das die Universität Greifswald betreut. Neeltje van den Berg, Claudia Meinke, Adina Dreier und Wolfgang Hoffmann zeigen – unter anderem an einem Modellprojekt in Brandenburg – neue Versorgungsansätze im ländlichen und kleinstädtischen Raum mit geringer Arztdichte: Speziell qualifizierte „Community Medicine Nurses" sollen Mediziner in ihrer Tätigkeit unterstützen und sie inbesondere bei Hausbesuchen entlasten.

Die generelle Entlastung der Ärzte von zeitraubenden Verwaltungs- und Dokumentationspflichten ist eine Forderung, die von praktizierenden Ärzten und ihren Standesvertretern immer wieder erhoben wird. Zugleich ist die Bereitschaft zur Übertragung von Tätigkeiten auf andere, nichtakademische Berufe eher zurückhaltend, was gerne mit dem Hinweis auf die fehlende Korrelation von Verantwortung und Bildung versehen wird. Für eine frühe Verbindung von schulischer und beruflicher Bildung werben Karl Hartmann und Gunter Frenzel von der Tagesklinik Esplanade in Berlin. Sie skizzieren für den Campus Berlin-Buch ein Konzept, das die Hochschulreife mit einer Berufsausbildung verknüpft.

Die fortschreitende Akademisierung der Ausbildung und Differenzierung der Studienschwerpunkte wird im dritten Abschnitt des Jahrbuchs thematisiert. Die Übernahme des angelsächsischen Modells von Bachelor- und Masterstudium führt zur Entwicklung und Einrichtung neuer Gesundheitsstudiengänge. Welche dazugehören stellt Karin Gavin-Kramer dar, die für das „Koordinationsbüro Studieren in Berlin und Brandenburg" den ersten Studienführer Gesundheit und damit einen völlig neuartigen, „transdisziplinären" Wegweiser durch die Hochschulen beider Länder entwickelt hat.

Interdisziplinär und integrativ ist die Graduiertenschule für Regenerative Therapien in Berlin-Brandenburg ausgerichtet. Wie Georg Duda und Sabine Bartosch von der Charité – Universitätsmedizin Berlin erläutern, benötigt dieses junge Feld für seine erfolgreiche Entwicklung die enge Zusammenarbeit von Medizinern, Biologen und Ingenieuren im internationalen Maßstab.

Ein ähnliches „Megathema" der Gesundheit wie die regenerative Medizin ist die starke Alterung der Gesellschaft. Den demografischen Wandel und seine Folgen für die Gesundheits- und Sozialberufe adressiert ein neuer Masterstudiengang Gerontologie an der Fachhochschule Lausitz, den Eva-Maria Neumann beschreibt.

Auf die in vielen Bereichen zunehmende Wettbewerbs- und Marktorientierung der Gesundheitswirtschaft, von Krankenkassen und Pflegeeinrichtungen bis hin zu Pharmaunternehmen und Medien, zielt der berufsbegleitende MBA-Studiengang „Health Communication Management" an der Fachhochschule für Technik und Wirtschaft Berlin. Karsten Schulz stellt diese neu konzipierte branchenspezifische Managementausbildung vor, die Ökonomie und Kommunikation kombiniert.

Welche der hier vorgestellten innovativen Ansätze und Projekte Modellcharakter haben, wie rasch sie sich etablieren, erfolgreich streuen und mit ähnlichen Vorhaben vernetzen werden, wird sich in den nächsten Jahren zeigen. Gemeinsam ist allen, dass sie angemessene Antworten auf veränderte Bedarfe suchen und in der Gesundheitsregion Berlin-Brandenburg daran mitwirken möchten, Fachkräfte auf der Höhe der Zeit zu qualifizieren.

Wir danken allen Autoren für ihre wertvollen Beiträge und hoffen auf eine rege Diskussion, die die wissensbasierte Gesundheitswirtschaft auch über die Region hinaus entscheidend voranbringt.

Raphael Krüger
Geschäftsführer
Netzwerk Gesundheitswirtschaft
HealthCapital Berlin-Brandenburg

Rolf Dieter Müller
Vorstandsvorsitzender a.D.
AOK Berlin

1.

Stand und Perspektive von Fachkräften in Berlin-Brandenburg

■ Zur Fachkräftesituation in der Gesundheitswirtschaft in Berlin-Brandenburg

Ergebnisse einer Feldstudie der IHK

Marion Haß/Stefanie Richter

Abstract

Qualifizierte Fachkräfte werden künftig in manchen Branchen immer knapper werden, auch in der Gesundheitswirtschaft in Berlin-Brandenburg. Für Unternehmen dieser Branche heißt es nun, auf diese Entwicklung mit entsprechenden Maßnahmen zu reagieren, um die besten Fachkräfte für die Region zu gewinnen. In der Feldstudie der IHK wurden die Bedarfe von Unternehmen der Gesundheitswirtschaft und ihre Strategien gegen Fachkräftemangel erfasst und analysiert.

1   Hintergrund und Ziel der Feldstudie

Berlin und Brandenburg haben sich zum Ziel gesetzt, gemeinsam eine Gesundheitsregion zu gestalten, die sich im Wettbewerb mit anderen Regionen Deutschlands und Europas auf einem Spitzenplatz positionieren kann. Um diese Entwicklung voranzutreiben, wurde von den Ministerien für Wissenschaft, Wirtschaft und Gesundheit der Länder Berlin und Brandenburg der „Masterplan Gesundheitsregion Berlin-Brandenburg"[1] erarbeitet. Ein besonderer Schwerpunkt dieses Handlungsleitfadens liegt auf der Sicherung qualifizierter – nichtakademischer und akademischer – Fachkräfte der Gesundheitswirtschaft.

Dieser Aufgabe kommt eine besondere Bedeutung zu. Denn in der Region Berlin-Brandenburg besteht zwar ein breites Spektrum an gesundheitsbezogenen Ausbildungsberufen, Qualifizierungsmöglichkeiten und Studiengängen. Doch haben die demografische Entwicklung und die starke Bevölkerungsabwanderung in einigen Teilen Brandenburgs dazu geführt, dass der lokale Arbeitsmarkt schon heute partiell unterversorgt ist.[2] Um ein Wachstum der Gesundheitswirtschaft zu

---

1   Vgl. „Masterplan Gesundheitsregion Berlin-Brandenburg", vorgelegt von der Ressortübergreifenden Steuerungsgruppe der Staatssekretäre für Wirtschaft, für Gesundheit und für Wissenschaft sowie der Chefin der Senatskanzlei und des Chefs der Staatskanzlei der Länder Berlin und Brandenburg, 26. Oktober 2007.

2   Vgl. Ministerium für Arbeit, Soziales, Gesundheit und Familie (MASGF) des Landes Brandenburg (Hrsg.): Brandenburger Fachkräftestudie. Entwicklung der Fachkräftesituation und zusätzlicher Fachkräftebedarf. Ergebnisse einer Untersuchung im Verarbeitenden Gewerbe, in der Gesundheits- und Sozialwirtschaft sowie im Tourismus, Jena/Potsdam 2005.

sichern, ist es notwendig, diesen Tendenzen entgegenzusteuern. Ebenso wichtig ist die Anpassung traditioneller Qualifizierungswege an die veränderten Erfordernisse des Arbeitsmarktes, die mit neuen Anforderungen an die Beschäftigten in der Gesundheitswirtschaft einhergehen. Die wichtigsten Ursachen dieser Entwicklung sind:

– strukturelle Prozessveränderungen im Gesundheitswesen, die vor allem durch medizinischen und technischen Fortschritt bedingt sind,
– eine zunehmende Internationalisierung der Gesundheitsanbieter und
– ein Trend zur integrierten Gesundheitsversorgung.

In Handlungsfeld 2 „Aus-, Fort- und Weiterbildung" des Masterplans „Gesundheitsregion Berlin-Brandenburg" wird die Aufgabe formuliert, Projekte zu initiieren, die ein adäquates Fachkräfteangebot in der Region langfristig sichern können. Die transparente Darstellung der aktuellen Fachkräfte- und Bildungssituation ist ein erster wesentlicher Schritt, um tatsächlich benötigte Aktivitäten in und für die Gesundheitsregion Berlin-Brandenburg zu identifizieren.

Zu diesem Zweck führte die Industrie- und Handelskammer (IHK) Berlin vom 15. März bis 15. Mai 2007 eine Feldstudie durch. Dabei wurden an 390 öffentliche, private und gemeinnützige Einrichtungen der Gesundheitswirtschaft in Berlin und Brandenburg – davon 331 Unternehmen und 59 Bildungsträger – standardisierte Fragebögen verschickt, die schriftlich zu beantworten waren. Insgesamt betrug die Rücklaufquote bei den Unternehmen 26 %. Aufgrund dieser geringen Teilnehmerzahl können die Ergebnisse der Befragung nicht als repräsentativ gelten und sind in ihrer Aussagekraft vorsichtig zu bewerten. Sie können aber dennoch Tendenzen verdeutlichen und weiterführende Fragen aufzeigen, die in Folgestudien detaillierter untersucht werden sollten.

Die Befragung der Biotechnologie-Unternehmen aus Berlin und Brandenburg wurde in Kooperation mit BioTOP Berlin-Brandenburg und SPI Consult GmbH durchgeführt. Hier wurde eine Totalerhebung vorgenommen, wodurch die Gesamtergebnisse von den Aussagen dieser Unternehmen überdurchschnittlich stark geprägt sein können. In der Biotech-Branche dominiert im Vergleich zu anderen Branchen ein sehr positives Meinungsbild gegenüber dem derzeitigen Arbeitsmarkt. Dies lässt vermuten, dass die Ergebnisse insgesamt pessimistischer ausgefallen wären, wenn eine höhere Anzahl von Antworten aus anderen Branchen zur Auswertung vorgelegen hätte.

Im Folgenden werden die Resultate ausgewählter Fragestellungen dargestellt.[3]

2 Bedarfe: Unternehmen der Gesundheitswirtschaft

Die Abgrenzung der Gesundheitswirtschaft wurde anhand des sogenannten Schichtenmodells des Instituts für Arbeit und Technik[4] vorgenommen. Im Kern des Modells befindet sich das Gesundheitswesen. Die einzelnen Teilbereiche, die über das Gesundheitswesen hinausgehen, sind durch konzentrische Schichten dargestellt. Dem Gesundheitswesen folgt der Handel, die Health Care Industry und das

---

3 Die dargestellten Ergebnisse beziehen sich grundsätzlich nur auf jene Unternehmen, die an der Feldstudie teilgenommen bzw. auf die Fragen geantwortet haben.
4 Vgl. Hilbert, Josef/Fretschner, Rainer/Dülberg, Alexandra: Rahmenbedingungen und Herausforderungen der Gesundheitswirtschaft, Gelsenkirchen 2002.

Handwerk, sowie die weiteren Einrichtungen, zu denen unter anderem die Krankenversicherung und die gesundheitsbezogene Forschung und Entwicklung zählen und schließlich der Bereich Ernährung, Wellness und Sport.

Je nach Umfang der zur Verfügung stehenden Daten werden die Ergebnisse differenziert erläutert. So wird im Gesundheitswesen zwischen Krankenhäusern sowie Vorsorge- und Rehabilitationseinrichtungen unterschieden. Zu Pflegeeinrichtungen können keine Aussagen getroffen werden, da aus diesem Bereich keine Antworten vorliegen. Unter dem Begriff „Wellness" sind alle Unternehmen aus den Branchen Wellness, Ernährung sowie Sport und Fitness zusammengefasst. Alle übrigen Einrichtungen – aus den Bereichen Beratung, Handel, Verwaltung und Krankenversicherung – finden sich in der Kategorie „Sonstige".

Fachkräftesituation

Mehr als jedes zweite Unternehmen bemängelt derzeit das Fachkräfteangebot in quantitativer oder qualitativer Hinsicht. Jedes siebte Unternehmen vertritt die Ansicht, dass der Arbeitsmarkt in der Gesundheitswirtschaft gegenwärtig nicht genügend oder nicht ausreichend qualifizierte Mitarbeiter bereithält. Doch zeigen sich branchenspezifische Unterschiede bei der Beurteilung des derzeitigen Fachkräftemangels (vgl. Tabelle 1). Die Unternehmen, die sowohl mit der Anzahl als auch mit den Qualifikationsprofilen zufrieden sind, stammen überwiegend aus der Biotech-Branche. In der Wellness-Branche ist die Zufriedenheit mit den Qualifikations-

Tabelle 1
Aktueller Fachkräftemangel – nach Branchen

	Anzahl genügend/ Profile genügend	Anzahl genügend/ Profile ungenügend	Anzahl ungenügend/ Profile genügend	Anzahl ungenügend/ Profile ungenügend	k. A.
Gesundheitswirtschaft insgesamt	**44 %**	27 %	10 %	15 %	3 %
Gesundheitswesen	26 %	32 %	21 %	16 %	5 %
Krankenhäuser	22 %	33 %	11 %	22 %	11 %
Vorsorge und Reha	22 %	33 %	**33 %**	11 %	0 %
Health Care Industry	56 %	19 %	10 %	15 %	0 %
Medizintechnik	33 %	22 %	11 %	**33 %**	0 %
Pharma und Biotech	**62 %**	18 %	10 %	10 %	0 %
Handwerk	43 %	43 %	0 %	14 %	0 %
Wellness	0 %	**60 %**	0 %	20 %	20 %

profilen am geringsten. Unternehmen der Medizintechnik-Branche bedürfen wahrscheinlich einer weiteren Differenzierung, da diese in beiden Extremen vertreten sind: 33 % sind vollkommen zufrieden, ebenso viele aber auch ganz und gar unzufrieden.[5]

Bei der Befragung sollten die Unternehmen nicht nur das aktuelle Fachkräfteangebot bewerten, sondern auch die zukünftige Entwicklung einschätzen. Die Ergebnisse könnten für spätere bildungspolitische Maßnahmen von großer Bedeutung sein. Denn nur dann, wenn Unternehmen den wachsenden Fachkräftemangel wahrnehmen, sind sie auch bereit, Aktivitäten gegen einen solchen Trend zu unterstützen oder sogar zu initiieren. Die Ergebnisse zeigen, dass vor allem Defizite in der fachlichen Qualifikation befürchtet werden. Die Antworten fielen eindeutig aus: Fast drei von fünf Unternehmen der Gesundheitswirtschaft in der Region Berlin-Brandenburg erwarten zukünftig einen qualitativen Fachkräftemangel. Bei der Differenzierung nach Branchen wurde deutlich, dass lediglich die Biotechnologie-Branche weitgehend optimistisch ist. Negative Erwartungen sind vor allem im Gesundheitswesen verbreitet, insbesondere bei Vorsorge- und Rehabilitationseinrichtungen. Hier befürchten zwei von drei Unternehmen, dass ein quantitativer Mangel entstehen wird, und weit über die Hälfte geht von einem qualitativen Mangel an Fachkräften aus.

Bildungsbedarf in der Gesundheitswirtschaft

Mit der Feldstudie sollte auch erfasst werden, wie der qualitative Fachkräftemangel inhaltlich zu bestimmen ist: welche Fähigkeiten und Fertigkeiten nach Auffassung der Unternehmen nicht ausreichend vorhanden sind (vgl. Tabelle 2).[6]

Ein wichtiges Ergebnis war, dass gerade die sozialen Kompetenzen, die sogenannten Soft Skills, als schlecht beurteilt wurden. Auf dieses Defizit wiesen vor allem kundennahe Bereiche der Gesundheitswirtschaft hin – wie Handwerk, Vorsorge- und Reha-Einrichtungen –, in denen über die fachliche Qualifikation hinaus die Dienstleistungsorientierung eine besondere Relevanz hat. In der Health Care Industry (Medizintechnik- sowie Pharma- und Biotech-Unternehmen) wurden mangelnde Fremdsprachenkenntnisse, ungenügendes technisches Verständnis und fehlende Rechtskenntnisse besonders beklagt.

Schon heute besteht somit ein erheblicher Fachkräftemangel in der Gesundheitswirtschaft, der in Zukunft vermutlich noch weiter zunehmen wird. Diese Erkenntnis sollte ein Warnsignal für die regionale und bundesweite Bildungspolitik sein. Sie zeigt aber auch, welche große Bedeutung der Bereich der Aus-, Fort- und Weiterbildung für die Gesundheitswirtschaft hat. Offensichtlich ist keine ausreichende Anzahl an qualifizierten Personen vorhanden – trotz des gut ausgebauten Bildungssystems in Deutschland. Um das erforderliche Fachkräftepotenzial zu sichern, bedarf es der Aktivitäten aller Beteiligten des Gesundheitsmarktes.

Ob und auf welche Weise Unternehmen derzeit bereit sind, sich dieser Verantwortung zu stellen, wurde ebenfalls erfragt (vgl. Abbildung 1). Weiterbildung ist

---

5   „Keine Antwort" wird in den Grafiken „k.A." abgekürzt.
6   In der Rubrik „Sonstige Kenntnisse" wurden folgende Fähigkeiten und Fertigkeiten als ungenügend bewertet: „Allgemeinwissen und passendes gesellschaftliches Auftreten", „Deutsch bei ausländischen Ärzten", „Chemie", „Qualitätsmanagement".

Tabelle 2
Qualifikationsdefizite in der Gesundheitswirtschaft – nach Branchen

	Sprachen	Kauf- männische Kenntnisse	Technische Kenntnisse	Soft Skills	EDV	Recht	Sonstiges	k. A.
Gesundheitswirtschaft insgesamt	17 %	15 %	10 %	**23 %**	10 %	6 %	2 %	16 %
Gesundheitswesen	12 %	16 %	5 %	33 %	12 %	5 %	2 %	16 %
Krankenhäuser	4 %	**25 %**	4 %	30 %	13 %	**8 %**	4 %	11 %
Vorsorge und Reha	22 %	6 %	6 %	**33 %**	11 %	0 %	0 %	22 %
Health Care Industry	23 %	14 %	11 %	18 %	4 %	8 %	2 %	19 %
Medizintechnik	**33 %**	22 %	**22 %**	6 %	11 %	6 %	0 %	0 %
Pharma und Biotech	21 %	13 %	8 %	21 %	3 %	**8 %**	3 %	23 %
Handwerk	11 %	17 %	17 %	**33 %**	**22 %**	0 %	0 %	0 %
Wellness	12 %	12 %	6 %	18 %	12 %	0 %	0 %	**40 %**

Abbildung 1
Sicherung des Fachkräftebedarfs durch die Arbeitgeber

21 % Ausbilden

46 % Mitarbeiter weiterbilden

8 % Mehr 50 +

17 % Personalagenturen

2 % Sonstiges

6 % k. A.

Tabelle 3
Sicherung des Fachkräftebedarfs durch die Arbeitgeber – nach Branchen

	Ausbilden	Mitarbeiter weiterbilden	Mehr 50 +	Personal- agenturen	Sonstiges	k. A.
Gesundheitswirtschaft insgesamt	21 %	46 %	8 %	17 %	2 %	6 %
Gesundheitswesen	18 %	47 %	3 %	32 %	0 %	0 %
Krankenhäuser	22 %	44 %	0 %	33 %	0 %	0 %
Vorsorge und Reha	7 %	50 %	7 %	**36 %**	0 %	0 %
Health Care Industry	18 %	45 %	12 %	15 %	2 %	8 %
Medizintechnik	25 %	45 %	10 %	20 %	0 %	0 %
Pharma und Biotech	16 %	45 %	**13 %**	13 %	3 %	10 %
Handwerk	**50 %**	43 %	0 %	7 %	0 %	0 %
Wellness	14 %	**57 %**	0 %	14 %	14 %	**0 %**

in allen Branchen als probates Mittel zur Sicherung des eigenen Fachkräftebedarfs anerkannt und umfasst ein breites Spektrum an Angeboten.

Im Vergleich der verschiedenen Branchen (vgl. Tabelle 3) zeigt sich, dass Weiterbildung im Bereich „Wellness" eine besonders große Rolle spielt. Im Branchenvergleich zielen vor allem Unternehmen der Pharma- und Biotech-Branche darauf, ihr teuer ausgebildetes Personal im Unternehmen zu halten; sie setzen auch am stärksten auf ältere Beschäftigte. Im Gesundheitswesen sind die Arbeitgeber eher gewillt, ihren Bedarf an Mitarbeitern von Personalagenturen decken zu lassen. Dies ist möglich, weil hier weniger personenspezifische als vielmehr allgemeine Fähigkeiten und Fertigkeiten von Bedeutung sind.

Ausbildungsaktivitäten

In Bezug auf geplante Ausbildungsaktivitäten ergibt sich folgendes Bild (vgl. Tabelle 4): Zwei von drei Unternehmen der Gesundheitswirtschaft verfolgen eine stabile Ausbildungskultur. Sie wollen weder mehr noch weniger Personal ausbilden, aber auch keine neuen Berufsbilder in ihr Ausbildungsprogramm aufnehmen. 17 % der Unternehmen planen, künftig mehr Mitarbeiter auszubilden; 10 % möchten sogar neu in die Ausbildungstätigkeit einsteigen. Mit Blick auf die verschiedenen Branchen zeigt sich, dass alle Unternehmen aus den Bereichen Wellness, Handwerk sowie Krankenhäuser ausbilden.

Tabelle 4
Geplante Ausbildungsaktivitäten – nach Branchen

	JA – mehr ausbilden	NEIN – nicht mehr ausbilden	JA – weniger ausbilden	NEIN – nicht weniger ausbilden	JA – neu in Ausbildung einsteigen	NEIN – nicht neu einsteigen	k.A.
Gesundheitswirtschaft insgesamt	17 %	26 %	4 %	19 %	10 %	22 %	2 %
Gesundheitswesen	11 %	39 %	0 %	29 %	3 %	18 %	0 %
Krankenhäuser	25 %	31 %	0 %	25 %	6 %	13 %	0 %
Vorsorge und Reha	0 %	**45 %**	0 %	**30 %**	0 %	**25 %**	0 %
Health Care Industry	15 %	23 %	4 %	17 %	16 %	24 %	2 %
Medizintechnik	18 %	24 %	6 %	24 %	6 %	24 %	0 %
Pharma und Biotech	14 %	23 %	3 %	15 %	**18 %**	24 %	3 %
Handwerk	31 %	16 %	8 %	16 %	0 %	16 %	14 %
Wellness	**38 %**	13 %	**13 %**	13 %	13 %	13 %	0 %

Weiterbildungsaktivitäten

Nahezu alle Unternehmen (99 %) gaben an, Weiterbildung zu betreiben. Im Durchschnitt hat fast jeder zweite Mitarbeiter im Jahr 2006 ein Weiterbildungsangebot wahrgenommen. Allerdings ist bei diesem Ergebnis zu beachten, dass in der Befragung weder zwischen Freiwilligkeit und gesetzlicher Vorgabe noch zwischen Fort- und Weiterbildungsmaßnahmen differenziert wurde. In der Health Care Industry nahmen 2006 die meisten Mitarbeiter an einer Weiterbildung teil, während der Anteil der sich weiterbildenden Mitarbeiter im Bereich Wellness vergleichsweise niedrig war. Interessanterweise favorisiert gerade diese Branche Weiterbildung als wichtigstes Mittel gegen Fachkräftemangel (vgl. Tabelle 3).

Neben dem Umfang der Weiterbildungsaktivitäten ist auch die Bildungstiefe der sich weiterbildenden Mitarbeiter von Interesse (vgl. Abbildung 2). Den Angaben der Unternehmen zufolge kommen genauso viele akademische wie nichtakademische Mitarbeiter in den Genuss der Weiterbildung. Da in der Gesundheitswirtschaft jedoch durchschnittlich 70 % der Beschäftigten Fachkräfte und nur 20 % Akademiker sind, können letztere somit verhältnismäßig mehr Weiterbildungsangebote wahrnehmen.

Abbildung 2
Bildungstiefe der sich weiterbildenden Mitarbeiter

48 % Fachkräfte

47 % Akademiker

3 % An- und Ungelernte

1 % k. A.

Finanzierung von Weiterbildung

Wie wichtig den Unternehmen Weiterbildung ist, lässt sich auch an ihrer Bereitschaft ablesen, die damit verbundenen Kosten zu tragen. Diese betreffen sowohl
die Finanzierung von Maßnahmen als auch den Verzicht auf Arbeitszeit ihrer Mitarbeiter. Die Befragung zeigte, dass vier von fünf Unternehmen bereit sind,
Weiterbildung aus eigener Kasse zu finanzieren. Lediglich 5 % der Maßnahmen
werden durch öffentliche Fördergelder unterstützt. Dieses Resultat ist jedoch mit

Tabelle 5
Finanzierung der Weiterbildung – nach Branchen

	Vom Mitarbeiter	Vom Unternehmen	Durch Förderung (z. B. Bundes-agentur für Arbeit)	k. A.
Gesundheitswirtschaft insgesamt	16 %	78 %	5 %	1 %
Gesundheitswesen	41 %	59 %	0 %	0 %
Krankenhäuser	36 %	64 %	0 %	0 %
Vorsorge und Reha	**44 %**	56 %	0 %	0 %
Health Care Industry	4 %	89 %	6 %	2 %
Medizintechnik	0 %	**90 %**	10 %	0 %
Pharma und Biotech	5 %	88 %	5 %	3 %
Handwerk	22 %	78 %	0 %	0 %
Wellness	0 %	83 %	**17 %**	0 %

Vorsicht zu bewerten, da aus den Angaben der Geschäftsführung bzw. der Personal-
leitung der Unternehmen nicht hervorgeht, ob auch privat organisierte Weiterbildung eingeschlossen ist.

Beschäftigte im Gesundheitswesen müssen die Kosten für Weiterbildung mit
einer wesentlich höheren Wahrscheinlichkeit übernehmen als ihre Kollegen in der
Biotechnologie. Ein großer Teil der Mitarbeiter im Vorsorge- und Reha-Bereich
muss Weiterbildung privat organisieren.

Ein wichtiger Faktor ist, ob die Weiterbildung während oder außerhalb der
Arbeitszeit durchgeführt wird (vgl. Tabelle 6). Über alle Branchen hinweg können
sich sechs von sieben Beschäftigten während der Arbeitszeit weiterbilden. 11 %
müssen jedoch dazu bereit sein, einen Teil ihrer Freizeit für Weiterbildungsmaßnahmen aufzuwenden. Wie bei der Frage der Finanzierung ist auch dieses Ergebnis mit Vorsicht zu bewerten. Doch es liegt der Schluss nahe, dass Mitarbeiter,
deren Weiterbildung von den Unternehmen finanziert wird, sich überwiegend
während ihrer Arbeitszeit qualifizieren können.

Tabelle 6
Zeitraum der Weiterbildung – nach Branchen

	Während der Freizeit	Während der Arbeitszeit (Freistellung)	k. A.
Gesundheitswirtschaft insgesamt	11 %	85 %	3 %
Gesundheitswesen	11 %	89 %	0 %
Krankenhäuser	0 %	**100 %**	0 %
Vorsorge und Reha	**22 %**	78 %	0 %
Health Care Industry	12 %	82 %	6 %
Medizintechnik	**22 %**	78 %	0 %
Pharma und Biotech	10 %	82 %	8 %
Handwerk	0 %	**100 %**	0 %
Wellness	20 %	80 %	0 %

Externe versus interne Weiterbildung

Dieser Teil der Befragung zielte vor allem darauf ab, die Präferenzen von Unternehmen bei Weiterbildungen zu identifizieren. Es sollte geklärt werden, welche
Formen von Weiterbildung bevorzugt werden (vgl. Tabelle 7) und aus welchen
Gründen Unternehmen eine Verstärkung ihrer Weiterbildungsaktivitäten befür-
worten würden (vgl. Tabelle 8). Zwei Formen von Weiterbildungsmaßnahmen
standen zur Auswahl: externe Programme (z. B. Lehrgänge, Kongresse, E-Learning)
und interne Programme (Training on the job, Training near the job).

Tabelle 7
Gewählte Formate der Weiterbildung – nach Branchen

	Externe Programme	Interne Programme	k. A.
Gesundheitswirtschaft insgesamt	77 %	21 %	2 %
Gesundheitswesen	84 %	11 %	5 %
Krankenhäuser	67 %	22 %	11 %
Vorsorge und Reha	**100 %**	0 %	0 %
Health Care Industry	75 %	23 %	2 %
Medizintechnik	70 %	**30 %**	0 %
Pharma und Biotech	76 %	21 %	3 %
Handwerk	86 %	14 %	0 %
Wellness	80 %	20 %	0 %

Mehr als drei Viertel der Unternehmen aus der Gesundheitswirtschaft (77 %) bevorzugen externe Programme, 21 % bieten auch interne Schulungen an. Im Branchenvergleich zeigt sich, dass die Health Care Industry am ehesten bereit bzw. in der Lage ist, parallel zu den externen auch interne Programme anzubieten. Dieser Unterschied ist wahrscheinlich darauf zurückzuführen, dass es sich in dieser Branche oftmals um kleine und zum Teil hoch spezialisierte Unternehmen handelt. Im Gegensatz zum Gesundheitswesen sind Prozesse hier nicht ohne Weiteres von einem Unternehmen auf ein anderes übertragbar.

Intensivierung der Weiterbildung

Auch bei dem Aspekt „Verstärkung der Qualifizierungsmaßnahmen" lohnt sich der Vergleich mit den aktuellen Weiterbildungsaktivitäten der Unternehmen (vgl. Tabelle 3).

Ein Drittel der Unternehmen der Health Care Industry, die im Branchenvergleich derzeit den größten Teil ihrer Mitarbeiter weiterbildet, gab keine Antwort auf diese Frage – und scheint somit in den angegebenen Optionen keine Gründe zu sehen, die Weiterbildungsaktivitäten im eigenen Unternehmen zu verstärken. Krankenhäuser, die im Durchschnitt immerhin zwei von fünf Mitarbeitern weiterbilden lassen, würden ihre Qualifizierungsanstrengungen ausbauen, wenn Weiterbildungsmaßnahmen weniger Zeit in Anspruch nehmen würden. Die Wellness-Branche, der Bereich Vorsorge und Rehabilitation sowie das Handwerk bilden gegenwärtig anteilsmäßig am wenigsten weiter, wobei mangelnde Finanzierungsmöglichkeit als Hauptursache für geringe Weiterbildungsaktivitäten angegeben wurde.

Tabelle 8
Voraussetzungen, damit Unternehmen ihre Weiterbildungsaktivitäten verstärken

	Weniger zeitaufwendig	Angebote branchen- spezifischer	Mehr staatliche Förderung	Bessere Information	k. A.
Gesundheitswirtschaft insgesamt	26 %	9 %	36 %	6 %	23 %
Gesundheitswesen	29 %	4 %	51 %	0 %	16 %
Krankenhäuser	**36 %**	9 %	44 %	0 %	11 %
Vorsorge und Reha	27 %	0 %	**62 %**	0 %	11 %
Health Care Industry	21 %	9 %	30 %	7 %	33 %
Medizintechnik	33 %	7 %	20 %	7 %	33 %
Pharma und Biotech	18 %	9 %	32 %	7 %	33 %
Handwerk	33 %	**17 %**	42 %	8 %	0 %
Wellness	33 %	0 %	56 %	**11 %**	0 %

3 Der Vergleich: Weiterbildungsangebote der Bildungsträger

Im zweiten Teil der Feldstudie wurde die Angebotsseite des Bildungsmarktes untersucht: die Bildungsträger. Von insgesamt 59 befragten Bildungsträgern antworteten 22, was einer Rücklaufquote von 37 % entspricht.

Mit der Befragung der Bildungsträger wurden zwei Ziele verfolgt. Erstens sollte die Bedeutung einer prosperierenden Gesundheitswirtschaft für den Bildungsmarkt ermittelt werden: Wenn es sich für Bildungsträger lohnt, Angebote für diese Branche vorzuhalten, kann das auch als Zeichen für Wachstum und Fortschritt in der Gesundheitswirtschaft gewertet werden. Zweitens galt es, Angebot und Nachfrage einander gegenüberzustellen: Denn nur ein ausreichendes Angebot an geeigneten Fort- und Weiterbildungen sichert beiden Seiten des Bildungsmarktes langfristigen Bestand.

Die Ergebnisse machen deutlich, dass in den vergangenen sechs Jahren drei von fünf Bildungsträgern neue Kurse für die Gesundheitswirtschaft aufgelegt haben; im letzten Jahr wurde knapp ein Drittel ihrer Weiterbildungsangebote auf die Gesundheitswirtschaft ausgerichtet.

Inhalte der Fort- und Weiterbildungsangebote

Hinsichtlich der Zielgruppen der Bildungsträger zeigt sich, dass ein Großteil der Fort- und Weiterbildungsangebote auf das Gesundheitswesen zugeschnitten ist. Auffällig ist, dass für die 11.000 Beschäftigten[7] in der Health Care Industry kaum Angebote bestehen. Dieses Defizit könnte erklären, warum in der Health Care Industry häufiger als in anderen Branchen interne Weiterbildungen angeboten werden (vgl. Tabelle 7). Die Weiterbildung im Handwerk ist separat zu betrachten, da diese vornehmlich von fachspezifischen Innungen[8] durchgeführt wird.

Bei der Betrachtung der Schwerpunkte der Fort- und Weiterbildungsangebote ist es besonders interessant, das vorhandene Angebot mit den von den Unternehmen angegebenen Qualifikationsmängeln zu vergleichen (vgl. Tabelle 2).

Der Vergleich des Weiterbildungsangebots mit den Aussagen der Unternehmen erbrachte bei den Bildungsinhalten eine deutliche Diskrepanz zwischen Angebot und Nachfrage. Lediglich 2 % der Angebote zielen auf eine Entwicklung der sozialen Kompetenzen (Soft Skills), die von den Unternehmen der Gesundheitswirtschaft als starkes Defizit wahrgenommen werden. Die – insbesondere von Unternehmen der Medizintechnik – geäußerten Bedarfe an branchenspezifischen Fremdsprachenkenntnissen werden von den befragten Bildungsträgern überhaupt nicht bedient. Der Bereich „Sonstige" ist mit einem Drittel recht groß, wurde seitens der Bildungsträger aber nicht näher erläutert.

Abbildung 3
Format der Fort- und Weiterbildungsangebote

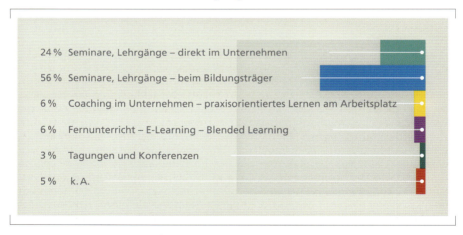

24 % Seminare, Lehrgänge – direkt im Unternehmen

56 % Seminare, Lehrgänge – beim Bildungsträger

6 % Coaching im Unternehmen – praxisorientiertes Lernen am Arbeitsplatz

6 % Fernunterricht – E-Learning – Blended Learning

3 % Tagungen und Konferenzen

5 % k. A.

---

7 Vgl. Ostwald, Dennis Alexander/Ranscht, Anja: Wachstums- und Beschäftigungspotenziale der Gesundheitswirtschaft in Berlin-Brandenburg. Eine Studie der Technischen Universität Darmstadt im Auftrag von HealthCapital Berlin-Brandenburg, hrsg. v. Netzwerk Gesundheitswirtschaft, Berlin 2007.

8 Innungen sind für die Regelung und Überwachung im Rahmen der dualen Ausbildung sowie für die Abnahme von Gesellenprüfungen verantwortlich. Darüber hinaus ist die Förderung des handwerklichen Könnens der Meister und Gesellen (z. B. durch Fachschulen oder Lehrgänge) Aufgabe der Innungen.

Zeitliche Gestaltung der Fort- und Weiterbildungsangebote

Auch die zeitliche Gestaltung der Fort- und Weiterbildungsangebote widerspricht den Präferenzen der Bildungsnachfrager. Etwa jedes vierte Unternehmen würde mehr Mitarbeiter weiterbilden, wenn die Qualifizierungsmaßnahmen weniger Zeit in Anspruch nehmen würden (vgl. Tabelle 8). Derzeit überwiegt bei den Bildungsträgern noch immer die klassische Form des Präsenzunterrichts nach schulischem Muster. Moderne, zeitsparende Lernmethoden, wie E-Learning oder Blended Learning (integriertes Lernen), werden kaum angeboten (vgl. Abbildung 3).

4   Empfehlungen

Die Feldstudie „Bildungsbedarf der Gesundheitswirtschaft in Berlin-Brandenburg" der IHK hat gezeigt, dass auf dem Arbeitsmarkt kein ausreichendes Angebot an qualifizierten Fachkräften besteht. Die Ergebnisse verdeutlichen Tendenzen und Fragen, die in weiteren Studien detailliert untersucht werden sollten. Im Folgenden werden die identifizierten Problemfelder zunächst skizziert, anschließend wird eine Empfehlung ausgesprochen, welche Fragestellungen für weiterführende Untersuchungen sinnvoll sein könnten.

Problemfeld 1: Die Angebote der Bildungsträger berücksichtigen gegenwärtig nicht alle Branchen der Gesundheitswirtschaft gleichermaßen. So sind lediglich 2 % der Fort- und Weiterbildungsangebote auf Unternehmen der Health Care Industry zugeschnitten. Aktuell bedienen die Bildungsträger überwiegend die Bedarfe von Krankenhäusern, Vorsorge-, Rehabilitations- und Pflegeeinrichtungen. Folgende Untersuchung wird empfohlen: Besteht seitens der Health Care Industry der Wunsch nach weiteren Bildungsangeboten? Wenn ja, wie lassen sich diese Weiterbildungsbedarfe decken?

Problemfeld 2: Inhaltlich konzentrieren sich die Bildungsträger auf Qualifizierungsangebote in den Bereichen Pflege, kaufmännische Kenntnisse und EDV-Fähigkeiten. Soziale Kompetenzen und branchenspezifische Fremdsprachenkenntnisse werden von den Unternehmen als wesentliche Bildungsbedarfe benannt, von den Bildungsträgern aber nicht in ausreichendem Maß bedient. Folgende Untersuchung wird empfohlen: Sollte auf die identifizierten Defizite bei Qualifizierungsmaßnahmen mit speziellen Angeboten für die Gesundheitswirtschaft reagiert werden? Oder ist das bereits bestehende Angebot der Bildungsträger, die hier nicht erfasst wurden, ausreichend?

Problemfeld 3: Es bestehen deutliche Diskrepanzen zwischen Bildungsangebot und Bildungsnachfrage in Bezug auf den zeitlichen Umfang der Fort- und Weiterbildungen. Insbesondere Einrichtungen des Gesundheitswesens beklagen den Mangel an Personal und den geringen Umfang an Zeit, der für Weiterqualifizierungen bereitgestellt werden kann. Die Bildungsträger hingegen bieten überwiegend langfristige Qualifizierungen an, die zudem in den Einrichtungen der Bildungsträger durchgeführt werden. Folgende Untersuchung wird empfohlen: Kann der Einsatz moderner Medien und neuer Lernmethoden – wie E-Learning und Blended Learning – zeitsparende Effekte haben und Weiterbildungsmaßnahmen attraktiver machen?

Problemfeld 4: Angesichts der demografischen Entwicklung sollte der Gruppe der über 50-jährigen Erwerbstätigen („50plus") mehr Aufmerksamkeit geschenkt werden. Gegenwärtig wird der Einsatz erfahrener Mitarbeiter lediglich von 8 %

der Unternehmen genutzt, um den schon bestehenden Fachkräftemangel aus-
zugleichen. Bildungsträger haben dagegen bereits 19 % ihres Angebots auf diese
Bevölkerungsgruppe ausgerichtet. Folgende Untersuchung wird empfohlen: Welche Initiativen wären geeignet, um die Gruppe „50plus" weiterzuqualifizieren
und somit für den Arbeitsmarkt der Gesundheitswirtschaft fit zu halten?

Die Analyse der hier aufgedeckten Problemfelder sollte stets in enger Abstimmung mit den Bedarfen der Wirtschaft geschehen. Wir empfehlen daher den Aufbau eines kontinuierlichen und umfassenden Monitoringsystems zur Erfassung der
Fachkräftebedarfe in der Gesundheitsregion Berlin-Brandenburg.

Literatur

Hilbert, Josef/Fretschner, Rainer/Dülberg, Alexandra:
  Rahmenbedingungen und Herausforderungen der Gesundheitswirtschaft,
  Gelsenkirchen 2002.

Masterplan Gesundheitsregion Berlin-Brandenburg:
  vorgelegt von der Ressortübergreifenden Steuerungsgruppe der Staatssekretäre für
  Wirtschaft, für Gesundheit und für Wissenschaft sowie der Chefin der Senatskanzlei
  und des Chefs der Staatskanzlei der Länder Berlin und Brandenburg, 26. Oktober 2007,
  URL: http://www.berlin.de/imperia/md/content/sen-wirtschaft/masterplaene/
  gesundheitsregion.pdf.

Ministerium für Arbeit, Soziales, Gesundheit und Familie (MASGF) des Landes Brandenburg
(Hrsg.):
  Brandenburger Fachkräftestudie. Entwicklung der Fachkräftesituation und zusätzlicher
  Fachkräftebedarf. Ergebnisse einer Untersuchung im Verarbeitenden Gewerbe, in der
  Gesundheits- und Sozialwirtschaft sowie im Tourismus, Jena/Potsdam 2005.

Ostwald, Dennis Alexander/Ranscht, Anja:
  Wachstums- und Beschäftigungspotenziale der Gesundheitswirtschaft in
  Berlin-Brandenburg. Eine Studie der Technischen Universität Darmstadt im Auftrag von
  HealthCapital Berlin-Brandenburg, Berlin 2007;
  URL: http://www.masgf.brandenburg.de/media/1334/47_studie.pdf.

■ Entwicklungstrends in der Berliner Gesundheitswirtschaft und ihre Folgen für Organisations- und Personalentwicklung[1]

Stephan Padberg/Thomas Winschuh

Abstract

Der Bedarf an Pflegekräften für stationäre und ambulante Versorgung älterer Menschen wird auch in der Berliner Gesundheitswirtschaft deutlich wachsen. Ohne gegensteuernde Maßnahmen wird es in diesem Bereich zu einer Angebotslücke kommen. Gleichzeitig ist die Gesundheitswirtschaft einem hohen Modernisierungsdruck ausgesetzt. Die einzelnen Versorgungsbereiche müssen umfassend reorganisiert werden und zugleich verstärkt kooperieren. Ein verbessertes Prozess- und Schnittstellenmanagement wird notwendig. Der Kostendruck zwingt die Akteure des Gesundheitswesens darüber hinaus zu einer Veränderung des Zuschnitts und der Verteilung der Aufgaben zwischen den Berufsgruppen, die an der Versorgung beteiligt sind. Die daraus resultierenden Anforderungen an die Qualifikation der Beschäftigten haben unmittelbare Konsequenzen für die Aus-, Fort- und Weiterbildung.

1 Einleitung

Berlin hat sich zu einer starken Gesundheitswirtschaftsregion mit deutlichen Standortvorteilen entwickelt. Neben einer gut ausgeprägten Versorgungsstruktur in der Breite bietet Berlin Gesundheitsleistungen der Spitzenmedizin, wie zum Beispiel das Deutsche Herzzentrum oder das Max-Delbrück-Centrum für Molekulare Medizin. Darüber hinaus ist Berlin Standort einer innovativen medizintechnischen, biotechnologischen und pharmazeutischen Industrie sowie einer großen Zahl wissenschaftlicher Einrichtungen und Forschungsinstitute mit zum Teil engen Verbindungen zu Kliniken und anderen Leistungserbringern in der Patientenversorgung.[2]

---

1 Der vorliegende Aufsatz fasst ausgewählte Ergebnisse eines Forschungsprojekts zusammen, in dessen Rahmen Interviews mit Experten der Berliner Gesundheitswirtschaft durchgeführt wurden. Das Projekt „Entwicklungs- und Qualifizierungskonzept für die Personal-, Produkt- und Organisationsentwicklung in der Berliner Gesundheitswirtschaft" (Laufzeit: 1.4.2007–31.10.2007) wurde gefördert durch die Senatsverwaltung für Integration, Arbeit und Soziales und den Europäischen Sozialfonds.
2 Vgl. Henke, Klaus-Dirk/Cobbers, Birgit/Georgi, Anja/Schreyögg, Jonas: Die Berliner Gesundheitswirtschaft. Perspektiven für Wachstum und Beschäftigung, Berlin 2006.

Wurde das Gesundheitswesen lange Zeit ausschließlich unter Kostengesichtspunkten betrachtet, ist mittlerweile mit der Diskussion um die Entwicklung der Gesundheitswirtschaft der Wertschöpfungsaspekt des Gesundheitsmarktes stärker in den Fokus der Aufmerksamkeit gelangt. In dieser Diskussion werden wiederholt Wachstumshoffnungen und -prognosen veröffentlicht, die der Gesundheitswirtschaft für die Zukunft sowohl Umsatzsteigerungen als auch eine positive Beschäftigungsentwicklung vorhersagen. Mit den konzertierten Aktivitäten rund um den „Masterplan der Gesundheitsregion Berlin-Brandenburg" wird das ehrgeizige Ziel verfolgt, den Umfang der Beschäftigung in der Gesundheitswirtschaft von 180.000 Personen im Jahr 2004 auf über 250.000 Beschäftigte bis 2010 zu steigern.[3] Einer Studie der Technischen Universität Darmstadt zufolge wird der Zuwachs an Beschäftigung deutlich niedriger ausfallen. Dort wird von einem Beschäftigungswachstum in der Berlin-Brandenburgischen Gesundheitswirtschaft von 30.000 Personen ausgegangen, wobei vor allem das Gesundheitswesen im engeren Sinn (also der Bereich der Patientenversorgung) hierfür verantwortlich sein wird.[4]

Die Gesundheitswirtschaft ist – mit Ausnahme der zuliefernden Industrien Medizintechnik, Biotechnologie und pharmazeutische Industrie – als Dienstleistungsbranche äußerst personalintensiv. Die Leistungserbringung erfordert eine große Zahl qualifizierter Beschäftigter: Diese müssen sowohl die Kompetenzen besitzen, auf die gegenwärtige Branchenentwicklung mit der Planung und Implementierung von Organisationsveränderungen adäquat zu reagieren, als auch in der Lage sein, die neuen Versorgungsanforderungen in ihr berufliches Handeln übertragen zu können. Doch genau hier findet sich ein gravierendes Entwicklungshemmnis: „Qualifizierte Arbeit in der Gesundheitswirtschaft präsentiert sich bereits heute als ein gravierender Engpassfaktor im Prozess der Modernisierung. (…) Neben den belastenden Arbeitsbedingungen und einem demographisch bedingten Rückgang des Arbeitskräftepotenzials sind es vor allem uneingelöste Qualifizierungsbedarfe, welche die Entwicklungs- und Modernisierungschancen der Gesundheitswirtschaft derzeit ausbremsen."[5]

Doch was ist genau unter „qualifizierter Arbeit in der Gesundheitswirtschaft" vor dem Hintergrund der skizzierten Entwicklungen zu verstehen? Wie muss sich Qualifizierung in der Gesundheitswirtschaft verändern, damit die angeführten Wachstumshoffnungen auch realisiert werden können?

Um diese Fragen zu beantworten, empfiehlt es sich, einige allgemeine Trends und ihre Ausprägung in der Berliner Gesundheitswirtschaft zu beleuchten. Diese Trends haben nicht nur weitreichende Konsequenzen für zu entwickelnde Qualifikationen der Beschäftigten des Berliner Gesundheitswesens, sie verweisen auch auf Gestaltungsaufgaben der Leistungserbringer im Hinblick auf die Weiterentwicklung der Organisation ihrer Dienstleistungen. Die relevanten Megatrends sind in diesem Zusammenhang:

3 Vgl. Brunner, Bernd: Gesundheitsstadt Berlin, in: Berliner Wirtschaft, November 2004.
4 Vgl. Ostwald, Dennis Alexander/Ranscht, Anja: Wachstums- und Beschäftigungspotenziale der Gesundheitswirtschaft in Berlin-Brandenburg. Eine Studie im Auftrag von HealthCapital Berlin-Brandenburg, Berlin 2007.
5 Bandemer, Stephan von/Evans, Michaela/Hilbert, Josef: Gesundheitswirtschaft: die große Hoffnung auf des Messers Schneide? Die Gesundheitswirtschaft als Gestaltungsfeld moderner, personenbezogener Dienstleistungsarbeit – Herausforderungen für die Arbeitsgestaltung, Qualifizierung und berufliche Bildung, in: Institut Arbeit und Technik, Jahrbuch 2003/2004, Gelsenkirchen 2004, S. 125.

- die zunehmende Internationalisierung von Gesundheitsdienstleistungen
- eine wachsende Bemühung um Rationalisierung, die sich vor allem in Standardisierungen und Prozessoptimierungen ausdrückt
- eine zunehmende Integration der Wertschöpfungsketten, um einerseits Effizienzreserven zu erschließen, andererseits aber auch eine bessere Versorgungsqualität zu erreichen
- die Ausweitung ambulanter Versorgung bei gleichzeitiger Schrumpfung der stationären Versorgung (Ambulantisierung)
- die kontinuierliche Entstehung neuer Verfahren der Diagnostik und Therapie durch technologische Innovationen im Bereich der Medizintechnik, der Biotechnologie und der pharmazeutischen Industrie
- die demografische Entwicklung mit einer Zunahme multimorbider Erkrankungen älterer Menschen, neuen Konzepten der Altenhilfe und alternden Belegschaften.

2 Megatrends und ihre Auswirkungen auf Organisationsentwicklung und Personalentwicklung

Internationalisierung

Im Zuge der Wettbewerbsintensivierung bemühen sich vor allem Krankenhäuser verstärkt um die Behandlung ausländischer Gastpatienten. Sollen hierbei vor allem vermögende Selbstzahler angeworben werden, muss eine entsprechende Infrastruktur zur Verfügung gestellt werden. Eine standesgemäße Unterbringung der ausländischen Gastpatienten erfordert eine Aufwertung vorhandener Hotel- und Servicebereiche im Krankenhaus. Darüber hinaus muss aber auch entsprechend geschultes Personal eingesetzt werden. Neben einer ausgeprägten Serviceorientierung und passgenauen Fremdsprachenkenntnissen sind auch Kenntnisse der kultursensiblen Medizin und Pflege notwendig. Um das erforderliche Serviceniveau sicherstellen zu können, wird ergänzend zum Pflegepersonal auf den Einsatz von Hotelfachkräften zurückgegriffen.

Die bisherige Entwicklung der Zahl ausländischer Gastpatienten bleibt hinter den Erwartungen zurück. Die Auswertung der Entlassungsstatistiken aller deutschen Krankenhäuser (2004) hat ergeben, dass sich in diesem Jahr nur 50.683 ausländische Patientinnen und Patienten in deutschen Krankenhäusern behandeln ließen, davon 1.533 in Berliner Kliniken. Lediglich etwa 20 % der bundesweit behandelten ausländischen Patientinnen und Patienten sind aber wegen eines planbaren medizinischen Eingriffs nach Deutschland gekommen.

Die meisten ausländischen Patientinnen und Patienten in Berlin kommen aus Polen und Russland. Diese werden überwiegend am Herzen behandelt, vor allem im Deutschen Herzzentrum Berlin (DHZB). Wird die regionale Nähe als Faktor gesehen, der die Patientenströme deutlich beeinflussen kann, lässt sich festhalten, dass Berlin die Nähe zu Osteuropa noch nicht ausreichend genutzt hat. So ließen sich zum Beispiel im Jahr 2004 nur 188 polnische Patientinnen und Patienten in Berliner Kliniken behandeln, aber 722 in nordrhein-westfälischen Kliniken.[6]

6   Vgl. Kotlorz, Tanja: Luxus-Patienten bleiben an Berlins Kliniken aus. Reiche Ausländer lassen sich lieber in Bayern und Nordrhein-Westfalen behandeln, in: Berliner Morgenpost, 23.4.2007.

Aber nicht nur in der Versorgung ausländischer Gastpatienten wird der Bedarf an kultursensiblen Kenntnissen zunehmen. Auch die Versorgung der Berliner Wohnbevölkerung ausländischer Herkunft bedarf der Entwicklung von Kompetenzen kultursensibler medizinischer und pflegerischer Versorgung. Das gilt nicht nur für den Bereich der stationären Akutbehandlung, sondern mit fortschreitender Alterung der Menschen mit Migrationshintergrund auch oder sogar noch stärker für den Bereich der stationären und ambulanten Pflegedienstleistungen. Mit der faktischen Multikulturalisierung der Gesellschaft wächst auch der unmittelbare Bedarf, eine größere Zahl von jungen Menschen mit Migrationshintergrund für Gesundheitsberufe zu interessieren und ihnen den Zugang zu den entsprechenden Ausbildungen zu erleichtern. Die Vermittlung interkultureller Kompetenzen ist aber letztlich auch für Menschen ohne Migrationshintergrund als fester Bestandteil der Ausbildungscurricula der Gesundheitsberufe zu entwickeln und zu etablieren.

Standardisierung und Integration der Leistungserbringung

Nicht nur die Integrierte Versorgung[7] im engeren Sinne, sondern der bereits in Gang gebrachte und in Zukunft sich noch stärker ausprägende Trend einer Integration der verschiedenen Versorgungsbereiche und die zunehmende Standardisierung der Abläufe bedürfen qualifizierter Beschäftigter mit neuen Fähigkeiten: Sie sollten gute Kenntnisse über die Leistungspotenziale angrenzender Versorgungssektoren haben und die sektorenübergreifend zu gestaltenden Leistungsprozesse planen, kontrollieren und evaluieren können – letzteres sowohl mit Blick auf die erzielte Versorgungsqualität als auch auf die Wirtschaftlichkeit der Leistungserbringung. Vonnöten ist also auch die massive Entwicklung von Kompetenzen im Prozessmanagement. Angehörige der Gesundheitsfachberufe werden sich durch Fort- oder Weiterbildungen auf Stabsfunktionen im Prozessmanagement vorbereiten. Flankierend werden in der stationären Versorgung der Einsatz von Controlling-Instrumenten, ein systematisches Belegungsmanagement und die Umsetzung von Behandlungsleitlinien der Fachgesellschaften, zum Beispiel in Form von Clinical Pathways[8], eine wachsende Relevanz in den Einrichtungen der Gesundheitsversorgung erlangen.

Bereits innerhalb des Kernbereichs der Gesundheitswirtschaft, der stationären und ambulanten Versorgung, führen Standardisierungen zu gravierenden Veränderungen der Aufgabenverteilung. Dieser Wandel und die partielle Verlagerung von stationären Versorgungsaktivitäten in den ambulanten Bereich bringen in

7   Bereits seit dem Gesundheitsreformgesetz von 2000 können Krankenkassen Verträge über eine verschiedene Leistungssektoren übergreifende Versorgung der Versicherten oder eine interdisziplinär-fachübergreifende Versorgung mit Leistungserbringern abschließen (§§ 140 ff. SGB V). Idealtypisch verstanden haben sich in einem Integrierten Versorgungssystem Kooperationspartner (z. B. Klinik, ambulante und stationäre Rehabilitation und Apotheke) zu einem Netz zusammengeschlossen, das mit einer Kasse einen Vertrag abschließt, der die Versorgung aller Patienten dieser Kasse hinsichtlich eines bestimmten Versorgungsspektrums in einer definierten Region sicherstellt.

8   Ein klinischer Behandlungspfad (Clinical Pathway) ist ein Instrument der Prozesssteuerung, d. h. ein Dokument, das den üblichen Weg der Leistungen multidisziplinärer Behandlungen eines bestimmten Patiententyps beschreibt, z. B. im Krankenhaus von der Aufnahme bis zur Entlassung.

den verschiedenen Sektoren einen erheblichen Personalentwicklungsbedarf mit sich. Diese Entwicklung befördert aber auch die Chancen eines Berufseinstiegs für Ungelernte durch entsprechende Einstiegsqualifizierungen. Hier besteht jedoch das Risiko einer zersplitterten „Qualifizierungslandschaft" mit einer Vielfalt von „Qualifizierungssackgassen". Standardisierungen ermöglichen aber auch die Ausweitung eines qualifikationsgerechten Arbeitseinsatzes. Wo Versorgungsleistungen klar definiert sind, können sie im Spektrum der Routinefälle auch von anderen qualifizierten Berufsgruppen ausgeführt werden. So wird es – nicht zuletzt auch vor dem Hintergrund des ärztlichen Fachkräftemangels – verstärkt zu einer Übernahme ärztlicher Tätigkeiten durch qualifizierte Pflegekräfte kommen (z.B. bei der in diesem Zusammenhang immer wieder angeführten Blutabnahme).

Zur Entlastung hoch qualifizierter Kräfte des medizinischen und pflegerischen Dienstes wird die Aus- und Weiterbildung in Assistenzberufen weiter zunehmen. Medizinische Dokumentationsassistenten und -assistentinnen werden dazu eingesetzt, das ärztliche Personal von ihren äußerst umfangreichen Dokumentationsaufgaben zu entlasten. Operationstechnische Assistenten und Assistentinnen ergänzen das Spektrum des OP-Personals und sind vor allem mit Aufgaben betraut, die heute von Gesundheits- und Krankenpfleger/-innen mit Fachweiterbildung OP ausgeführt werden. Stationsassistenten und -assistentinnen übernehmen administrative Aufgaben der Pflegekräfte.

Gerade in Gesprächen mit den Praktiker/-innen der stationären Versorgung wird deutlich, dass eine bessere Integration der Versorgungsleistungen nicht erst an den Schnittstellen der Sektoren, also beispielsweise bei der Verzahnung der Akutbehandlung mit der anschließenden Rehabilitation auf Hindernisse stößt. Auch innerhalb eines Krankenhauses gilt es, die Abteilungs- oder Bereichsegoismen zu überwinden und langfristig durch ein diagnosespezifisches Prozessdenken, bei dem der Patientennutzen im Vordergrund steht, zu ersetzen. Diese Aufgabe wird bei einer sich weiter ausdifferenzierenden Qualifikationshierarchie nicht leichter.

Ambulantisierung

Die aufgrund des Kostendrucks im Gesundheitswesen angestrebte Ausweitung ambulanter Versorgung bei gleichzeitiger Reduzierung teurerer, stationärer Versorgungsformen findet ihre Ausprägung mittlerweile in einer tatsächlichen Erhöhung ambulanter Leistungszahlen. Maßgeblichen Einfluss auf die Ausweitung der ambulanten Leistungsmenge hat das wachsende Angebot ambulanter Untersuchungen, Behandlungen und Operationen, das von den Krankenhäusern selbst erbracht wird. Fasst man die ambulant durchgeführten Operationen und weitere ambulante Leistungen zusammen, so lässt sich feststellen, dass die Berliner Krankenhäuser im Jahr 2004 fast 64 % ihrer Versorgungsleistungen ambulant erbracht haben (eigene Berechnung auf der Basis der Qualitätsberichte 2004). Die Zahl ambulant erbrachter Operationen stieg gegenüber 2004 um 4,2 % oder 1.940 auf insgesamt 47.957 an. Bei den ambulanten vorstationären Behandlungen konnte innerhalb desselben Jahres ein Anstieg um 11.989 bzw. 15,7 % auf 88.250 Behandlungen verzeichnet werden.[9] In dieser Tendenz zeichnet sich die erfolg-

---

9   Statistisches Landesamt Berlin: Krankenhäuser und Vorsorge- und Rehabilitationseinrichtungen in Berlin 2005, Teil 1 – Grunddaten, Berlin 2006, S. 13.

reiche Restrukturierung von Krankenhausprozessen ab, die mit dem Ziel der Verweildauerreduzierung einen wachsenden Teil von Voruntersuchungen in den ambulanten Bereich verschoben hat.

Der Kostendruck im Gesundheitswesen sorgt in der stationären Versorgung für ein stetiges Bemühen, die durchschnittliche Verweildauer zu senken. Krankenhäuser streben heute eine möglichst schnelle Entlassung ihrer Patienten und Patientinnen an, woraus wiederum ein erhöhter Bedarf an Anschlussversorgung resultiert – sowohl medizinischer als auch pflegerischer Art.

Im Zusammenhang mit der hausärztlichen Behandlung im Anschluss an einen Krankenhausaufenthalt entsteht die Notwendigkeit, Hausbesuche in höherer Frequenz in den Praxisalltag zu integrieren. Niedergelassene Ärzte und Ärztinnen werden in Zukunft noch stärker als heute eine Lotsen- und Beratungsfunktion übernehmen und im Sinne eines Case Managements[10] die aufwändigere ambulante Versorgung ihrer Patienten und Patientinnen bis hin zu den Schnittstellen mit anderen Versorgungsbereichen koordinieren müssen. Daraus erwächst die Anforderung an sie, sich zu Akteuren in einem multiprofessionellen System zu entwickeln, in dem die Frage der personellen Verantwortlichkeit für das zu professionalisierende Case Management noch keineswegs entschieden ist. Der Erwerb spezifischer Beratungs- und Kommunikationskompetenz für alle in Arztpraxen oder Medizinischen Versorgungszentren (MVZ) beschäftigten Berufsgruppen sollte in Zukunft unabdingbar zu den erforderlichen Ausbildungsinhalten gehören.

Aber nicht nur für das Management der Anschlussversorgung, sondern auch für eine zielführende Übernahme der Steuerungsfunktion insgesamt ist die Erhöhung der hausärztlichen Qualifikation noch in weiteren Wissens- oder Kompetenzbereichen notwendig. Hausärzte müssen sich künftig noch viel umfassender mit der Patientensteuerung im Rahmen von sogenannten Disease Management Programmen (DMP) und Integrierten Versorgungsverträgen auseinandersetzen. Zur Wahrnehmung der oben angesprochenen Beratungsfunktion ist neben sozialen und kommunikativen Kompetenzen auch zu gewährleisten, dass die fachlichen Kompetenzen immer auf aktuellem Stand sind. Hausärzte und Hausärztinnen müssen bereits heute einen Überblick über ein sehr breites Spektrum von Erkrankungen und ihre jeweils zeitgemäße Form der Therapie kennen. In Zukunft werden auch Fragen möglicher Komplikationen nach operativen ambulanten Eingriffen immer wichtiger.

Medizinische Fachangestellte werden eine Erweiterung ihres Aufgabenspektrums erfahren. So ist anzunehmen, dass sie im Zusammenhang mit Disease Management-Programmen noch stärker in ärztliche Routineaufgaben hineinwachsen, wie zum Beispiel durch die Übernahme von Wundkontrolle und -versorgung einschließlich der dazugehörigen Dokumentationstätigkeiten. Aufgrund der Zunahme an medizinischen Assistenztätigkeiten bedarf es eines umfassenden Ange-

---

10 Case Management (Fallmanagement) ist eine Erweiterung der Einzelfallhilfe im Bereich der sozialen Arbeit mit dem Ziel, die Qualität und Wirtschaftlichkeit der Versorgung insbesondere für Klienten und Klientinnen bzw. Patienten und Patientinnen mit vielfältigen Bedarfen zu verbessern. Case Manager und Managerinnen sind speziell geschult, um die für eine angemessene Versorgung erforderlichen Leistungen zur Verfügung zu stellen bzw. zu koordinieren. Sie handeln sowohl auf der Fall- als auch auf der Systemebene, wobei die Aspekte der Beteiligung und der Ressourcenorientierung eine große Rolle spielen.

bots von Weiterqualifizierungen in entsprechenden Spezialisierungen für Medizinische Fachangestellte.

Gerade in Berlin mit seiner hohen Dichte an niedergelassenen Ärzten und Ärztinnen ist eine Zunahme der Wettbewerbsintensität zu erwarten. Als wichtiger Wettbewerbsfaktor in diesem Versorgungssektor lässt sich eine wachsende Serviceorientierung bzw. die Convenience[11] der Kunden/Patienten benennen. Neben infrastrukturellen Ausstattungsmerkmalen, wie beispielsweise der Verfügbarkeit von Parkplätzen, einer angeschlossenen Apotheke oder eines im Haus befindlichen Physiotherapeuten, werden also vor allem Serviceaspekte, wie längere Öffnungszeiten oder die Möglichkeit einer unmittelbaren Terminvereinbarung beim kooperierenden Facharzt, die Arztwahl der Patienten und Patientinnen beeinflussen. Vorreiter in Fragen der Serviceorientierung könnten die Medizinischen Versorgungszentren werden, die sich mit einer klaren Positionierung zum Stellenwert der Servicequalität schon heute teilweise recht erfolgreich dem Wettbewerb stellen.

Auch ambulante und stationäre Pflegedienstleister sind von einer Reduzierung der Verweildauern in der stationären Krankenhausbehandlung betroffen. Zusammenfassend kann man sagen: Der Bedarf an qualifizierter Behandlungspflege wird sich in den nächsten Jahren sowohl in Einrichtungen der stationären Altenhilfe als auch im häuslichen Umfeld deutlich erhöhen.

Bei den ambulanten Pflegedienstanbietern ist in Zukunft eine verstärkte Spezialisierung zu erwarten. Selbstverständlich wird auch weiterhin ein umfangreiches Angebot zur häuslichen Grundpflege und Betreuung zur Verfügung stehen, aber die zunehmende Versorgung anspruchsvoller Fälle im häuslichen Umfeld erfordert eine entsprechende Weiterqualifizierung und Spezialisierung allgemein qualifizierter Pflegekräfte (Gesundheits- und Krankenpfleger/-innen, Altenpfleger/-innen). Der Bedarf an ambulant einsetzbaren Intensiv- und Kinderintensivschwestern, an qualifizierten Mitarbeiter/-innen in ambulanten Palliativdiensten, an Wundmanager/-innen sowie Beatmungsspezialisten und -spezialistinnen wächst. Die Organisation einer intensiveren pflegerischen Versorgung zu Hause setzt neben der fachlichen Qualifikation auch Kompetenzen in den Bereichen von Case Management und Kooperation und (auch elektronischer) Informationsweitergabe voraus.

Ein Problem stellt die mangelnde Orientierung und Platzierung der Alten- und Krankenpflegeausbildung im zukünftig immer wichtiger werdenden ambulanten Sektor dar. Im reformierten Ausbildungsrecht in der Altenpflege erhält zwar der Bereich der ambulanten Pflege inhaltlich einen höheren Stellenwert, doch wird dem zunehmenden Trend der Ambulantisierung in der Ausbildungsstruktur nur unzureichend Rechnung getragen. Die Träger ambulanter Pflegeleistungen können nach wie vor Ausbildungsvergütungen nicht refinanzieren und sind deshalb auch nur sehr begrenzt in der Lage, Ausbildungsplätze anzubieten. Kompetente Beschäftigte für ambulante Pflegedienstleistungen zu finden, ist schon heute teilweise schwierig und wird sich in Zukunft zu einer massiven Fachkräftelücke im Bereich der Pflege auswachsen.

Auch die Krankenhäuser erbringen, wie oben dargestellt, bereits heute einen beträchtlichen Teil ihrer Patientenversorgung in ambulanter Form – jedoch mit einer personellen Ausstattung und Infrastruktur, die noch auf die stationäre Ver-

---

11   Convenience bezeichnet den Komfortaspekt von Verbrauchsgütern oder Dienstleistungen.

sorgung ausgerichtet ist. Darüber hinaus erfordern die kürzeren Verweildauern der Patienten und Patientinnen die Einführung eines systematischen Aufnahme- und Entlassungsmanagements. Der in Berlin – aufgrund der nach der Wiedervereinigung entstandenen Überkapazitäten – zu beobachtende Abbau von Krankenhauspersonal, und hier vor allem der Pflegekräfte, erhält durch die Ambulantisierung einen weiteren Schub. Dort, wo Patienten und Patientinnen weniger Tage in ihren Betten auf peripheren Stationen eines Krankenhauses verbleiben, braucht es auch weniger Fachkräfte, die auf stationäre Grund- und Behandlungspflege spezialisiert sind. Stattdessen wächst z. B. der Bedarf an Fachschwestern für den Aufwachbereich, an Spezialisten der Leistungsdokumentation und der Patientenverwaltung. In den ausschließlich ambulanten Leistungsbereichen eines Krankenhauses wird es verstärkt zum Einsatz Medizinischer Fachangestellter kommen.

Technologische Innovationen

Die Erbringung von Versorgungsleistungen ist sowohl im stationären als auch im ambulanten Bereich an vielen Stellen äußerst technologieintensiv. Biotechnologische Verfahren, pharmazeutische Produkte, aber auch komplexe Medizingeräte finden ihren Einsatz sowohl in diagnostischen als auch in therapeutischen Prozessen. Darüber hinaus ermöglichen neue Verfahren der Datenübermittlung die Zusammenarbeit der an der medizinischen Versorgung Beteiligten über räumliche Distanzen hinweg (Telemedizin und Telemonitoring).

Der zunehmend komplexe Einsatz von Technologie, der beim Personal hoch spezialisierte Kompetenzen für die Ausführung der jeweiligen Prozeduren erfordert, trägt vor allem in der stationären Versorgung zu einer Tendenz der Spezialisierung auf bestimmte Anwendungen bei (z. B. Spezialisierung von Ärzten auf die Durchführung besonders anspruchsvoller Operationen), was wiederum zu einer veränderten Arbeitsteilung in Krankenhäusern führt. In Zukunft ist im ärztlichen Bereich eine Dichotomisierung zu erwarten: Auf der einen Seite werden sich verstärkt hoch spezialisierte medizinische Experten und Expertinnen mit repetitiven Tätigkeiten herausbilden, auf der anderen Seite bedarf das Krankenhaus auch weiterhin einer großen Zahl von Generalisten im ärztlichen Dienst, zum Beispiel für die Notfallambulanzen, für die Aufnahme- und Entlassungsprozesse, im Bereich der geriatrischen Versorgung oder in der medizinischen Betreuung der Patienten und Patientinnen auf den peripheren Stationen.

Auch die Dokumentations- und Koordinationsaufgaben unterliegen aufgrund von Innovationen in den Informations- und Kommunikationstechnologien einem schnelllebigen Wandel. Besonders betroffen von dieser Entwicklung sind Pflegekräfte, Verwaltungsmitarbeiter/-innen, soziale Dienste in der stationären Versorgung sowie Pflegekräfte und Medizinische Fachangestellte in der ambulanten Versorgung. Umfassende Basiskenntnisse im Umgang mit EDV, auf die sich die jeweiligen Anforderungen an die Nutzung spezifischer Software leicht aufsatteln lassen, gehören daher unabdingbar in den Lehrplan der Berufsausbildungen der genannten Berufe. Die Notwendigkeit der Beherrschung von IuK-Technologien wird sich in naher Zukunft durch die Einführung der elektronischen Gesundheitskarte zusätzlich erhöhen.

Soziodemografischer Wandel

Berlin gilt als eine der am schnellsten wachsenden Großstädte in Deutschland, was nicht zuletzt mit dem positiven Wanderungssaldo der Stadt zusammenhängt. Aufgrund der Attraktivität Berlins als Wirtschaftsstandort werden auch in Zukunft mehr Menschen – vor allem aus dem Umland und anderen Bundesländern – nach Berlin zuziehen als abwandern. Aufgrund der höheren Mobilität von Personen im erwerbsfähigen Alter ergibt sich hieraus ein kompensierender Effekt für die Entwicklung der Altersstruktur. Trotzdem erfährt Berlin seit Jahren einen Anstieg des Anteils älterer Menschen im Verhältnis zum Erwerbspersonenpotenzial. Der Altenquotient[12] ist zwischen 1990 und 2004 kontinuierlich von 21,1 auf 24,4 gestiegen.[13]

Diese Entwicklung führt bereits gegenwärtig zu einem Anstieg der Pflegebedürftigkeit. In Berlin erhöhte sich die Zahl pflegebedürftiger Menschen zwischen 1999 und 2003 um 11 % auf 89.682, von denen 72.130 Personen und somit 80,4 % älter waren als 65 Jahre. 70 % der Pflegebedürftigen werden in ihrem häuslichen Umfeld betreut – die verbleibenden 30 % in Einrichtungen der stationären Pflege. Von den im häuslichen Umfeld betreuten Pflegebedürftigen wurden zwei Drittel von Familienangehörigen gepflegt (Pflegegeldempfänger/-innen: 47,3 %), 23,1 % oder 20.682 Personen Ende 2003 durch ambulante Pflegedienste betreut.[14]

In der stationären Akutversorgung wirkt sich die demografische Entwicklung bereits heute deutlich aus. Das Durchschnittsalter der behandelten Patienten und Patientinnen steigt – und mit ihm die Zahl multipler Krankheitsbilder. Entsprechend müssten mehr junge Mediziner/-innen für eine fachärztliche Weiterbildung zum Geriater bzw. zur Geriaterin gewonnen werden, was der gegenwärtigen Dominanz der technologieintensiven Notfallmedizin und Chirurgie entgegensteht. Aber auch für die Ärzte und Ärztinnen anderer Fachrichtungen sollte die Vermittlung geriatrischen Grundwissens mehr und mehr zum Weiterbildungsstandard gehören. Geriatrische Qualifizierungsdefizite lassen sich auch für den Bereich der Pflegekräfte konstatieren: Hier mangelt es vor allem an gerontologischen und gerontopsychiatrischen Kenntnissen, die zukünftig stärker im Bereich der Pflegeausbildung und darüber hinaus in Weiterbildungsangeboten vermittelt werden müssten. Das Gleiche gilt in angepasster Form auch für den Bereich der ambulanten medizinischen Versorgung und damit für die niedergelassenen Ärzte und Ärztinnen wie für die Medizinischen Fachangestellten.

Zudem müssen sich die ambulanten und stationären Leistungserbringer auf eine neue Generation von älteren Menschen einstellen. Diese leben nicht nur durchschnittlich länger, sondern sind auch im fortgeschrittenen Alter aktiver und gesundheitsorientierter. Über die Ausweitung eines allgemeinen Präventionsangebots hinaus sind somit auch verstärkt Angebote der Sekundärprävention für die über 50-Jährigen zu entwickeln.

Durch die Veränderungen der sozialpolitischen Rahmenbedingungen, demografische und sozialkulturelle Entwicklungen und Erkenntnisse der Pflegewissen-

---

12 Der Altenquotient gibt die Zahl der Personen an, die 65 Jahre und älter sind – bezogen auf hundert 18- bis 65-Jährige.
13 Vgl. Senatsverwaltung für Gesundheit, Soziales und Verbraucherschutz (Hrsg.): Gesundheitsberichterstattung Berlin, Basisbericht 2005, Daten des Gesundheits- und Sozialwesens, Berlin 2006, S. 47.
14 Ebd., S. 47 ff.

schaften hat sich auch die Versorgungslandschaft in der Altenhilfe verändert. Neue Wohn- und Betreuungskonzepte sind entstanden, die sich zum Beispiel auf die Beziehungen von pflegerischen und hauswirtschaftlichen Tätigkeiten auswirken. Die Orientierung verlagert sich von der „Versorgungsfunktion" hin zur „Selbstbestimmung der persönlichen Lebensführung und Teilhabe". Ähnlich wie in der Behindertenhilfe findet auch in der Altenhilfe eine Umstrukturierung größerer Einrichtungen zu kleineren familienähnlichen Wohneinheiten statt. Gleichzeitig entstehen quartiersnahe, lebensräumliche Angebote betreuten Wohnens, die stufenweise mit Hausgemeinschafts- und Wohngruppenkonzepten verknüpft sind.

In all diesen Wohngruppen- oder Hausgemeinschaftskonzepten werden hauswirtschaftliche Leistungen gezielt zur Alltagsorientierung, Milieugestaltung und Tagesstrukturierung eingesetzt. Dadurch verändert sich das Handlungsfeld Hauswirtschaft grundlegend. Im Rahmen der Ausbildung zum Hauswirtschafter bzw. zur Hauswirtschafterin müssen daher in Zukunft vor dem Hintergrund stärker bewohner- oder personenorientierter hauswirtschaftlicher Dienstleistungskonzepte folgende Kompetenzen vermittelt werden: Empathie für ältere Menschen und kommunikative Kompetenz im Umgang mit ihnen, kommunikative Fähigkeiten für den Austausch und die Abstimmung mit anderen Berufsgruppen (z. B. Pflegekräfte, Sozialarbeiter/-innen, Ärzte und Ärztinnen), Selbstmanagement (für unbegleitet ausgeführte Tätigkeiten) und geeignete Strategien im Umgang mit Stress. Ergänzt wird das Spektrum durch die notwendige Vermittlung von Grundkenntnissen zu besonders verbreiteten Alterserkrankungen.

Sowohl in Krankenhäusern und stationären Alteneinrichtungen, als auch in Arztpraxen wird man sich verstärkt Gedanken über die demografiefeste Gestaltung von Arbeitsplätzen machen müssen, da viele Institutionen der Gesundheitsversorgung alternde Belegschaften aufweisen. Betriebliches Gesundheitsmanagement wird zukünftig in Krankenhäusern und Altenpflegeheimen eine deutlich höhere Relevanz haben als heute.

3 Fazit

Insgesamt hat sich die Annahme bestätigt, dass die Entwicklung der Gesundheitswirtschaft durch Wechselwirkungen und Verschiebungen zwischen den Handlungsebenen gekennzeichnet ist. Bereits innerhalb des Kernbereichs der Gesundheitswirtschaft, der stationären und ambulanten Versorgung, führen Ansätze einer Integrierten Versorgung und Tendenzen der Standardisierung zu gravierenden Veränderungen der Aufgabenverteilung. Dieser Trend und die Verlagerung von Aufgaben zwischen ambulant und stationär bringen in den verschiedenen Sektoren einen erheblichen Personalentwicklungsbedarf mit sich. Im Bereich des Managements der Schnittstellen und Übergänge entstehen gleichzeitig neue Potenziale für zusätzliche Beschäftigung, die ihrerseits einen weiteren Qualifizierungsbedarf generieren.

Für den Kernbereich relevant ist jedoch zum einen der hohe Regulierungsgrad (Sozialgesetzbuch V, XI) der dort bereitgestellten Humandienstleistungen, zum anderen deren hohe Personalintensität und der daher direkt auf Arbeitsbedingungen und Versorgungsqualität durchschlagende Kostendruck. So führt der sozio-demografische Wandel zwar einerseits in Gegenwart und Zukunft zu positiven Beschäftigungseffekten, insbesondere in der ambulanten und stationären Pflege, andererseits wird sich der Mangel an Fachkräften genau in diesen Bereichen verstärken, wenn Arbeitsbedingungen, Auf- und Durchstiegsmöglichkeiten sowie die Bezahlung der Pflegekräfte nicht verbessert werden. Hinzu kommt, dass es – abgesehen von berufspolitischen Bedenken – immer noch gravierende rechtliche Grenzen für eine Veränderung der Arbeits- und Aufgabenverteilung unter den Gesundheitsberufen gibt, sodass die neuen Potenziale für zusätzliche Beschäftigung hier zum Teil an eine politische Veränderung der rechtlichen Rahmenbedingungen geknüpft sind.[15]

So wie im Kernbereich der Gesundheitswirtschaft im Rahmen der sektoralen Verschiebung sowie der integrierten Versorgungsmodelle neue Beschäftigungschancen entstehen, bezieht die Gesundheitswirtschaft ihre Dynamik insgesamt und damit auch ihre Beschäftigungspotenziale gerade aus den bereichsübergreifenden Entwicklungen.

Die Unterstützung des Kernbereichs durch Medizin- und Gerontotechnik oder das Gesundheitshandwerk ermöglicht neue Dienstleistungen, erfordert aber auch neue Qualifikationen. Durch die Organisation dieses Verhältnisses entstehen insbesondere neue Aufgabenbereiche und Beschäftigungsfelder in der Logistik.

Altenpflege, Selbsthilfe, Gerontotechnik und betreutes Wohnen oder „Servicewohnen" greifen ineinander, um neue Versorgungsformen zu entwickeln.

Das Zusammenwirken von ambulanter und stationärer Versorgung mit der Pharmaentwicklung und zum Beispiel der Ernährungsberatung ermöglicht Verbesserungen im Bereich Therapie und Compliance[16]. Auch Kur- und Bäderwesen, Gesundheitstourismus und Wellness ermöglichen neue Serviceangebote der Prävention.

Gemeinsam ist diesen Entwicklungen, dass sie quer zu bisherigen Berufsbildern und Ausbildungen verlaufen. Die damit verbundenen Qualifikationsanforderungen bzw. existierenden Qualifikationsdefizite bilden daher vielfach bei der Auslösung der potenziellen Entwicklungsdynamik der Gesundheitswirtschaft einen wesentlichen Engpassfaktor. Es fehlen entsprechend qualifizierte Fachkräfte, die sektorenübergreifend das Zusammenwirken der unterschiedlichen Bereiche der Gesundheitswirtschaft organisieren und entwickeln können. Die wechselseitige Kenntnis der jeweils komplementären Leistung wird zu einer Schlüsselressource für die Kooperation und die daraus resultierenden Wachstums- und Beschäftigungschancen.

Standardisierungen einerseits, das Konzept der Integrierten Versorgung, Vernetzungen sowie interdisziplinäre und professionenübergreifende Nahtstellen andererseits machen eine Modularisierung und mehrfache Durchlässigkeit der Ausbildungs- und Studiengänge notwendig. Aufbauend auf ein berufsqualifizierendes bzw. grundständiges Studium oder eine grundständige Ausbildung müssten entsprechende Aufbaustudiengänge und Spezialisierungen erfolgen. Eine stärkere Systematisierung und Standardisierung der (Fach-)Hochschulen wäre sinnvoll.

---

15 Vgl. Sachverständigenrat zur Begutachtung der Entwicklung im Gesundheitswesen: Kooperation und Verantwortung. Voraussetzungen einer zielorientierten Gesundheitsversorgung, Gutachten (Kurzfassung), Bonn 2007.

16 Unter Compliance (engl. Befolgung) wird das regel- bzw. weisungskonforme Verhalten von Patienten und Patientinnen z. B. bei der Einnahme eines verschriebenen Medikaments verstanden.

Die stärkere Standardisierung der Abläufe und Prozesse ermöglicht gleichzeitig eine neue Arbeitsorganisation und -teilung zwischen und innerhalb der verschiedenen Bereiche und Berufsfelder. Dies befördert Chancen des Berufseinstiegs für Ungelernte durch entsprechende Einstiegsqualifizierungen. Hier besteht jedoch das Risiko einer zersplitterten „Qualifizierungslandschaft" mit einer Vielfalt von „Qualifizierungssackgassen". Entwicklungs- und Durchstiegsmöglichkeiten hin zu einer beruflichen Qualifikation müssten durch das Qualifizierungs- und Berufsbildungssystem bereitgestellt werden. Doch ein solches System müsste sich erst entwickeln, im Grunde „als System erst bilden". Gegenwärtig steht das Nebeneinander von Fachschulen, Hochschulen, Berufsschulen und anderen Bildungsträgern, von ressortspezifischen Prüfungsämtern, Länder- und Bundesgesetzen dem Ziel einer vertikal einer horizontal durchlässigen Integration von Berufsausbildungen, Weiterbildungsmöglichkeiten und einer (Fach-)Hochschulbildung in einem integrierten System aus Grund-, Aufbau- und Spezialmodulen noch im Wege.[17] So wird sich einerseits der Trend zu Modularisierung und Spezialisierung sicher fortsetzen, andererseits gilt es, hier Tendenzen der Deprofessionalisierung entgegenzuwirken.

Da es zugleich darum geht, die jetzigen Beschäftigten für die Anforderungen des strukturellen Wandels zu qualifizieren, kommt dem Bereich Fort- und Weiterbildung bereits heute eine Schlüsselrolle zu. Durch eine frühzeitige Qualifizierung für neue Aufgaben ist es möglich, die Veränderungen konstruktiv aufzugreifen und die negativen Auswirkungen auf den Arbeitsmarkt abzufedern. Die Qualifikationen können jedoch nicht ohne Weiteres aus den bisherigen Weiterbildungsangeboten bedient werden. Es ist vielmehr erforderlich, die neuen Schlüssel- und Schnittstellenkompetenzen gezielt zu identifizieren und abzustimmen und auf dieser Basis neue Weiterbildungsangebote zu entwickeln, zu erproben und zu verbreiten. Qualifizierung wird damit zu einer wesentlichen Ressource der Innovationsdynamik der Gesundheitswirtschaft.

Bedingung ist aber, dass dort, wo die Veränderungen stattfinden, integriert an der Gestaltung des Strukturwandels, der Organisations- und Personalentwicklung gearbeitet wird. Qualifizierung muss sich eng an die aus der Veränderung der Organisationen entstehenden Bedarfe anschmiegen und diese Veränderungen zugleich ermöglichen, während deren strategische Ausrichtung darauf abzielen sollte, intersektorale Wertschöpfungsreserven im Hinblick auf die Optimierung von Ergebnisqualität zu generieren.

Die Personalentwicklung beginnt sich in den Einrichtungen des Gesundheitswesens allerdings erst allmählich zu professionalisieren. Dabei zeigt sich ein Entwicklungsvorsprung der größeren gegenüber kleinen und mittleren Unternehmen. Notwendig ist eine engere Verbindung zwischen der Ermittlung und Befriedigung konkreter Versorgungsaufgaben und -situationen, einer Definition der sich hieraus ergebenden Anforderungen an die Beschäftigten, einer systematischen Aufnahme vorhandener Kompetenzen und der Identifikation und Be-

---

17 In der Gesundheitswirtschaft gibt es überdurchschnittlich viele schulische Ausbildungsgänge (insbesondere in den Medizinal-/Assistenzberufen). Das führt wegen länderrechtlicher Zuständigkeiten zu einer Zersplitterung, Unübersichtlichkeit und Diffusität. Bei den in der Expertise der SPI Consult berücksichtigten 60 Berufen ist das Verhältnis dualer zu schulischer Ausbildung 50:50, auf die Zahl der Teilnehmenden bezogen jedoch 33:66 (vgl. Rodewald, Rainer/Funk, Tobias/Sowa, Katharina: Ausbildungspotenzial Berliner Gesundheitswirtschaft, Berlin 2006).

friedigung des daraus folgenden Förderungs- bzw. Qualifizierungsbedarfs. Diese Aufgabe ist eine zentrale Herausforderung, die vom Personalmanagement der Betriebe und der Einrichtungen aufgenommen, mit der Gestaltung der Organisationsveränderungen koordiniert und durch überbetriebliche Verbünde oder Netzwerke mit dem Qualifizierungssystem verknüpft werden muss.[18]

Literatur

Bandemer, Stephan von/Evans, Michaela/Hilbert, Josef:
  Gesundheitswirtschaft: die große Hoffnung auf des Messers Schneide? Die Gesundheitswirtschaft als Gestaltungsfeld moderner, personenbezogener Dienstleistungsarbeit – Herausforderungen für die Arbeitsgestaltung, Qualifizierung und berufliche Bildung, in: Institut Arbeit und Technik, Jahrbuch 2003/2004, Gelsenkirchen 2004, S. 119–135.

Brunner, Bernd:
  Gesundheitsstadt Berlin, in: Berliner Wirtschaft, November 2004.

Henke, Klaus-Dirk/Cobbers, Birgit/Georgi, Anja/Schreyögg, Jonas:
  Die Berliner Gesundheitswirtschaft. Perspektiven für Wachstum und Beschäftigung, 2. Auflage, Berlin 2006.

Industrie- und Handelskammer (IHK):
  Feldstudie „Bildungsbedarf der Gesundheitswirtschaft Berlin-Brandenburg", Berlin 2007.

Institut für Gesundheits- und Sozialforschung GmbH (IGES):
  Gesundheitswirtschaft Brandenburg. Stand und Entwicklung. Expertise im Auftrag des Ministeriums für Arbeit, Soziales, Gesundheit und Familie des Landes Brandenburg, Berlin 2006.

Kotlorz, Tanja:
  Luxus-Patienten bleiben an Berlins Kliniken aus. Reiche Ausländer lassen sich lieber in Bayern und Nordrhein-Westfalen behandeln, in: Berliner Morgenpost, 23.4.2007.

Masterplan Gesundheitsregion Berlin-Brandenburg:
  vorgelegt von der Ressortübergreifenden Steuerungsgruppe der Staatssekretäre für Wirtschaft, für Gesundheit und für Wissenschaft sowie der Chefin der Senatskanzlei und des Chefs der Staatskanzlei der Länder Berlin und Brandenburg, 26.Oktober 2007, URL: http://www.berlin.de/imperia/md/content/sen-wirtschaft/masterplaene/gesundheitsregion.pdf.

Ostwald, Dennis Alexander/Ranscht, Anja:
  Wachstums- und Beschäftigungspotenziale der Gesundheitswirtschaft in Berlin-Brandenburg. Eine Studie der Technischen Universität Darmstadt im Auftrag von HealthCapital Berlin-Brandenburg, Berlin 2007.

Prognos AG:
  Langfristige Trends und Ersatzbedarfe auf dem Berliner Arbeitsmarkt. Ergebnisse 2006–2013 der wissenschaftlichen Begleitforschung für den ESF in Berlin, im Auftrag der Senatsverwaltung für Wirtschaft, Arbeit und Frauen des Landes Berlin, Berlin 2007.

Rodewald, Rainer/Funk, Tobias/Sowa, Katharina:
  Ausbildungspotenzial Berliner Gesundheitswirtschaft, Berlin 2006.

[18] So z.B. durch die Aktivitäten im Handlungsfeld 2 der Masterplan-Initiative „Gesundheitsregion Berlin-Brandenburg" (vgl. Masterplan Gesundheitsregion Berlin-Brandenburg).

Sachverständigenrat zur Begutachtung der Entwicklung im Gesundheitswesen:
Kooperation und Verantwortung. Voraussetzungen einer zielorientierten Gesundheitsversorgung, Gutachten (Kurzfassung), Bonn 2007.

Senatsverwaltung für Gesundheit, Soziales und Verbraucherschutz (Hrsg.):
Gesundheitsberichterstattung Berlin. Basisbericht 2005, Daten des Gesundheits- und
Sozialwesens, Berlin 2006.

Senatsverwaltung für Stadtentwicklung (Hrsg.):
Bevölkerungsentwicklung in der Metropolregion Berlin 2002–2020, Berlin 2004.

Statistisches Landesamt Berlin:
Krankenhäuser und Vorsorge- und Rehabilitationseinrichtungen in Berlin 2005,
Teil 1 – Grunddaten, Berlin 2006.

Weinmann, Julia:
Die neue Gesundheitspersonalrechnung, in: Statistisches Bundesamt (Hrsg.), Wirtschaft
und Statistik 8/02, Stuttgart 2002, S. 712–723.

■ Fachkräftebedarfsanalysen in der Berlin-Brandenburger Gesundheitswirtschaft als Instrument einer gestaltenden Arbeitsmarktpolitik

Anja Walter/Carsten Kampe/Markus Höhne

Abstract

Die Deckung bestehender und entstehender Fachkräftebedarfe bildet eine wesentliche Voraussetzung, um die Wachstums- und Arbeitsmarktchancen der Hauptstadtregion nutzen zu können. Differenzierte Arbeitsmarktanalysen bieten die Möglichkeit, durch gezielte Maßnahmen einem potenziellen Fachkräftemangel präventiv entgegenzuwirken. Der folgende Beitrag zeigt am Beispiel der Gesundheitswirtschaft, wie quantitative und qualitative Verfahren der Bedarfserkennung kombiniert werden und welchen Beitrag solche Initiativen zu einer gestaltenden Arbeitsmarktpolitik leisten können.

1 Einleitung

Um die Wachstums- und Arbeitsmarktchancen der Hauptstadtregion effektiv nutzen zu können, müssen die bestehenden und mittelfristig zu erwartenden Fachkräftebedarfe in ausgewählten Branchen Berlin-Brandenburgs gedeckt werden. Zielgenaue Initiativen zur Vermeidung potenzieller Fachkräfteengpässe sind jedoch nur möglich, wenn frühzeitig bekannt ist, in welchen Regionen, Branchensegmenten und Berufen sich mittelfristige Personalbedarfe abzeichnen bzw. bereits akut sind.

An dieser Stelle setzen branchenspezifische Fachkräftebedarfsanalysen an: Ausgehend von Bevölkerungs-, Wirtschafts- und Arbeitsmarktdaten sowie branchenspezifischen Entwicklungsprognosen soll ein empirisch fundiertes Bild der jeweiligen Branche, differenziert nach unterschiedlichen Tätigkeitsbereichen, gezeichnet werden. Entsprechende Analysen bieten die Möglichkeit, durch gezielte Maßnahmen einem potenziellen Fachkräftemangel präventiv entgegenzuwirken, zum Beispiel durch die Forcierung und Förderung von Aus- und Weiterbildung oder eine verstärkte Kooperation mit Schulen und Universitäten. Aufgrund der hohen Dynamik wirtschaftlicher, technischer und organisatorischer Entwicklungen sind einmalige Erhebungen nicht dazu in der Lage, den Anforderungen eines gestaltungsorientierten Monitoringsystems zu genügen. Deshalb muss ein aussagekräftiges Fachkräftemonitoring darauf zielen, kontinuierlich Daten und Informationen zu aktuellen Entwicklungen und wesentlichen Arbeitsmarkt- und Wirtschaftstrends zu generieren und diese dann – immer wieder aktualisiert – den Branchenakteuren (Netzwerken, Betrieben, relevanten Weiterbildungsträgern etc.) zur Verfügung zu stellen. Darüber hinaus sollten Branchenanalysen auf vorhandene Strukturen zurückgreifen, um mögliche Synergien zu nutzen und die Untersuchungsergebnisse in ein umfassenderes Bild regionaler Arbeitsmarkt- und Wirtschaftsstrukturen einbetten zu können. Die damit ermöglichte Perspektive erlaubt es, intersektorale Verschiebungen in den Blick zu bekommen bzw. Entwicklungsspielräume jenseits enger Branchengrenzen zu erfassen. In diesem Sinne sollten Fachkräftebedarfsstudien im Raum Berlin-Brandenburg mit dem Brandenburger Fachkräftemonitoring kooperieren. Das Brandenburger Fachkräftemonitoring wurde im Rahmen des Projektes Regionalbüros für Fachkräftesicherung der Landesagentur für Struktur und Arbeit GmbH (LASA) initiiert und hat seit dem 1. März 2006 umfangreiche Arbeitsmarktstrukturanalysen für Brandenburg durchgeführt. Die enge Zusammenarbeit mit dem Brandenburger Fachkräftemonitoring soll sicherstellen, dass das aufgebaute Know-how (Möglichkeiten und Grenzen quantitativer und qualitativer Fachkräfteanalysen in ausgewählten Zielbranchen und -regionen, Identifikation leistungsstarker Projektpartner) für branchenspezifische Monitoringsysteme nutzbar gemacht werden kann. Auf der anderen Seite sollen die Ergebnisse der Branchenanalysen in das Brandenburger Fachkräftemonitoring integriert werden, um so das Bild des Berlin-Brandenburger Arbeitsmarktes und Wirtschaftsstandortes zu komplettieren.

2 Ebenen eines branchenspezifischen Fachkräftemonitoring

Im Hinblick auf den Nutzen von Fachkräftemonitoring-Systemen ist grundsätzlich zwischen zwei Nutzertypen zu unterscheiden:
– Arbeitsmarktpolitische Gestalter (Wirtschaftsförderer, Landesregierungen, Branchenverbände und -netzwerke etc.) können auf Basis von Strukturinformationen öffentlicher und halböffentlicher Statistiken arbeitsmarktpolitische Strategien und Maßnahmen noch zielgenauer auf sich abzeichnende Herausforderungen ausrichten.
– Für Arbeitsmarktakteure (Unternehmer, Arbeitnehmer, Auszubildende, Schüler etc.) sind demgegenüber vor allem (tages)aktuelle Arbeitsmarktinformationen von Betriebsleitern, Personalverantwortlichen und Branchenkennern von Bedeutung. Im Besonderen sind klein- und mittelständische Unternehmen (KMU) nur in den seltensten Fällen neben der täglichen Auftragsbearbeitung in der Lage, mittelfristige Personalentwicklungskonzepte zu erarbeiten bzw. einzuschätzen, wie sich der betriebliche Personalbedarf in den nächsten zwei bis drei Jahren entwickeln wird.
Entsprechend sind für Betriebe aktuelle Fachkräfte- und Qualifizierungsbedarfe relevanter als mittelfristige Entwicklungsprognosen und Strukturdaten. Betrieblichen Nutzen stiftet ein Fachkräftemonitoring dann, wenn es gelingt, aktuelle Bedarfe zu erfassen und auf der Grundlage vorhandener Strukturen soweit wie möglich zu befriedigen. Das Arbeitsmarktwissen der Betroffenen stellt hierbei die wesentliche Informationsbasis dar. Strukturdaten kommen eher als ergänzendes Hintergrundwissen zum Tragen.

Monitoring-Systeme stehen vor der Herausforderung, diese beiden Nutzergruppen zu bedienen und die verschiedenen Informationen synergetisch miteinander zu kombinieren. Mit Blick auf arbeitsmarktrelevante Strukturdaten besteht in Deutschland nicht das Problem, dass zu wenige Informationen vorliegen.

Vielmehr müssen die vorliegenden Statistiken nutzerfreundlich aufbereitet werden. Ein wesentlicher Punkt ist, dass bei der Datenaufbereitung branchenspezifische Gegebenheiten und regionale Unterschiede so differenziert erfasst werden, dass die Informationen handlungsorientierend wirken können. Für die Betriebe sind Monitoringinformationen vor allem dann hilfreich, wenn es gelingt, auf Basis eines fundierten Arbeitsmarktwissens konkrete Maßnahmen zur Fachkräftesicherung durchzuführen, wie beispielsweise eine gezielte Besetzung von freien Stellen und Ausbildungsplätzen oder die Initiierung bedarfsgenauer Weiterbildungsmaßnahmen. Handlungsfähige Regional- und Branchennetzwerke – so die Erfahrung des Brandenburger Fachkräftemonitoring – können hierbei einen substanziellen Beitrag leisten, indem sie Akteure zusammenbringen, Abstimmungsprozesse vorantreiben und damit auch vorhandene Strukturen (re-)aktivieren.

Bei der inhaltlichen Aufbereitung der Monitoringinformationen gilt, dass die Interpretation von Strukturdaten ohne substanzielle Branchenkenntnisse nur begrenzt möglich ist. Umgekehrt lässt sich die übergreifende Bedeutung von Betriebsdaten nur erfassen, wenn diese mit allgemeinen Branchentrends verglichen werden. Entsprechend bedarf es eines Abgleichs zwischen statistischen Auswertungen und branchenspezifischen Betriebsbefragungen, der ohne die Einbindung ausgewiesener Branchenkenner kaum zu verwirklichen ist. Gleiches gilt für den Bereich der Prognose: Nur durch die Kombination von Struktur- und Betriebsdaten lassen sich mögliche Entwicklungsverläufe herausarbeiten. Erst indem diese Entwicklungsalternativen mit Branchenkennern diskutiert werden, ist zu beurteilen, mit welcher Wahrscheinlichkeit die verschiedenen Zukunftsszenarien eintreten werden und durch welche Maßnahmen Fehlentwicklungen zu verhindern sind.

Innovative Arbeitsmarktstrukturanalysen als arbeitsmarktpolitisches Instrument

Unverzichtbare Basis branchenspezifischer Fachkräftebedarfsprognosen ist eine breit angelegte Arbeitsmarkt- und Wirtschaftsstrukturanalyse unter Nutzung vorhandener Statistiken.[1] Nur wenn die aktuelle Branchenstruktur sowie die Veränderungen der letzten Jahre bekannt sind, lässt sich abschätzen, welche Entwicklungsoptionen innerhalb der einzelnen Wirtschaftsfelder bestehen bzw. welche Trends sich aktuell abzeichnen. Die Frage etwa, welche Bedeutung dem demografischen Wandel im Hinblick auf die Fachkräftesituation innerhalb des Untersuchungsfeldes zukommt, ist ohne Kenntnis der Alters- und Qualifikationsstrukturen der Branche bzw. der diesbezüglichen Entwicklungen der letzten Jahre nicht zu beantworten. Repräsentative Befragungen lassen sich ebenfalls nur dann planen, wenn die Struktur der Untersuchungsbranche hinreichend bekannt ist.

Branchenspezifische Analysen, die die Alters-, Berufs- und Qualifikationsstruktur von Teilsegmenten der Gesundheitswirtschaft in den Blick nehmen, gehen in ihrer Differenzierungstiefe wesentlich über öffentlich zugängliche Statistiken hinaus. Entsprechend besteht ein Bedarf an problemadäquaten Auswertungskon-

---

1   Neben den Daten des Amtes für Statistik Berlin-Brandenburg bieten vor allem die Statistik der sozialversicherungspflichtigen Beschäftigten und die Arbeitslosenstatistik der Bundesagentur für Arbeit sowie die Daten der Mini-Job-Zentrale umfangreiche Analysemöglichkeiten.

zepten, um eine optimale Nutzung der vorhandenen Datenquellen sicherstellen zu können. Die im Rahmen des Projektes Regionalbüros für Fachkräftesicherung durchgeführten Auswertungen der Beschäftigtenstatistik der Bundesagentur für Arbeit (BA) verdeutlichen, welches Erkenntnispotenzial branchenspezifische Sonderauswertungen der BA-Statistiken bieten.

Um branchenspezifische wie handlungsorientierte Auswertungsmethoden erarbeiten zu können, müssen folgende Fragen geklärt werden:

– Welche Differenzierungen und Klassifizierungen sind für heterogene Wirtschaftsfelder sinnvoll? Wie lassen sich unterschiedliche Tätigkeitsbereiche voneinander unterscheiden, welche Bereiche sind sinnvollerweise zusammenzufassen?

– Über welche Klassifizierung der Wirtschaftszweige (WZ 03) und Klassifizierung der Berufe lassen sich heterogene Branchen in ihrer Gesamtheit abbilden?

– Bedarf es einer räumlichen Differenzierung der Datenauswertungen und wenn ja, welches Regionalisierungskonzept wird den Anforderungen eines branchenspezifischen Fachkräftemonitorings am ehesten gerecht?

– Inwieweit lassen sich Entwicklungsverläufe nach Betriebsgrößenklassen (1 bis 9 Beschäftigte, 10 bis 49 Beschäftigte, 50 bis 249 Beschäftigte, mehr als 250 Beschäftigte) abbilden?

– Welche Datenquellen sind für eine umfangreiche Bestandsanalyse nutzbar zu machen?

Aufgrund der differenzierten Gestalt der Gesundheitswirtschaft ist die Frage nach dem zu wählenden Analysezuschnitt für die Gesundheitsbranche von herausragender Bedeutung. Je nach Untersuchungsinteresse ist festzulegen, ob ein eher breit angelegtes Branchenverständnis zur Anwendung kommen soll oder eher eine Fokussierung auf den Kernbereich der Gesundheitswirtschaft sinnvoll ist. In Orientierung an dem von Ostwald et al. vorgeschlagenen Differenzierungsmodell[2] erscheint es sinnvoll, für eine differenzierte Branchenanalyse folgende Bereiche der Klassifizierung der Wirtschaftszweige (WZ 03) zu unterscheiden:[3]

Eine Erweiterung dieser Systematik auf die Bereiche Sport und Freizeit, Ernährung und Gesundheitstourismus ist prinzipiell vorstellbar. Aufgrund der begrenzten Differenzierungstiefe der Klassifikation der Wirtschaftszweige ist eine eindeutige Abgrenzung dieser Randbereiche der Gesundheitswirtschaft anhand der vorliegenden Statistiken jedoch mit erheblichen Schwierigkeiten verbunden.

Neben der Branchenperspektive besteht die Möglichkeit, differenzierte Arbeitsmarktanalysen auf der Ebene von Berufen durchzuführen. Für eine Branchenorientierung sprechen die Neuausrichtung der Brandenburger Wirtschafts- und Arbeitsmarktpolitik auf 16 Branchenkompetenzfelder sowie die bereits etablierten Verbands- und Netzwerkstrukturen (GA Netzwerke, Spitzencluster-Initiativen etc.). Dabei wären mit Blick auf länderübergreifende Monitoringaktivitäten insbeson-

---

2 Vgl. Ostwald, Dennis Alexander/Ranscht, Anja: Wachstums- und Beschäftigungspotenziale der Gesundheitswirtschaft in Berlin-Brandenburg. Eine Studie der Technischen Universität Darmstadt im Auftrag von HealthCapital Berlin-Brandenburg, hrsg. v. Netzwerk Gesundheitswirtschaft, Berlin 2007, S. 29ff. Vgl. hierzu auch den Beitrag von Haß/Richter in diesem Band.

3 Die vorgeschlagene Systematisierung ist als Diskussionsgrundlage gedacht und bedarf der weiteren Schärfung.

Tabelle 1
Felder der Gesundheitswirtschaft

Felder der Gesundheitswirtschaft	WZ 3-Steller [a)]	WZ 4-Steller / 5-Steller [b)]
Gesundheitswesen	85.1 Gesundheitswesen 85.3 Sozialwesen	85.11 Krankenhäuser 85.12 Arztpraxen 85.13 Zahnarztpraxen 85.14 Gesundheitswesen a. n. g. 85.31.3 Altenwohnheime 85.31.4 Altenheime 85.31.5 Altenpflegeheime 85.31.6 Heime für werdende Mütter 85.31.7 Einrichtungen zur Eingliederung/Pflege Behinderter 85.32.6 Ambulante soziale Dienste
Handel mit Gesundheitsprodukten	52.3 Apotheken, Facheinzelhandel mit medizinischen Artikeln	52.31 Apotheken 52.32 Facheinzelhandel mit medizinischen Artikeln 52.33.2 Einzelhandel mit Drogerieartikeln
Medizintechnik, Biotechnologie, Pharmaindustrie	24.4 Herstellung von pharmazeutischen Erzeugnissen 33.1 Herstellung von medizinischen Geräten und orthopädischen Erzeugnissen	24.4.1 Herstellung von pharmazeutischen Grundstoffen 24.4.2 Herstellung von pharmazeutischen Spezialstoffen 33.10.1 Herstellung von medizinischen Geräten/orthopädischen Erzeugnissen 33.10.2 Herstellung von elektromedizinischen Geräten 33.10.3 Herstellung von orthopädischen Erzeugnissen 33.10.4 Zahntechnische Laboratorien
Forschung und Entwicklung	73.1 Forschung und Entwicklung im Bereich Natur-, Ingenieurs-, Agrarwissenschaften und Medizin 74.3 Technische, physikalische und chemische Untersuchungen	73.10.4 Forschung und Entwicklung im Bereich Medizin 74.30.1 Chemische Untersuchungen und Beratung

Fortsetzung Tabelle 1

Felder der Gesundheits-wirtschaft	WZ 3-Steller[a)		WZ 4-Steller / 5-Steller[b)	
Öffentliche Verwaltungen, Krankenversiche-rungen, Organisationen der Gesundheitswirt-schaft	66.03	Sonstiges Versicherungs-gewerbe	66.03.1	Krankenversicherungen
	75.3	Sozialversicherung und Arbeitsförderung	66.03.2	Schadens- und Unfallver-sicherungen
			66.03.3	Rückversicherungen für sonstige Versicherungen
			75.30.5	Gesetzliche Krankenver-sicherung
			75.30.6	Knappschaftliche Krankenversicherung
			75.30.8	Gesetzliche Unfallver-sicherung
			91.33.2	Organisationen des Gesundheitswesens
			91.33.6	Verbände der Sozialver-sicherungsträger

[a) Der WZ 3-Steller beschreibt eine bestimmte Differenzierungstiefe der Systematik der Wirt-schaftszweige. Auf der 3-Steller-Ebene der Systematik der Wirtschaftszweige von 2003 werden 222 Wirtschaftsgruppen unterschieden. Diese Wirtschaftsgruppen lassen sich 17 Wirtschaftsabschnitten zuordnen. Die 222 Wirtschaftsgruppen lassen sich wiederum in 513 Wirtschaftsklassen (4-Steller) bzw. in 1.041 Wirtschaftsunterklassen (5-Steller) ausdiffe-renzieren.

[b) Auf eine Vermischung von 4- und 5-Stellern sollte aus systematischen Gründen zwar mög-lichst verzichtet werden, doch lässt sich aufgrund der Struktur der Klassifizierung der Wirt-schaftszweige eine solche Differenzierung im Bereich der Gesundheitswirtschaft nicht ver-meiden.

dere Schnittmengen mit den in Berlin identifizierten Branchenclustern Gesund-heitswirtschaft zu berücksichtigen. Im Hinblick auf die Erfassung aktueller und zukünftiger Fachkräftebedarfe bietet die Ausweitung der Analysen auf berufs-typische Entwicklungen jedoch zwei Vorteile:

– Erstens stellt sich der Bedarf nach bestimmten Qualifikationen und Berufen als branchenübergreifendes Phänomen dar. Sowohl technische Berufe – wie etwa Elektriker – als auch Verwaltungstätigkeiten kommen in allen Branchen bzw. Branchenkompetenzfeldern (BKF) zum Einsatz. Wirtschaftszweigspezi-fische Analysen greifen hier zu kurz, da sie weder branchenübergreifende Substitutionsprozesse berücksichtigen, noch die intersektorale Konkurrenz um bestimmte Berufstypen erfassen und damit entstehende Bedarfe unter-schätzen.

– Zweitens dient die Klassifizierung der Berufe als entscheidende Systematik zur Beschreibung gesuchten Fachpersonals. Die Analyse des Fachkräftebedarfs der Berlin-Brandenburger Wirtschaft muss sich an Berufsstrukturen orientie-ren, um bestehende und sich entwickelnde Bedarfe hinreichend konkret be-

Abbildung 1
Berufsstruktur des Gesundheitswesens im Land Brandenburg
(Stand 30. Juni 2005)

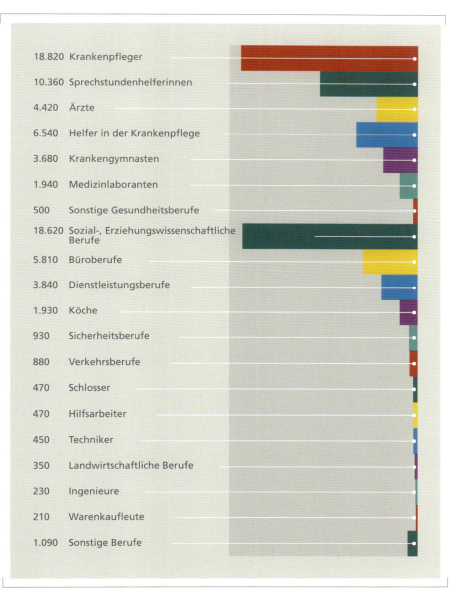

18.820	Krankenpfleger
10.360	Sprechstundenhelferinnen
4.420	Ärzte
6.540	Helfer in der Krankenpflege
3.680	Krankengymnasten
1.940	Medizinlaboranten
500	Sonstige Gesundheitsberufe
18.620	Sozial-, Erziehungswissenschaftliche Berufe
5.810	Büroberufe
3.840	Dienstleistungsberufe
1.930	Köche
930	Sicherheitsberufe
880	Verkehrsberufe
470	Schlosser
470	Hilfsarbeiter
450	Techniker
350	Landwirtschaftliche Berufe
230	Ingenieure
210	Warenkaufleute
1.090	Sonstige Berufe

Quelle: Bamming, Ruth:
Beschäftigungsanalyse Brandenburg 1998–2005, S. 101,
eigene Darstellung.

49

nennen zu können, ohne sich in der Vielzahl gesuchter Kompetenzen und Qualifikationen zu verlieren.

Aufbauend auf den gesammelten Erfahrungen der Datenaufbereitung wurde im Rahmen des Brandenburger Fachkräftemonitoring ein Auswertungskonzept erarbeitet, das die vorliegenden Statistiken im Hinblick auf eine längerfristig angelegte Arbeitsmarktanalyse optimal nutzt. Basis der sich daran anschließenden Analysen ist die empirische Zuordnung von Berufen zu den Untersuchungsbranchen. Die zentrale Frage lautet: Welche Berufe werden in ausgewählten Wirtschaftsfeldern nachgefragt? Abbildung 1 gibt einen Überblick über die Berufsstruktur des Brandenburger Gesundheitswesens, also des Kernbereichs der Gesundheitswirtschaft.[4]

Auf dieser Struktur aufbauend können die Kernberufe der Untersuchungsbranche definiert und anschließend einer differenzierten Bestandsanalyse unterzogen werden. Durch die empirische Zuordnung von Kernberufen zu den Wirtschaftsfeldern – die Umkehrung des ersten Arbeitsschrittes: In welchen Branchen sind welche Berufe am häufigsten zu finden? – lässt sich darüber hinaus die Branchenrelevanz berufsspezifischer Entwicklungen abbilden:

Tabelle 2
Branchenspezifische Verteilung der Berufe im Land Brandenburg
(Stand 30. Juni 2005)

Berufe	Beschäftigung in den Branchen-kompetenzfeldern	Energie	Medien/IKT	Optik	Tourismus	Biotechnologie	Maschinenbau	Gesundheitswesen
Ärzte, Apotheker	46.680			70	130	230		46.250
Gesundheitsberufe								
Sozialpfl. Berufe	20.080	80	290		150	850	90	18.620

Quelle: Bamming, Ruth:
Beschäftigungsanalyse Brandenburg 1998–2005, S. 29ff.

Eine derartige Kreuzung von Beruf und Branche verweist auf potenzielle Fachkräfteengpässe und zugleich auf den konkreten Handlungsbedarf quer zu den Branchen. Die Ergänzung branchenspezifischer Analysen um die Berufsperspek-

---

4 Auf eine weitere Differenzierung auf Grundlage der Berufsklassifikation der Bundesagentur für Arbeit wurde hier aus Darstellungsgründen verzichtet; kleinteiligere Analysen sind aber bei hinreichenden Fallzahlen möglich.

tive bietet somit einen originären Mehrwert für wirtschaftszweigspezifische Monitoringvorhaben.

Das Monitoring der Berufe sollte im Einzelnen folgende Zusammenhänge in den Blick nehmen:

Beschäftigtenstruktur je Beruf:
- Altersstruktur der Beschäftigten je Beruf, nach Altersgruppen und Geschlecht differenziert, als Indikator für zu erwartende Verrentung[5]
- Qualifikationsstruktur der Beschäftigten je Beruf, nach Altersgruppen differenziert, als Indikator für berufsspezifische Aus- und Weiterbildungsanforderungen
- Teilzeitbeschäftigung nach Beruf als berufsspezifisches Strukturmerkmal und Indikator für arbeitszeitbezogene Gestaltungsspielräume
- Beschäftigtenzahlen je Beruf, nach Branchen (WZ 3-Steller) gegliedert, als Indikator für die Branchenrelevanz berufsspezifischer Entwicklungen

Arbeitslosenstruktur je Beruf:
- Altersstruktur der Arbeitsuchenden je Zielberuf, nach Geschlecht differenziert, als wesentlicher Indikator berufsspezifischer Fachkräfteangebote
- Qualifikationsstruktur der Arbeitslosen je Zielberuf, nach Altersgruppen und Geschlecht differenziert, als Indikator für das Entwicklungspotenzial des berufsspezifischen Fachkräfteangebots
- Dauer der Arbeitslosigkeit je Zielberuf, nach Altersgruppen und Geschlecht differenziert, als Strukturmerkmal berufsspezifischer Arbeitskräfteangebote

Vergleich von Arbeitskraftangebot und -nachfrage je Beruf:
- Darstellung des Verhältnisses zwischen gemeldeten offenen Stellen zu Arbeitslosen im Zeitverlauf (Januar 2005 bis zum aktuellen Rand) als wesentlicher Indikator sich aktuell abzeichnender Fachkräfteengpässe[6]

Berufsspezifische Ausbildungszahlen und Ausbildungspotenziale nach Qualifikation:
- Berufsspezifische Ausbildungszahlen, nach Geschlecht differenziert, als Indikator für mittelfristige Fachkräfteangebote[7]
- Entwicklung der Schulabgängerzahlen nach Art des Schulabschlusses als Indikator zur Beschreibung potenzieller Fachkräfteangebote

Da sich Teilarbeitsmärkte infolge technischer und organisatorischer Veränderungen durch eine hohe Entwicklungsdynamik auszeichnen, ist es notwendig, die

---

5   Unter Nutzung von Daten des Forschungsdatenzentrums des Verbandes der Deutschen Rentenversicherer (VDR) ließe sich das berufsspezifische Verrentungsalter bzw. Berufsaustrittsalter (Berufswechsler) ermitteln. Diese Angaben würden zu einer wesentlichen Präzisierung der Schätzung berufsspezifischer Renteneintritte führen.
6   Zu prüfen wäre, inwieweit sich die Aussagen zu aktuellen Fachkräfteengpässen durch berufsspezifische Meldequoten und die Interpretation der berufsspezifischen Arbeitslosenstrukturen konkretisieren lassen.
7   Hier wäre zu klären, inwieweit eine Gewichtung der Ausbildungszahlen um berufsspezifische Abbrecherquoten (Daten der Kammern) eine Feinjustierung der Analysen ermöglicht.

Strukturanalysen regelmäßig durchzuführen, um branchenspezifische Entwicklungen zeitnah erfassen zu können. Die Verstetigung regionaler Arbeitsmarktanalysen ist sinnvollerweise in Zusammenarbeit mit der Statistischen Abteilung der Regionaldirektion der Bundesagentur für Arbeit Berlin-Brandenburg durchzuführen. Neben den Möglichkeiten der uneingeschränkten Datennutzung sowie der ausgewiesenen Fachexpertise der Regionaldirektion handelt es sich bei der Bundesagentur für Arbeit um einen strategischen Projektpartner, der in ein branchenspezifisches Fachkräftemonitoring eingebunden werden sollte.

Betriebsbefragungen als Instrument einer gestaltenden Arbeitsmarktpolitik

Branchen- und berufsspezifische Analysen sind in jedem Fall um qualitative Studien zu ergänzen (Betriebsbefragungen), da nur so die Entwicklungen innerhalb der Untersuchungsbranche in ihrer jeweiligen Bedeutung zu beurteilen sind und sich zukünftige Entwicklungen und Fachkräftebedarfe abschätzen lassen. Welche (regionale) Bedeutung spezifische Arbeitsmarkttrends haben, welches Krisenpotenzial bestimmten Entwicklungen zu eigen sind und welche Handlungsbedarfe damit bestehen, lässt sich nur durch die betroffenen Akteure vor Ort beantworten. Offen ist etwa, in welchem Ausmaß Verrentung zu Ersatzbedarf führt und ob die Neubesetzung von Stellen zur Restrukturierung von Betriebsabläufen genutzt wird. Ebenso unklar ist, wie sich das Problem der Betriebsnachfolge im Hinblick auf spezifische Betriebstypen darstellt. Erst die Kombination statistischer Kennzahlen mit der Experteneinschätzung vor Ort bietet solide Einblicke in die aktuelle Fachkräftesituation und Hinweise auf mittelfristige Entwicklungen respektive Bedarfe.

Aufbauend auf der quantitativen Bestandsanalyse lässt sich ein repräsentatives Sample bilden, das die Besonderheiten unterschiedlicher Tätigkeitsfelder und Betriebstypen innerhalb der Untersuchungsbranche berücksichtigt. Ein Vorteil dieses Vorgehens besteht darin, dass sich mit relativ wenigen Befragungen ein solider Überblick über heterogene Wirtschaftsbereiche generieren lässt. Im Hinblick auf die Komplexität des Themas sind die Betriebsbefragungen zunächst in Form von qualitativen Interviews durchzuführen. Welche technischen und organisatorischen Entwicklungen sich beispielsweise in einzelnen Branchensegmenten der Gesundheitswirtschaft abzeichnen und welche neu entstehenden Qualifikations- und Kompetenzanforderungen aus diesem Wandel hervorgehen, lässt sich nur äußerst beschränkt – wenn überhaupt – mittels Fragebögen erheben.

Auch im Bereich der qualitativen Analysen ist eine Verstetigung der Befragungen anzustreben. Entwicklungsschübe und Trendwenden lassen sich nur erfassen, wenn ein regelmäßiger Dialog mit Betrieben und Branchenkennern stattfindet. Eine optimale Lösung dürfte in einer regelmäßigen Betriebsbefragung (Panelbefragung) bestehen. Vergleichbar mit dem Konzept des IAB-Betriebspanels bestünde die Möglichkeit, Kernzusammenhänge der Untersuchungsbranche wiederholt abzufragen und die Erhebungen um jeweils variierende Themenschwerpunkte zu ergänzen. Aufbauend auf einer solchen Standardisierung könnten darüber hinaus die Erhebungen mittelfristig in Form von Internetbefragungen durchgeführt werden.[8]

---

8 Wenn den befragten Betrieben die Systematik und das Ziel der Befragung bekannt ist, erhöht sich der Aussagegehalt schriftlicher Befragungen nachhaltig.

Wesentliches Ziel solcher Betriebsbefragungen ist es, konkrete Handlungsbedarfe in den untersuchten Betrieben zu identifizieren und diese so weit wie
möglich gezielt zu decken. Wenn es gelingt, innerhalb der Branche ein handlungs-
fähiges Netzwerk von Arbeitsmarktakteuren aufzubauen, wäre es zum Beispiel
möglich, gezielt offene Stellen und Ausbildungsplätze kurzfristig zu besetzen oder
bedarfsgerechte Schulungs- und Qualifizierungsmaßnahmen zu initiieren – sei es
durch die Bundesagentur für Arbeit (BA) oder im Rahmen von Förderprogrammen
der Landesregierungen. Die Erfahrungen des Projektes Regionalbüros für Fachkräftesicherung zeigen, dass Fachkräftebedarfsstudien entscheidend dazu beitragen können, vorhandene Strukturen zu unterstützen oder gar zu reaktivieren.
Im Kontext der Fachkräftesicherung steigt die Bereitschaft der Betriebe, personal-
politisch initiativ zu werden: So werden unter anderem Abstimmungsprozesse mit
der BA intensiviert oder auch – trotz vorheriger Skepsis – Ausbildungsstellen geschaffen oder wieder ausgeschrieben. Betriebsbefragungen zur Fachkräftebedarfs-
analyse können als arbeitsmarktpolitisches Instrument wirken, wenn sie in eine
breiter angelegte Branchenstrategie eingebettet sind und durch wesentliche
Arbeitsmarkt- und Branchenakteure getragen werden. Zunächst haben die Be-
fragungsergebnisse einen analytischen Wert und sind für tiefer gehende Auswertungen unverzichtbar. Die wesentliche Stärke solcher Analysen liegt nach unserer
Erfahrung aber in der Möglichkeit, betriebliche Strategien der Fachkräftesicherung direkt zu unterstützen.

Fachkräftebedarfsprognosen auf Basis quantitativer und qualitativer Analysen

Um das branchenspezifische Entwicklungspotenzial der nächsten 12 bis 36 Monate
herausarbeiten zu können, ist es unumgänglich, neben der deskriptiven und inter-
pretativen Aufbereitung der Analyseergebnisse auch modellbasierte Szenarien zu
entwickeln.[9] Zukünftige Fachkräfte- und Qualifikationsbedarfe können nicht los-
gelöst von der wirtschaftlichen Entwicklung des Landes betrachtet werden. Mittel-
und langfristig hängt branchenspezifisches Wirtschaftswachstum unter anderem
von folgenden Parametern ab:
– makroökonomische Rahmenbedingungen
– technologischer und organisatorischer Strukturwandel in der untersuchten
  Branche,
– demografischer Strukturwandel.
Auf Grundlage der Strukturanalyse sowie der Betriebsbefragung[10] lassen sich
branchenspezifische Entwicklungsdeterminanten identifizieren, die wesentlich
über die Wachstumspotenziale der jeweiligen Branche entscheiden. Wenn die ent-
wicklungsbestimmenden Faktoren einer Branche bekannt sind, können mit Hilfe
mathematischer Verfahren Prognosemodelle – sogenannte ökonometrische Modelle – erarbeitet werden. Durch die Variation der identifizierten Einflussgrößen

---

9   Vgl. Schnur, Peter/Zika, Gerd: Projektion des Arbeitskräftebedarfs bis 2020: Nur zöger-
    liche Besserung am deutschen Arbeitsmarkt, IAB-Kurzbericht 12/2005.
10 Neben den Ergebnissen der zugrunde liegenden Befragung kann zur Ausweitung der
    empirischen Basis auf betriebsspezifische Mikrodaten (etwa die monatliche Betriebs-
    befragung des Amtes für Statistik Berlin-Brandenburg) zurückgegriffen werden.

innerhalb der Prognosemodelle können dann alternative Entwicklungsszenarien berechnet werden, die zum einen den Horizont des Möglichen abstecken und zum anderen Hinweise darauf geben, welche Effekte strukturelle Veränderungen auf die Branchenentwicklung haben könnten. Indem derartige Modellierungen Verfahren der qualitativen Sozialforschung mit ökonometrischen Methoden der Wirtschaftswissenschaften verbinden, gehen sie deutlich über das „Standardprogramm" qualitativer Erhebungen hinaus und stellen damit einen originären Mehrwert dar.

Ziel derartiger Projektionen ist es, Entwicklungswahrscheinlichkeiten jenseits der subjektiven Einschätzung von Betriebsleitern und Branchenkennern herauszuarbeiten, um so Hinweise auf mögliche Branchentrends und potenzielle Engpässe generieren zu können, die innerhalb des jeweiligen Wirtschaftsbereichs noch nicht (als zentral) wahrgenommen werden. Analytisch-mathematische Prognosemodelle erhöhen damit die Leistungsfähigkeit bzw. die Treffgenauigkeit von Fachkräftebedarfsprognosen nachhaltig:

– Sie verweisen auf Entwicklungsverläufe, die jenseits der Problemwahrnehmung der Branchenakteure liegen oder deren Relevanz von den Branchenkennern bisher unterschätzt wurde.
– Sie stellen die Bedarfsprognosen auf eine objektiv-analytische Basis und ermöglichen es, die Bedeutung spezifischer Entwicklungsdeterminanten besser in den Blick zu bekommen.
– Sie schaffen eine Grundlage, um unterschiedliche Entwicklungsszenarien „durchspielen" zu können und schließen damit den Horizont des Möglichen auf.

Die modellbasierten Prognosen lassen sich zudem bei späteren Betriebsbefragungen in die Branche zurückspiegeln, indem sie auf analyserelevante Problem- und Handlungsfelder hinweisen, die Basis für substanzielle Gespräche mit Branchenkennern darstellen und die Möglichkeit eröffnen, Expertenmeinungen besser einschätzen zu können. Umgekehrt müssen Fachkräftebedarfsprojektionen auf die Bewertungen von Branchenexperten zurückgreifen, um beurteilen zu können, welche Entwicklungstrends in welchem Maße zum Tragen kommen werden und wie derartige Entwicklungen im Prognosemodell zu berücksichtigen sind. Darüber hinaus ist die Diskussion unterschiedlicher Entwicklungsszenarien mit Experten vor Ort notwendig, um so die Wahrscheinlichkeit verschiedener Entwicklungsoptionen eingrenzen zu können. Im prognostischen Bereich ermöglicht erst der Mix aus quantitativer und qualitativer Methode solide Analyseergebnisse.

3   Fazit

Ein längerfristig angelegtes Fachkräftemonitoring kann als arbeitsmarktpolitisches Instrument wirken, wenn es sich auf eine kooperationswillige und handlungsfähige Akteurskonstellation stützen kann. Arbeitsmarkt- und Wirtschaftsstrukturdaten sind hierbei vor allem von arbeitsmarktpolitischer Bedeutung: Branchentrends zeigen auf, wo Wachstumspotenziale liegen und in welchen Bereichen Unterstützung ansetzen muss, um Entwicklungspotenziale entlang komplexer Wertschöpfungsketten effektiv nutzen zu können. Konkrete Maßnahmen zur Fachkräftesicherung stützen sich demgegenüber eher auf einzelbetriebliche Informationen. Durch die Kombination verschiedener Analysemethoden – statistische Auswertungen, Betriebsbefragungen und ökonometrische Modelle – lässt sich ein differenziertes und damit handlungsrelevantes Bild der untersuchten Branche zeichnen. Darüber hinaus ermöglicht es der Methodenmix, sowohl den Informationsbedarfen arbeitsmarktpolitischer Akteure als auch den Bedarfen von Arbeitsmarktakteuren gerecht zu werden.

Die im Projekt Regionalbüros für Fachkräftesicherung gesammelten Erfahrungen zeigen, dass ein Fachkräftemonitoring dann seine volle Wirkung entfalten kann, wenn es in eine breit angelegte Arbeitsmarkt- bzw. Branchenstrategie integriert ist. Je enger sich die Zusammenarbeit zwischen Monitoring, Netzwerken, der Bundesagentur für Arbeit, den Kammern, Landeseinrichtungen etc. darstellt, desto stärker können Synergien genutzt werden und desto erfolgreicher kann auf sich abzeichnende Handlungsbedarfe reagiert werden – sowohl auf Branchen- als auch auf Betriebsebene. Das in Berlin-Brandenburg initiierte Branchennetzwerk HealthCapital Berlin-Brandenburg bietet eine hervorragende Basis für ein derart handlungsorientiertes Fachkräftemonitoring.

Literatur

Bamming, Ruth:
Beschäftigungsanalyse Brandenburg 1998–2005 (unveröffentlicht), Berlin 2006.

Ostwald, Dennis Alexander/Rancht, Anja:
Wachstums- und Beschäftigungspotenziale der Gesundheitswirtschaft in Berlin-Brandenburg. Eine Studie der Technischen Universität Darmstadt im Auftrag von HealthCapital Berlin-Brandenburg, Berlin 2007.

Schnur, Peter/Zika, Gerd:
Projektion des Arbeitskräftebedarfs bis 2020: Nur zögerliche Besserung am deutschen Arbeitsmarkt, IAB-Kurzbericht 12/2005.

■ Methodische Überlegungen zur Realisierung eines Fachkräftemonitorings für die Gesundheitswirtschaft

Igor Koscak/Dennis Alexander Ostwald/Anja Ranscht

Abstract

Ein Fachkräftemonitoring für die Gesundheitswirtschaft erfordert sowohl eine wirtschaftszweig- als auch eine berufsspezifische Betrachtung. Dazu wird in den nachfolgenden Überlegungen eine Methodik vorgestellt, die einen potenziellen Fachkräftemangel durch die Gegenüberstellung von Arbeitsangebot und Arbeitsnachfrage ermittelt. Dabei werden ausschließlich bestehende Statistiken der Bundesagentur für Arbeit, des Statistischen Bundesamtes, der Statistischen Landesämter und der Industrie- und Handelskammern einbezogen. Kostspielige Panelbefragungen werden dadurch überflüssig.

1 Einleitung

Deutschland erlebt derzeit einen kräftigen Wirtschaftsaufschwung, der endlich auch den Arbeitsmarkt erreicht. Steigende Ölpreise und Eurostärke lassen zwar eine Abschwächung der Dynamik erwarten, die Prognosen für das Jahr 2008 gehen aber noch von einem Wirtschaftswachstum in Höhe von 1,9 % aus.[1] Die aktuelle Situation auf dem Arbeitsmarkt ist durch vielfältige Schwierigkeiten und Ungleichgewichte gekennzeichnet. Zwei der fundamentalen Probleme sind der Mangel an Arbeitsplätzen und die fehlende Passgenauigkeit von Arbeitskräftenachfrage der Unternehmen und Arbeitskräfteangebot der Erwerbspersonen. Mit der Belebung auf dem Arbeitsmarkt häufen sich unter dem Schlagwort „Fachkräftemangel" Klagen der Unternehmen über eine unzureichende Zahl qualifizierter Bewerber, wodurch in zunehmendem Umfang eine weitere Ausdehnung von Kapazitäten und Produktion behindert würde. Unbestritten ist, dass die ausreichende Verfügbarkeit qualifizierter und hoch qualifizierter Arbeitnehmer von zentraler Bedeutung für das Wachstum des Wohlstands ist. Dies gilt insbesondere für eine wissensbasierte Volkswirtschaft wie die deutsche, deren Wachstum vorwiegend auf produktivitätssteigerndem technischen Fortschritt basiert.[2] Darüber

---

1 Der Sachverständigenrat zur Begutachtung der gesamtwirtschaftlichen Entwicklung (SVR) hat seine Wachstumsprognosen für das Jahr 2008 ebenso wie das Institut der deutschen Wirtschaft Köln (IW) leicht nach unten korrigiert.

2 Vgl. Sachverständigenrat zur Begutachtung der gesamtwirtschaftlichen Entwicklung (SVR): Das Erreichte nicht verspielen, Jahresgutachten 2007/2008, Wiesbaden 2007.

hinaus ist das Fachkräfteangebot für Betriebe ein wichtiger Standortfaktor, sodass bei Engpässen umgehend Rufe nach wirtschaftspolitischen Maßnahmen laut werden.[3]

Folgt man jedoch den Aussagen bestehender Veröffentlichungen, so treten die Engpässe weder flächendeckend in Deutschland noch in allen Wirtschaftssektoren auf. Vielmehr wird in naher Zukunft, auch vor dem Hintergrund der demografischen Entwicklung, in Deutschland kein flächendeckender Fachkräftemangel erwartet.[4] Diese Erkenntnisse widersprechen aber nicht der Tatsache, dass es regional durchaus zu Personalengpässen insbesondere hinsichtlich einzelner Schlüsselqualifikationen kommen kann. So weisen einige Regionalstudien Fachkräfteengpässe für verschiedene Branchen und Qualifikationen nach.[5]

Eine Analyse des Arbeitsmarktes für Fachkräfte in der Gesundheitswirtschaft, einer der beschäftigungsintensivsten Branchen in Deutschland,[6] in der sehr unterschiedliche Qualifikationen nachgefragt werden, wurde bisher weder für Deutschland noch für einzelne Regionen durchgeführt.

Der vorliegende Beitrag beschreibt einen methodischen Ansatz zur Erstellung eines Fachkräftemonitorings für die Berlin-Brandenburgische Gesundheitswirtschaft. Dazu wird zunächst der Begriff des Fachkräftemangels definiert, bevor mögliche Ursachen eines Fachkräftemangels erläutert werden. Es folgt ein methodisches Konzept zur Simulation des regionalen Arbeitsmarktes für Fachkräfte in der Gesundheitswirtschaft. Dazu werden die Arbeitsangebots- und die Arbeitsnachfrageseite der Berlin-Brandenburgischen Gesundheitswirtschaft quantifiziert. Ein Fachkräftemangel bzw. -überschuss ergibt sich durch die Differenzbildung der Angebots- und der Nachfrageseite. Der Beitrag schließt mit einer kritischen Würdigung der methodischen Überlegungen und einem Fazit.

---

3   Vgl. Janik, Florian/Fischer, Gabriele/Wahse, Jürgen/Dahms, Vera/Frei, Marek/Riedmann, Arnold: Standortbedingungen und Beschäftigung in den Regionen West- und Ostdeutschlands. Ergebnisse des IAB-Betriebspanels 2006, IAB-Forschungsbericht 5/07, Nürnberg 2007.

4   Vgl. Biersack, Wolfgang/Kettner, Anja/Schreyer, Franziska: Engpässe, aber noch kein allgemeiner Fachkräftemangel, IAB-Kurzbericht Nr. 16/07, Nürnberg 2007; Magvas, Emil/Spitznagel, Eugen: Arbeitskräftemangel – Bereits Hemmnis für Wachstum und Beschäftigungsentwicklung, IAB-Kurzbericht Nr. 13/01, Nürnberg 2001; Reinberg, Alexander/Hummel, Markus: Steuert Deutschland langfristig auf einen Fachkräftemangel zu?, IAB-Kurzbericht Nr. 9/03, Nürnberg 2003; Schnur, Peter/Zika, Gerd: Die Grenzen der Expansion, IAB-Kurzbericht Nr. 26/07, Nürnberg 2007.

5   Vgl. Biersack et al., Engpässe; Busse, Gerhard/Mertins, Anja: Evaluation des Modellvorhabens „Prospect – Regionales Arbeitsmarktmonitoring". Endbericht, Sozialforschungsstelle Dortmund, Dortmund 2001, S. 69; Gettmann, Alfred: Arbeitsmarktmonitoring im Ziel 2-Gebiet in Rheinland-Pfalz. Konzepte und Erfahrungen, Schweich 2003, S. 9; Hammer, Gerlinde/Benedix, Ulf: Ein Regionales Monitoring-System Qualifikationsentwicklung (RMQ) für die Region Bremen, Monitoringbericht 2/2002, Bremen 2003, S. 6.

6   Im Jahr 2005 wurde in der deutschen Gesundheitswirtschaft nach eigenen Berechnungen entsprechend der Branchenabgrenzung der Gesundheitspersonalrechnung des Statistischen Bundesamtes von 4,293 Mio. Erwerbstätigen eine Bruttowertschöpfung in Höhe von 184,37 Mrd. Euro erwirtschaftet. Somit ist etwa jeder neunte Erwerbstätige in Deutschland in dieser Branche beschäftigt, vgl. dazu auch Ostwald, Dennis Alexander/Ranscht, Anja: Wachstums- und Beschäftigungspotenziale der Gesundheitswirtschaft in Berlin-Brandenburg, Berlin 2007.

2 Definition und Ursachen des Fachkräftemangels

Der Begriff des Fachkräftemangels ist nicht unproblematisch, da er ein Ungleichgewicht oder eine nicht näher bestimmte defizitäre Situation suggeriert, obwohl er zunächst nur einen starken relativen Anstieg der Nachfrage nach Arbeitskräften mit einem bestimmten Qualifikationsniveau beschreibt, der sich in längeren Suchzeiten nach Bewerbern oder höheren Lohnforderungen niederschlägt. Unterscheidet man nach dem Beobachtungshorizont, so ist kurzfristig und damit bei zyklischer Betrachtung eine relative Angebotsverknappung in Zeiten einer konjunkturellen Erholung eine wenig überraschende Begleiterscheinung der wirtschaftlichen Belebung.[7] Aber selbst mittel- bis längerfristig kann es zu einer derartigen Verschiebung zwischen qualifikationsspezifischer Nachfrage und entsprechendem Angebot kommen, zum Beispiel aufgrund des Eintritts zahlenmäßig schwächer besetzter Kohorten in das Erwerbsleben, eines geänderten Bildungsverhaltens wegen sinkender Bildungserträge, einer ungünstigeren Qualifikationsstruktur von Migranten oder qualifikationslastigem technischen Fortschritt.[8]

Versteht man den Fachkräftemangel als relative Angebotsverknappung auf einem Teilmarkt für bestimmte Qualifikationen, wird deutlich, dass einem solchen Mangel gerade in Zeiten eines Aufschwungs eine wichtige Funktion zukommt. Die durch den Wettbewerb um knappe Fachkräfte induzierten Lohnsteigerungen sind förderlich für eine effiziente Faktorallokation[9], indem Arbeitskräfte aus weniger produktiven Verwendungen oder der Nichterwerbstätigkeit umgelenkt und mittel- bis langfristig aufgrund der höheren Bildungsrendite vermehrt Arbeitskräfte ausgebildet werden oder Jugendliche ein entsprechendes Studium aufnehmen. Im Folgenden wird der Fachkräftemangel als die relative Verknappung qualifizierter Arbeitskräfte verstanden.[10]

Als qualifizierte Arbeitskraft bzw. Fachkraft bezeichnet das Institut für Arbeitsmarkt- und Berufsforschung (IAB) Erwerbstätige mit akademischem Universitäts- oder Fachhochschulabschluss, einer abgeschlossenen Lehre oder einem Abschluss als Meister, Techniker oder Fachwirt. Es können somit akademische Fachkräfte mit Universitäts- oder Fachhochschulabschluss und nichtakademische Fachkräfte unterschieden werden. Alle anderen Erwerbstätigen bilden die Gruppe der Un- und Angelernten sowie der gering Qualifizierten.[11]

---

7   Vgl. Sachverständigenrat, Jahresgutachten 2007/2008.
8   Vgl. Katz, Lawrence F./Autor, David H.: Changes in the Wage Structure and Earnings Inequality, in: Ashenfelter, Orley/Card, David (Hrsg.), Handbook of Labor Economics, Vol. 3A, North-Holland 1999, S. 1463–1555.
9   Die Faktorallokation beschreibt die Verteilung (Allokation) von Einheiten (Faktoren) der Wirtschaft eines Wirtschaftsgebiets bzw. die Verteilung von Mitteln auf bestimmte Verwendungen. Im vorliegenden Text bedeutet Faktorallokation die Umverteilung von Arbeitskräften aus strukturschwachen Branchen bzw. Berufen in solche Branchen, die zukünftig wachsen und folglich Arbeitskräfte suchen.
10 Vgl. Sachverständigenrat, Jahresgutachten 2007/2008.
11 Vgl. Kettner, Anja: Fachkräftemangel? Eine Analyse der Stellenbesetzungszeiten nach Branchen, in: Institut für Arbeitsmarkt- und Berufsforschung Nürnberg (Hrsg.), Fachkräftebedarf der Wirtschaft. Materialsammlung A: Einordnung der aktuellen Situation, Nürnberg 2007, S. 1–3; Kettner, Anja/Spitznagel, Eugen: Gesamtwirtschaftliches Stellenangebot: Kräftige Konjunktur stärkt die Arbeitsnachfrage, IAB-Kurzbericht Nr. 11/07, Nürnberg 2007.

Ein Fachkräftemangel kann sowohl kurz- und mittelfristig als auch langfristig aufgrund verschiedener Ursachen entstehen oder verstärkt werden. Mögliche kurz- und mittelfristige Ursachen sind zum Beispiel ein konjunktureller Aufschwung, fehlende Transparenz auf dem Arbeitsmarkt, lange Ausbildungszeiten und eine fehlende Übereinstimmung von Angebot und Nachfrage auf dem Arbeitsmarkt (Mismatch-Problematik). Als langfristige Ursachen können unter anderem die demografische Entwicklung und Unzulänglichkeiten im Bildungssystem genannt werden.

Steigt infolge eines konjunkturellen Aufschwungs und der daraus resultierenden Produktionssteigerung der Bedarf an Arbeitskräften, stellt sich in wachstumsstarken Branchen ein Fachkräftemangel ein. Grund dafür ist die Trägheit des Arbeitsmarktes bei konjunkturellen Änderungen. Der Arbeitsmarkt ist ein nachgelagerter Markt und reagiert auf Änderungen zeitlich verzögert.

Auch fehlende Transparenz auf dem Arbeitsmarkt kann zu Fachkräftemangel führen: Angebot und Nachfrage treffen oft nicht zusammen, weil Arbeitskräfte nicht gut vermittelt oder freie Stellen der Bundesagentur für Arbeit nicht gemeldet werden. Gegenwärtig lässt die bestehende Datenlage hinsichtlich der Thematik keine Rückschlüsse auf zukünftige Fachkräftebedarfe zu. Insbesondere hat sich auf Seiten der Unternehmen bisher noch keine langfristige Personalplanung durchgesetzt. Dadurch wird die bedarfsgerechte Ausbildung bzw. Weiterbildung von Fachkräften erschwert.

Bezüglich des Verhaltens der Studien- oder Ausbildungsabsolventen ist weiterhin anzumerken, dass aufgrund der teilweise langen Ausbildungszeiten die Reaktionszeiten ebenfalls lang sind,[12] sodass häufig in konjunkturell schwachen Zeiten das Arbeitsangebot an Universitätsabsolventen höher ist als in konjunkturellen Aufschwungphasen. Dieses Phänomen wird auch als „Schweinezyklus" bezeichnet.

Ein weiterer Faktor für die Entstehung eines Fachkräftemangels ist die Mismatch-Problematik.[13] Auf dem Arbeitsmarkt besteht ein Mismatch, wenn bei anhaltender Arbeitslosigkeit gleichzeitig offene Stellen existieren, die nicht besetzt werden können. Ursachen für die Existenz solcher Mismatches sind Qualitätsmängel des Arbeitsangebots, mangelnde Transparenz auf dem Arbeitsmarkt und den damit verbundenen Informationsasymmetrien sowie mangelnde Mobilität und Motivation. Mismatches entstehen meist durch eine Überlagerung dieser Ursachen.

Der Hauptgrund für die Entstehung eines Mismatches lässt sich aus der Qualitätsdimension des Arbeitsangebotes ableiten.[14] Arbeitsanbieter sind bezüglich ihrer Ausbildung und Fähigkeiten sehr heterogen. Häufig stimmt die Qualifikation einer Arbeitskraft nicht mit den betrieblichen Anforderungen überein. Der in Deutschland zu beobachtende Trend zur Dienstleistungsgesellschaft bringt ständige Veränderungen und Umstrukturierungsprozesse mit sich, durch die die Arbeitskräftenachfrage einem Wandel unterliegt. Es entstehen in kurzer Zeit neue

---

12   Ein Universitätsstudium dauert im Durchschnitt etwa fünf Jahre.
13   Vgl. u. a. Schmid, Alfons/Wagner, Birgit/Weinbörner, Andreas: Mismatch auf dem Arbeitsmarkt. Ursachen für die Nichtbesetzung offener Stellen am Beispiel des Arbeitsamtsbezirkes Kassel (= Studie im Auftrag des Landesarbeitsamtes Hessen, IWAK Institut für Wirtschaft, Arbeit und Kultur), Kassel 2002.
14   Vgl. u. a. Franz, Wolfgang: Arbeitsmarktökonomik, Berlin/Heidelberg/New York 2003.

Qualifikationsstandards, auf die sich insbesondere ältere Fachkräfte häufig nicht mehr einstellen und diese somit nicht erfüllen können.

Ein weiterer Grund für die Entstehung eines Mismatches ist das Phänomen unvollständiger Information: Sowohl Arbeitgeber als auch Arbeitnehmer haben keine vollständigen Informationen über die jeweils andere Marktseite. Durch Missverständnisse, Vorurteile oder unzureichende Prüfung des Gegenübers werden Stellen teilweise nicht besetzt, obwohl die Qualifikationsanforderungen stimmen. Solche Negativerlebnisse entmutigen Arbeitnehmer und senken die Motivation, wodurch sich die Mismatch-Problematik wiederum vergrößert.

Die zu beobachtende Konzentration des Fachkräftemangels auf bestimmte Regionen und Branchen deutet auf eine unzureichende regionale und sektorale Mobilität der Arbeitslosen und Arbeitnehmer sowie auf eine unflexible Gehaltsstruktur hin. Diese Annahme wird durch neuere Analysen des IAB bestätigt. Eine Untersuchung der Auswirkungen der Hartz-Gesetzgebung auf die Arbeitsmobilität lieferte das Ergebnis, dass 85 % der Arbeitslosen nicht bereit sind, für ein neues Arbeitsverhältnis ihren Wohnort zu wechseln.[15]

Langfristig gibt es einige Faktoren, die eine anhaltende oder sich sogar verschärfende Knappheit qualifizierter und hoch qualifizierter Arbeitskräfte befürchten lassen. Während der Bedarf an Fachkräften auf Seiten der Unternehmen und des Staates weiter steigen dürfte, werden der Eintritt geburtenschwächerer Jahrgänge in das Berufsleben, die Auswirkungen der in den letzten Jahren offen gelegten Defizite im Bildungsbereich und der im internationalen Vergleich niedrige Anteil tertiärer Abschlüsse[16] das Angebot an qualifizierten Arbeitnehmern eher verringern.[17]

Nachfolgend werden methodische Überlegungen zur Einrichtung eines Fachkräftemonitorings für die Gesundheitswirtschaft vorgestellt. Das Fachkräftemonitoring soll dabei als transparentes Berichtssystem helfen, frühzeitig auf mögliche Fachkräfteengpässe hinzuweisen und somit die beteiligten Akteure für diese Thematik zu sensibilisieren. Ziel des Fachkräftemonitorings ist es, Ursachen eines möglichen Fachkräftemangels zu beseitigen.

3 Methodische Überlegungen

Um ein Fachkräftemonitoring für die Gesundheitswirtschaft der Region Berlin-Brandenburg aufsetzen zu können, muss der regionale Arbeitsmarkt simuliert werden. Dabei ist allgemein das Angebot an Fachkräften der Nachfrage nach Fachkräften gegenüberzustellen. Neben der geografischen Abgrenzung der Region Berlin-Brandenburg muss auch die Gesundheitswirtschaft als Branche abgegrenzt werden. Anschließend werden mit Hilfe amtlicher Statistiken die Angebots- und die Nachfrageseite dargestellt. Dabei sind zwei unterschiedliche Betrachtungsweisen des Arbeitsmarktes denkbar. Zum einen kann eine berufsspezifische und zum anderen eine wirtschaftszweigspezifische Arbeitsmarktanalyse durchgeführt werden. Bei der berufsspezifischen Betrachtung wird das Angebot

15 Vgl. Bender, Stefan/Koch, Susanne/Meßmann, Susanne/Walwei, Ulrich: Konzessionsbereitschaft: Was muten sich (Langzeit-)Arbeitslose zu?, IAB-Forum 1/07, Nürnberg 2007.
16 Vgl. OECD: Education at a Glance, Paris 2005, 2006, 2007.
17 Vgl. Wahrenburg, Mark/Weldi, Martin: Return on Investment in Higher Education – Evidence for Different Subjects, Degrees and Gender in Germany, Frankfurt a. M. 2007.

bestimmter Berufe bzw. Berufsgruppen der Nachfrage nach diesen Berufen gegenübergestellt. Die berufsspezifische Betrachtungsweise ist die vorherrschende Methodik in den bestehenden Fachkräftemonitorings.[18] Sie ermöglicht Aussagen über Engpässe hinsichtlich einzelner Berufe.

Bei der wirtschaftszweigspezifischen Arbeitsmarktanalyse wird hingegen berücksichtigt, in welchen Wirtschaftszweigen welche Nachfrage nach welchen Berufen entsteht. So werden zum Beispiel Ärzte sowohl im Wirtschaftszweig „Krankenhäuser" (WZ 85.11) als auch im Wirtschaftszweig „Arztpraxen" (WZ 85.12) nachgefragt. Die Wirtschaftszweige der Gesundheitswirtschaft unterliegen einer unterschiedlichen wirtschaftlichen Entwicklung und zeichnen sich somit durch verschiedene Bedarfe aus. Um diese wirtschaftszweigspezifische Entwicklung und deren Einfluss auf die Arbeitsnachfrage nach Fachkräften berücksichtigen zu können, ist es sinnvoll, neben der berufsspezifischen Betrachtung auch eine wirtschaftszweigspezifische Analyse durchzuführen, insbesondere da die zur Bestimmung der potenziellen Nachfrage verwendeten IHK-Beschäftigungsindikatoren nur in wirtschaftszweigspezifischer Gliederung vorliegen.

Entsprechend der beiden Betrachtungsweisen muss die Gesundheitswirtschaft einerseits durch Festlegung der gesundheitswirtschaftsrelevanten Berufe und anderseits durch Identifizierung der dazugehörigen Wirtschaftszweige abgegrenzt werden. Die gesundheitswirtschaftsrelevanten Berufe können anhand der Systematik der Berufe (**B**erufs**K**enn**Z**iffern) identifiziert werden. Dem Bereich der Gesundheitswirtschaft sind unter anderem folgende Berufe zuzuordnen: Chemiker (auch Chemieingenieure, Biochemiker, Organiker) (BKZ 611); Biologisch-technische Sonderfachkräfte (BKZ 631); Chemielaboranten (auch Apothekenlaboranten) (BKZ 633); Ärzte (BKZ 841); Zahnärzte (BKZ 842); Apotheker (BKZ 844); Heilpraktiker (BKZ 851); Krankengymnasten, Masseure (BKZ 852); Krankenschwestern, -pfleger, Hebammen (BKZ 853); Helfer in der Krankenpflege (BKZ 854); Pharmazeutisch-technische Assistenten, Diätassistenten (BKZ 855); Sprechstundenhelfer (BKZ 856); Medizinallaboranten, medizinisch-technische Assistenten (BKZ 857); Naturwissenschaftler a. n. g. (auch Biologen) (BKZ 883).

Die wirtschaftszweigspezifische Abgrenzung der Gesundheitswirtschaft kann anhand des Schichtenmodells vorgenommen werden (vgl. Abbildung 1). Den einzelnen Schichten des Modells lassen sich unterschiedliche Wirtschaftszweige[19] zuordnen.

Im Kern des Modells befindet sich das Gesundheits- und Sozialwesen mit den dazugehörigen Wirtschaftszweigen. Die einzelnen Teilbereiche, die über den Kernbereich hinausgehen, sind durch konzentrische Schichten dargestellt. Dabei verdeutlichen die Schichten die Position der Einrichtungen bzw. der Unternehmen in der Wertschöpfungskette und dadurch auch in gewisser Weise die Distanz zur primären Behandlung von Krankheiten. Die folgenden Schichten, für die gesundheitsrelevante Wirtschaftszweige identifiziert werden können, umlagern den Kernbereich der Gesundheitswirtschaft:

---

18 Vgl. Sauerborn, Klaus/Reinhart, Simone/Gettmann, Alfred/Richter, Olaf/Bauer, Kerstin: Praxisgerechte Informationssysteme zum Monitoring des regionalen Arbeitsmarktes und der regionalen Wirtschaftsentwicklung, Nürnberg 2004.

19 Der Begriff Wirtschaftszweig bezeichnet eine Gruppe von Unternehmen, die ähnliche Produkte herstellen oder ähnliche Dienstleistungen erbringen.

Abbildung 1
Schichtenmodell der Gesundheitswirtschaft

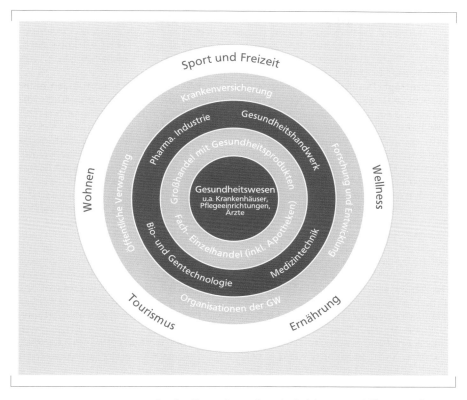

Quelle: Eigene Darstellung in Anlehnung an Hilbert, Josef/
Fretschner, Rainer/Dülberg, Alexandra: Rahmenbedingungen und Heraus-
forderungen der Gesundheitswirtschaft, Gelsenkirchen 2002

1. Schicht: Handel
2. Schicht: Verarbeitendes Gewerbe
3. Schicht: Weitere Einrichtungen[20]
4. Schicht: Randbereiche mit ausgeprägten gesundheitlichen Bezügen[21]

20 Zu den „Weiteren Einrichtungen" zählen u.a. Krankenversicherungen, Verwaltungen, Forschung und Entwicklung und sonstige Organisationen des Gesundheitswesens, vgl. Ostwald/Rancht, Wachstums- und Beschäftigungspotenziale.
21 Zu den Randbereichen zählen insbesondere der Gesundheitstourismus, Wellness und andere mit der Gesundheit assoziierte Wirtschaftszweige, vgl. Ostwald/Rancht, Wachstums- und Beschäftigungspotenziale; Rancht, Anja/Ostwald, Dennis Alexander: Potenziale der Gesundheitswirtschaft in der Rhein-Main-Region, Frankfurt a.M. 2006.

Die Gesundheitswirtschaft umfasst alle Wirtschaftszweige, die sich maßgeblich mit der Verringerung von Mortalität (Sterblichkeit) und Morbidität (Krankheitswahrscheinlichkeit) befassen.[22] Entsprechend zählt der äußere Ring des Schichtenmodells (z. B. Wellnessbereich) nicht zur Gesundheitswirtschaft im engeren Sinn.[23] In der Region Berlin-Brandenburg waren im Jahr 2005 in den Wirtschaftszweigen der Gesundheitswirtschaft 330.000 (in der Metropolregion Berlin-Brandenburg (MBB): 278.000) Erwerbstätige beschäftigt, die eine Bruttowertschöpfung von 12,9 Mrd. Euro (MBB: 11,0 Mrd. Euro) erwirtschafteten.[24]

Zur Berechnung eines Fachkräftemangels muss das Arbeitsangebot an Fachkräften mit der Arbeitsnachfrage nach Fachkräften verglichen werden. In Abbildung 2 wird diese Gegenüberstellung idealisiert dargestellt. Ein Fachkräfteüberschuss auf dem Arbeitsmarkt tritt demnach auf, wenn das „ungedeckte" Arbeitsangebot größer als die „ungedeckte" Nachfrage ist. Ein Fachkräftemangel herrscht, wenn die „ungedeckte" Arbeitsnachfrage größer ist als das „ungedeckte" Angebot. Diese Darstellung abstrahiert jedoch von der Mismatch-Problematik, das heißt, dass trotz einer „ungedeckten" Arbeitsnachfrage ein „ungedecktes" Arbeitsangebot bestehen kann.

Wie die Abbildung verdeutlicht, setzt sich das „ungedeckte" Arbeitsangebot an Fachkräften aus folgenden Positionen zusammen:
– gemeldete Arbeitsuchende
– Studienabsolventen
– Ausbildungsabsolventen.

Für die berufsspezifische Berechnung kann die Zahl der gemeldeten Arbeitsuchenden für die einzelnen Berufe der Gesundheitswirtschaft bei der Bundesagentur für Arbeit (BA) landkreisspezifisch abgefragt werden. Für die Arbeitsmarktanalyse bietet es sich an, zusätzlich das Alter[25], das Geschlecht und die Dauer der Arbeitslosigkeit auszuwerten. Während das Alter Aufschluss über die Altersstruktur des Arbeitsangebots – verknüpft mit möglichen Aussagen bzgl. der Humankapitalentwertung[26] – zulässt, können mit Hilfe von geschlechtsspezifischen Informationen möglicherweise Rückschlüsse gezogen werden, inwieweit eine stärkere Einbindung von Frauen einen möglichen Fachkräftemangel reduzieren könnte. Durch

22 Die gewählte Branchenabgrenzung orientiert sich an der Abgrenzung der Gesundheitspersonal- und -ausgabenrechnung sowie an der OECD-Definition von Gesundheit, vgl. Statistisches Bundesamt: Qualitätsbericht Gesundheitsbezogene Rechensysteme. Gesundheitspersonalrechnung, Wiesbaden 2006a; Statistisches Bundesamt: Qualitätsbericht Gesundheitsbezogene Rechensysteme. Gesundheitsausgabenrechnung, Wiesbaden 2006; Statistisches Bundesamt: Gesundheit – Personal 2005, Wiesbaden 2007; Statistisches Bundesamt: Gesundheit – Ausgaben 1996–2005, Wiesbaden 2007; OECD: A System of Health Accounts, Paris 2000.
23 Zur detaillierten Darstellung der Gesundheitswirtschaft und der dazugehörigen Wirtschaftszweige vgl. Ostwald/Ranscht, Wachstums- und Beschäftigungspotenziale.
24 Ebd.
25 Die Einteilung erfolgt in fünf Altersgruppen: unter 25 Jahre, 25 Jahre bis unter 35 Jahre, 35 Jahre bis unter 45 Jahre, 45 Jahre bis unter 55 Jahre, 55 Jahre und älter.
26 Humankapital ist die Summe der Erfahrungen, Kenntnisse, Fähigkeiten und Fertigkeiten eines Individuums, einer Gruppe oder der Erwerbsbevölkerung einer Volkswirtschaft, die im Produktionsprozess aktiv eingesetzt werden kann, vgl. Kamaras, Endre: Humankapital. Grund des Wachstums? Marburg 2003. Die Humankapitalentwertung beschreibt entsprechend den Verlust dieser Eigenschaften über die Zeit. Bei längeren Phasen der Nichterwerbstätigkeit reduziert sich das Humankapital sehr deutlich.

Abbildung 2
Gegenüberstellung: Angebot an und Nachfrage nach Fachkräften

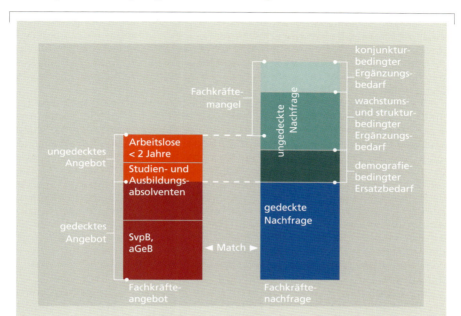

Quelle: Eigene Darstellung

Berücksichtigung der Dauer der Arbeitslosigkeit hingegen wäre es möglich, Lang-zeitarbeitslose – die zum Beispiel länger als zwei Jahre arbeitslos sind – optional aus dem Arbeitsangebot herauszurechnen. Hierdurch könnte der qualifikations-bedingte Mismatch zum Teil bereinigt werden. Die Daten der BA liegen als konsi-stente Datenreihe seit dem Jahr 1998 vor. Die Abfrage liefert somit für die Region Berlin-Brandenburg landkreisspezifische Arbeitslosenzahlen nach Alter, Geschlecht und Arbeitslosendauer, gestaffelt für die gesundheitswirtschaftsrelevanten Be-rufskennziffern (BKZ).

Die Absolventenzahlen von Studenten und Auszubildenden lassen sich aus bundes- bzw. landesweiten Statistiken nach BKZ vom Statistischen Bundesamt bzw. den Statistischen Landesämtern ermitteln. Während hinsichtlich der Arbeits-losenzahlen vielfältige Gliederungsmerkmale bestehen, müssen diesbezüglich für die Statistiken der Studien- und Ausbildungsabsolventen Annahmen getroffen werden.

So können zwar beide Statistiken nach BKZ und Geschlecht differenziert aus-gewiesen werden, eine landkreis- und altersspezifische Untergliederung ist jedoch nicht vorgesehen. Um landkreisspezifische Aussagen treffen zu können, ist es not-wendig, die Absolventenzahlen auf die einzelnen Landkreise der Region Berlin-Brandenburg zu verteilen.

Dabei muss bedacht werden, dass eine Verteilung nach dem Ort des Studien- oder Ausbildungsabschlusses realitätsfern wäre, weil diese Annahme zu stark von der vorhandenen Arbeitsmigration abstrahieren würde. Ebenso wenig aussagekräftig wäre eine Verteilung der Absolventen gemäß der Bevölkerungszahl einer Stadt oder Region, da Einwohnerzahlen wenig über Standorte von Unternehmen aussagen. Ein Absolvent orientiert sich bei der Arbeitsplatzsuche an Unternehmensstandorten, die bestimmte Berufsgruppen nachfragen, sodass die Beschäftigten nach BKZ in der betrachteten Region bzw. in dem betrachteten Landkreis als guter Indikator erscheinen.

Als Verteilungsschlüssel bietet sich somit die Summe der sozialversicherungspflichtig Beschäftigten (SvpB) und der ausschließlich geringfügig entlohnten Beschäftigten (aGeB) im jeweiligen Landkreis an. Folglich ergibt sich für jeden Landkreis für jede Berufskennziffer eine Summe aus SvpB und aGeB, die als Verteilungsschlüssel für die Studien- bzw. Ausbildungsabsolventen herangezogen werden kann. Da die Arbeitsmigration von Nichtakademikern (Ausbildungsabsolventen) tendenziell geringer ist als die der Studienabsolventen, sollten für Berlin-Brandenburg lediglich die Ausbildungsabsolventen der beiden Bundesländer über die Landkreise der Region entsprechend des oben dargestellten Schlüssels verteilt werden. Für die Studienabsolventen sollten aufgrund der höheren Arbeitsmigration die deutschlandweiten Absolventenzahlen entsprechend des deutschlandweiten Verteilungsschlüssels auf Landkreise heruntergebrochen werden. Durch diese Vorgehensweise kann die Arbeitsmigration zum Teil berücksichtigt werden.

Schließlich müssen die Zahl der Arbeitslosen sowie die disaggregierten Zahlen der Studien- und Ausbildungsabsolventen für die einzelnen Landkreise addiert werden. Dabei tritt das Problem auf, dass auch hinsichtlich des Alters bei den Absolventen Annahmen getroffen werden müssen. Aufgrund der durchschnittlichen Studiendauer in Deutschland bietet es sich an, die Hochschulabsolventen vollständig dem Alterssegment „25 Jahre bis unter 35 Jahre"[27] und die Fachhochschulabsolventen sowie die Ausbildungsabsolventen aufgrund der kürzeren Ausbildungszeit der Altersgruppe „unter 25 Jahre" zuzuordnen.

Die Abbildung der regionalen Arbeitsnachfrage erweist sich als schwierigeres Unterfangen. Normalerweise sollte eine freie oder frei werdende Stelle in einem Unternehmen direkt der BA gemeldet werden, damit die Arbeitsagenturen diese Stelle weitervermitteln und damit verlässliche Statistiken geführt werden können. In der Praxis wird jedoch nur ein Bruchteil der offenen Stellen gemeldet. Häufig werden die Vakanzen unternehmensintern oder über die eigene Internetpräsenz neu besetzt, sodass eine Meldung der Stelle nicht erfolgt. Aus diesem Grund entsprechen die von der BA geführten Statistiken über gemeldete Stellen nicht der Realität. Es muss stets ein Einschaltungsgrad[28] berücksichtigt werden, der je nach Region unterschiedlich hoch ausfällt und meist unbekannt ist. Somit entfällt die Möglichkeit, die offenen Stellen der BA als Indikator für die „ungedeckte" Nachfrage nach Fachkräften heranzuziehen.

27 Das Durchschnittsalter aller Studierenden in Deutschland liegt bei 25,5 Jahren, vgl. Statistisches Bundesamt: Hochschulstandort Deutschland 2007, Wiesbaden 2007.
28 „Einschaltungsgrad" bezeichnet die Stellenabmeldungen bei der BA in Prozent der Neueinstellungen. Je niedriger der Einschaltungsgrad, desto weniger aussagekräftig sind die BA-Zahlen, weil die BA bei offenen Stellen seltener „eingeschaltet" wird, vgl. Franz, Arbeitsmarktökonomik, S. 103.

Die „ungedeckte" Nachfrage ergibt sich aus den Erwartungen der Unternehmen in den jeweiligen Wirtschaftszweigen bezüglich der zukünftigen Bedarfe an Fachkräften. Berechnet werden kann sie durch Multiplikation der „gedeckten" Nachfrage mit den IHK-Beschäftigungsindikatoren. Die gedeckte Nachfrage lässt sich analog zur Angebotsseite durch die landkreisspezifische Ermittlung der SvpB und aGeB nach Berufskennziffern ermitteln. Die Beschäftigungsindikatoren basieren auf quartalsweise durchgeführten repräsentativen Umfragen der IHKs bzw. der DIHK, in deren Rahmen Unternehmen unter anderem nach der Entwicklung der Beschäftigtensituation in den kommenden sechs Monaten befragt werden. Aus den Ergebnissen der Befragungen ermitteln die IHKs wirtschaftszweigspezifische Beschäftigungsindikatoren auf Bundes- und Landesebene. Dabei werden die Aussagen der Unternehmen nach Anzahl der Mitarbeiter gewichtet. Es hat sich gezeigt, dass die Indikatoren – unter Berücksichtigung einer zeitlichen Verschiebung um ein halbes Jahr – die Beschäftigungsentwicklung in den letzten 15 Jahren relativ genau vorhergesagt haben.[29] Je nachdem, ob diese Beschäftigungsindikatoren positiv oder negativ sind, wird sich die Situation in dem betrachteten Gebiet insgesamt verbessern oder verschlechtern, das heißt, es werden neue Arbeitsplätze geschaffen oder bestehende Arbeitsplätze abgebaut. Werden Arbeitsplätze abgebaut, ist die Nachfrage negativ, das heißt, die abzubauenden Stellen werden dem Arbeitsangebot zugerechnet, das sich dementsprechend vergrößert.

Dabei tritt das Problem auf, dass diese Indikatoren lediglich für Wirtschaftszweige erhoben werden. Eine berufsspezifische Betrachtung ist demnach nicht möglich. Um entsprechende Aussagen treffen zu können, ist es notwendig, die Indikatoren umzurechnen. Hierzu muss bestimmt werden, aus welchen Berufen sich ein Wirtschaftszweig zusammensetzt bzw. in welchen Wirtschaftszweigen bestimmte Berufe nachgefragt werden. Dazu kann eine Sonderauswertung bei der BA beauftragt werden, die als Ergebnis die Berufsstruktur der einzelnen Wirtschaftszweige liefert. Mithilfe dieser Informationen können berufsspezifische Beschäftigungsindikatoren berechnet werden. Durch Multiplikation dieser modifizierten Indikatoren mit der gedeckten Nachfrage erhält man die „ungedeckte" Nachfrage nach den gesundheitswirtschaftsrelevanten Berufen. Durch Differenzbildung der „ungedeckten" Nachfrage mit dem „ungedeckten" Angebot können Fachkräfteengpässe oder -überschüsse ausgewiesen werden.

Die Betrachtungsweise des wirtschaftszweigspezifischen Fachkräftemonitorings setzt bei der bereits beschriebenen Zuordnung der Berufe zu Wirtschaftszweigen an. Durch diese Informationen kann das berufsspezifische „ungedeckte" Arbeitsangebot sowie die berufsspezifische „ungedeckte" Arbeitsnachfrage auf wirtschaftszweigspezifische Größen umgerechnet werden. Durch die Nutzung wirtschaftszweigspezifischer Berufsstrukturen könnte ermittelt werden, in welchen Wirtschaftszweigen zum Beispiel Fachärzte in welchem Maße eingesetzt werden, und somit könnte gezeigt werden, in welchen Wirtschaftszweigen ein potenzieller Facharztemangel zu Engpässen führt.

Die Abbildung des Fachkräftemangels nach Wirtschaftszweigen hat den Vorteil, dass dieses Arbeitsmarktinstrument mit anderen amtlichen Statistiken und Regionalstudien, die ebenso in wirtschaftszweigspezifischer Gliederung vorliegen,

---

29   Vgl. Deutscher Industrie und Handelskammertag (DIHK): Wirtschaftslage und Erwartungen – Ergebnisse der DIHK-Umfrage bei den Industrie- und Handelskammern, Berlin 2007, S. 7.

kompatibel ist.[30] Somit könnte das Fachkräftemonitoring auch mit Daten aus wirtschaftlichen Statistiken, die über die Arbeitsmarktdaten hinausgehen, verknüpft werden. Dies ist insbesondere vor dem Hintergrund der notwendigen Prognose eines zukünftigen Fachkräftemangels erforderlich, da Arbeitsmarktprognosen maßgeblich von der wirtschaftlichen Entwicklung einer Region abhängen.

Die Berechnungen sowohl der Angebots- als auch der Nachfrageseite für die Jahre 1998 bis 2007 könnten auf Grundlage von Daten der BA, der Statistischen Landesämter bzw. des Statistischen Bundesamtes sowie der IHK erfolgen. Ab dem Jahr 2008 müssten die Zeitreihen prognostiziert werden.[31] Die bereits beschriebenen Statistiken wären dann fortzuschreiben. Dies bedeutet hinsichtlich des Arbeitsangebots, dass sowohl die Arbeitslosenzahlen als auch die Absolventen- und Auszubildendenzahlen prognostiziert werden müssten. Dabei könnte zum einen auf bestehende Prognosen, beispielweise der Arbeitslosenzahlen, zurückgegriffen werden und zum anderen müssten basierend auf Sekundärstatistiken (z. B. demografische Daten der Region) eigenständige annahmenbasierte Fortschreibungen vorgenommen werden. Zur Bestimmung der Arbeitsnachfrage müssten sowohl die SvpB und die aGeB als auch die IHK-Beschäftigungsindikatoren fortgeschrieben werden. Bei der Fortschreibung bietet es sich an, auf die Datensätze von Ostwald/Ranscht zurückzugreifen. Diese stellen die Entwicklung der Erwerbstätigen, der Bruttowertschöpfung und der Arbeitsproduktivität für die einzelnen Wirtschaftszweige der Berlin-Brandenburgischen Gesundheitswirtschaft bis zum Jahr 2020 dar.[32] Hinsichtlich der Daten zur demografischen Entwicklung könnte auf landkreisspezifische Daten des Bundesamtes für Bauwesen und Raumordnung (BBR) oder auf weitere amtliche Statistiken zurückgegriffen werden.[33] Diese zusätzlichen Informationen sollten bei der prognostizierten Entwicklung des Arbeitsangebots an Fachkräften sowie der Arbeitsnachfrage nach Fachkräften berücksichtigt werden.[34]

Entsprechend der beschriebenen Vorgehensweise wäre es möglich, eine differenzierte Arbeitsmarktanalyse hinsichtlich zurückliegender und zukünftiger berufsspezifischer und wirtschaftszweigspezifischer Fachkräfteengpässe in der Gesundheitswirtschaft durchzuführen. Durch die Differenzbildung von Arbeitsangebot und -nachfrage kann schließlich festgestellt werden, ob ein Fachkräftemangel oder ein Fachkräfteüberschuss in der Berlin-Brandenburgischen Gesundheitswirtschaft bzw. in einzelnen Landkreisen der Region besteht. Durch die wirtschaftszweigspezifische Umrechnung in Verbindung mit den Erwerbstätigenzahlen der Gesundheitswirtschaft von Ostwald/Ranscht könnte zudem der Anteil der gesundheitswirtschaftsrelevanten Berufe an den gesamten Erwerbstätigen in einem Wirtschaftszweig ermittelt werden.[35]

---

30 Vgl. Ostwald/Ranscht, Wachstums- und Beschäftigungspotenziale.
31 Hinsichtlich des Prognosehorizontes bietet es sich an, die Daten lediglich für die Länge eines durchschnittlichen Konjunkturzyklus, d. h. bis zum Jahr 2015, fortzuschreiben.
32 Vgl. Ostwald/Ranscht, Wachstums- und Beschäftigungspotenziale.
33 Vgl. Bundesamt für Bauwesen und Raumordnung (BBR), Indikatoren und Karten zur Raum- und Stadtentwicklung (INKAR-Daten), Bonn 2006.
34 Vgl. Sauerborn et al., Praxisgerechte Informationssysteme, S. 11 f.
35 Dazu müssten die Erwerbstätigenzahlen der Region mit dem bereits beschriebenen Verteilungsschlüssel auf die einzelnen Landkreise der Region heruntergebrochen werden, vgl. Ostwald/Ranscht, Wachstums- und Beschäftigungspotenziale.

4 Kritische Würdigung

Bei der vorgestellten Methodik handelt es sich um eine berufs- und wirtschaftszweigspezifische Arbeitsmarktanalyse für Fachkräfte der Gesundheitswirtschaft.
Dabei müssen Vereinfachungen zur Darstellung des regionalen Arbeitsmarktes sowohl auf der Angebots- als auch auf der Nachfrageseite getroffen werden, die zu
Verzerrungen führen könnten.

Durch die Reduzierung der Arbeitslosenzahlen im Arbeitsangebot um die
Langzeitarbeitslosen (z. B. bei einer Arbeitslosendauer von mehr als zwei Jahren)
kann zwar versucht werden, den qualifikatorischen Mismatch aufgrund von
Humankapitalentwertung der Fachkräfte zu berücksichtigen, doch kann das ge-
naue Ausmaß dieses Mismatches nicht quantifiziert werden. Des Weiteren wird
die bestehende Stille Reserve auf dem Arbeitsmarkt nicht in das Arbeitsangebot
aufgenommen. Die Stille Reserve umfasst die Gruppe der Erwerbspersonen, die
nicht erwerbstätig ist, jedoch nicht als arbeitsuchend in Erscheinung tritt. Folglich
kann die Stille Reserve nicht erfasst werden.

Weiterhin wird bei dem zusätzlichen Arbeitsangebot durch Studien- und Ausbildungsabsolventen unterstellt, dass die Absolventen ausschließlich in dem Beruf
tätig werden, den sie auch erlernt haben. So kann die Zuordnung ausschließlich
durch den Vergleich der BKZ der Ausbildung und des entsprechenden Berufes erfolgen.[36]

Eine weitere Unsicherheit bei der Berechnung des Fachkräftemangels ist die
Arbeitsmigration. Dabei sind die nationale und die internationale Arbeitsmigration zu unterscheiden. Hinsichtlich der nationalen Arbeitsmigration können mithilfe der beschriebenen Methodik lediglich die Wanderungsbewegungen der Absolventen nach ihrem Abschluss berücksichtigt werden, nicht jedoch die Migration
von Arbeitslosen. Diese Annahme wird durch Studien gestützt, die belegen, dass
die Bereitschaft zur Arbeitsmigration bei Arbeitslosen nur bei 15 % liegt.[37] Hierbei
muss allerdings darauf hingewiesen werden, dass in Deutschland die Bereitschaft,
zum Arbeitsplatz zu pendeln – auch zu entfernten Arbeitsplätzen – relativ hoch
ist. Dieser Zusammenhang wird insbesondere bei der landkreisspezifischen Betrachtung des Fachkräftemangels nicht berücksichtigt.

Durch die Darstellung der in der Region gemeldeten Arbeitslosen und der
Verteilung der Studien- bzw. Ausbildungsabsolventen auf die Region kann zwar
das Phänomen der nationalen Arbeitsmigration zwischen den Landkreisen zum
Teil einbezogen werden, eine Berücksichtigung der internationalen Arbeitsmigration von Arbeitslosen, Auszubildenden und Studienabsolventen findet jedoch
nicht statt. Hinsichtlich der internationalen Arbeitsmigration belegen verschiedene Quellen, dass in den letzten zehn Jahren eine zunehmende Migration junger
Fachkräfte ins Ausland, also ein sogenannter „Brain Drain", beobachtet werden

---

36   Trotz dieser idealtypischen Darstellung ergeben sich dennoch Probleme bei der Zuord-
      nung von Ausbildungen zu Berufen, wenn die BKZ einer Ausbildung keinem Beruf di-
      rekt zuzuordnen ist (z. B. Chemieberufe). Diesbezüglich müssen ggf. Sekundärstatistiken
      bzw. umfragebasierte Annahmen getroffen werden.
37   Vgl. Bender et al., Konzessionsbereitschaft.

konnte.[38] Für die Betrachtung der Gesundheitswirtschaft wird dieser Effekt jedoch insgesamt als relativ gering bewertet, da nur eine sehr kleine Anzahl an Studienabsolventen direkt nach dem Studium ins Ausland geht, ohne zuvor in Deutschland beschäftigt gewesen zu sein. Zudem muss angeführt werden, dass dieser Entwicklung auch der sogenannte „Brain Gain" – die Arbeitsmigration aus dem Ausland nach Deutschland – gegenübersteht, der in die Berechnung ebenfalls nicht einfließt.

Auch hinsichtlich der Nachfrage müssen Annahmen getroffen werden, die möglicherweise zu Verzerrungen führen. Während die Berechnung der gedeckten Nachfrage nach Fachkräften in der Gesundheitswirtschaft unkritisch ist, könnten bei Verwendung der IHK-Beschäftigungsindikatoren Verzerrungen des tatsächlichen Fachkräftebedarfs auftreten. Auf den ersten Blick scheinen die IHK-Indikatoren, die bundeslandspezifische Informationen über die Beschäftigtenentwicklung verschiedener Branchen bereitstellen, eine solide Basis für die Berechnung der Arbeitsnachfrage zu sein.[39] Jedoch muss betont werden, dass sich die Befragung nach der Beschäftigungsentwicklung seitens der Unternehmen auf alle Beschäftigten- und Berufsgruppen, also ungelernte, nichtakademische und akademische Berufe, erstreckt. Jedoch kann davon ausgegangen werden, dass sich der Großteil des Personalbedarfs entsprechend der bisherigen Berufsstruktur entwickelt. Eine Berücksichtigung sich ändernder Nachfragestrukturen in den einzelnen Wirtschaftszweigen findet nicht statt. Zudem könnte die Anwendung der IHK-Beschäftigungsindikatoren auf alle Landkreise einer Region zu leichten Verzerrungen zwischen den betrachteten Landkreisen führen.

Dennoch muss betont werden, dass die IHK-Beschäftigungsindikatoren, die auf Basis repräsentativer Unternehmensbefragungen ermittelt werden, über die letzten Jahre sowohl bundesweit als auch auf Landesebene valide Ergebnisse, die die tatsächliche Beschäftigungsentwicklung widerspiegeln, vorhergesagt haben und somit die beste verfügbare Datenbasis für eine regionale Arbeitsmarktanalyse sind.

Die Prognose des Arbeitsangebots und der Arbeitsnachfrage ist mit Unsicherheiten verbunden, wodurch es zu Abweichungen zwischen der prognostizierten und der tatsächlichen zukünftigen Arbeitsmarktlage kommen kann. Das Zurück-

---

38 Vgl. z. B. Buechtemann, Christoph: Deutsche Nachwuchswissenschaftler in den USA. Perspektiven der Hochschul- und Wissenschaftspolitik („Talent-Studie"), Center for Research on Innovation & Society, Berlin 2001; Backhaus, Beate/Ninke, Lars/Over, Albert: Brain Drain – Brain Gain. Eine Untersuchung über internationale Berufskarrieren, Kassel 2002; Finn, Michael G.: Stay Rates of Foreign Doctorate Recipients from U.S. Universities, 2001, Oak Ridge Institute for Science and Education, Oak Ridge, Tennessee 2003; Enders, Jürgen/Mugabushaka, Alexis-Michel: Wissenschaft und Karriere – Erfahrungen und Werdegänge ehemaliger Stipendiaten der Deutschen Forschungsgemeinschaft, Bonn 2004; Jörgensen, Jeppe Fisker/Over, Albert: Brain-Drain und Brain-Gain in Deutschland – Ausmaß und Hintergründe, in: Haberkamm, Thomas/Dettling, Daniel (Hrsg.), Der Kampf um die besten Köpfe. Perspektiven für den deutschen Hochschulstandort, Berlin 2006, S. 8–17.
39 Hinsichtlich der Validität der Beschäftigungsprognosen wurden bisher zahlreiche Untersuchungen angestellt, die durchweg mit einem positiven Ergebnis abgeschlossen haben, vgl. IHK Rhein-Main-Neckar: Konjunkturbericht Frühsommer 2007, hrsg. von Industrie- und Handelskammer Darmstadt Rhein Main Neckar, Darmstadt 2007; Deutscher Industrie und Handelskammertag, Wirtschaftslage und Erwartungen.

greifen auf amtliche Arbeitsmarktstatistiken und bestehende Umfragen sowie demografische und wirtschaftliche Kennzahlen bietet jedoch die Möglichkeit, aus Vergangenheitswerten die zukünftige Entwicklung abzuleiten und somit die mit der Prognose verbundenen Unsicherheiten zu reduzieren.

5   Fazit

Die bestehenden regionalen Fachkräftemonitoringsysteme konzentrieren sich auf die Aspekte des Arbeitskräftebedarfs und der Qualifikationsentwicklung. Die für die Entwicklung des Arbeitsmarktes wichtigen Themen der demografischen sowie der wirtschaftlichen Entwicklung werden bisher aus den Monitorings ausgeblendet.[40]

Trotz der skizzierten Probleme sollte die beschriebene Methodik zur Erstellung eines systematischen Fachkräftemonitorings für die Gesundheitswirtschaft verwendet werden, da sie ausschließlich auf bestehende Statistiken bzw. Befragungen zurückgreift. Insbesondere vor dem Hintergrund der Kosten-Nutzen-Relation ist sie deshalb eine gute Alternative zu Monitoringansätzen, die auf eigenen Primärerhebungen aufbauen.[41]

Durch die Möglichkeit sowohl einer wirtschaftszweig- als auch einer berufsspezifischen Betrachtung der Gesundheitswirtschaft könnte hinsichtlich notwendiger Fachkräftebedarfe auch ein transparentes Berichtssystem aufgebaut werden. Vor allem durch die Verknüpfung der Arbeitsmarktdaten mit regionalen Daten zur demografischen Entwicklung und zur wirtschaftlichen Leistungsfähigkeit der Gesundheitswirtschaft wäre es möglich, ein umfassendes regionalpolitisches Analyseinstrument zu schaffen.

Mit Hilfe eines Fachkräftemonitorings kann ein empirisch fundiertes Bild der zurückliegenden und zukünftigen Fachkräftebedarfe in der Gesundheitswirtschaft gezeichnet werden. Dadurch könnten Fachkräfteengpässe innerhalb der Gesundheitswirtschaft sowohl hinsichtlich der Berufe als auch einzelner Wirtschaftszweige identifiziert werden. Ein Fachkräftemonitoring für die Gesundheitswirtschaft in Berlin-Brandenburg ist die Voraussetzung, um zielgerichtete wirtschafts-, bildungs- und arbeitsmarktpolitische Handlungsempfehlungen auszusprechen und zugleich mögliche Lösungsansätze zur Vermeidung dieser Engpässe gemeinsam mit den beteiligten Akteuren zu erarbeiten.

40 Vgl. Hilbert, Christoph/Mytzek, Ralf: Strategische und methodische Ansatzpunkte zur Ermittlung des regionalen Qualifikationsbedarfs, Berlin 2002.
41 So wurde festgestellt, dass der Aufwand für eigene Erhebungen in keinem Verhältnis zu dem erzielten Nutzen steht, vgl. Sauerborn et al., Praxisgerechte Informationssysteme.

Literatur

Bach, Hans-Uwe/Koch, Susanne/Magvas, Emil/Pusse, Leo/Rothe, Thomas/Spitznagel, Eugen:
Der Arbeitsmarkt 2003 und 2004. Ungleichgewicht am Arbeitsmarkt nimmt weiter zu – erst allmählich leichte Besserung, IAB-Kurzbericht Nr. 1/03, Nürnberg 2003.

Backhaus, Beate/Ninke, Lars/Over, Albert:
Brain Drain – Brain Gain. Eine Untersuchung über internationale Berufskarrieren, Kassel 2002.

Bender, Stefan/Koch, Susanne/Meßmann, Susanne/Walwei, Ulrich:
Konzessionsbereitschaft: Was muten sich (Langzeit-)Arbeitslose zu? IAB-Forum 1/07, Nürnberg 2007.

Biersack, Wolfgang/Kettner, Anja/Schreyer, Franziska:
Engpässe, aber noch kein allgemeiner Fachkräftemangel, IAB-Kurzbericht Nr. 16/07, Nürnberg 2007.

Blien, Uwe/Blume, Lorenz/Eickelpasch, Alexander/Geppert, Kurt/Maierhofer, Erich/Vollkommer, Dieter/Wolf, Katja:
Neue Bundesländer: Einflussfaktoren der Regionalentwicklung, Nürnberg 2001.

Blien, Uwe/Maierhofer, Erich/Vollkommer, Dieter/Wolf, Katja:
Ostdeutschland. Determinanten der regionalen Beschäftigungsentwicklung, IAB-Kurzbericht Nr. 12/02, Nürnberg 2002.

Buechtemann, Christoph:
Deutsche Nachwuchswissenschaftler in den USA. Perspektiven der Hochschul- und Wissenschaftspolitik („Talent-Studie"), Center for Research on Innovation & Society, Berlin 2001.

Bundesamt für Bauwesen und Raumordnung (BBR):
Regionale Aspekte des wirtschaftlichen und sozialen Wandels in den neuen Ländern. Regionalbarometer neue Länder, 4. zusammenfassender Bericht, Bonn 2000.

Bundesamt für Bauwesen und Raumordnung (BBR):
Indikatoren und Karten zur Raum- und Stadtentwicklung (INKAR-Daten), Bonn 2006.

Busse, Gerhard/Mertins, Anja:
Evaluation des Modellvorhabens „Prospect – Regionales Arbeitsmarktmonitoring". Endbericht, Sozialforschungsstelle Dortmund, Dortmund 2001.

Deutscher Industrie und Handelskammertag (DIHK):
Wirtschaftslage und Erwartungen – Ergebnisse der DIHK-Umfrage bei den Industrie- und Handelskammern (Herbst 2007), Berlin 2007.

Enders, Jürgen/Mugabushaka, Alexis-Michel:
Wissenschaft und Karriere – Erfahrungen und Werdegänge ehemaliger Stipendiaten der Deutschen Forschungsgemeinschaft, Bonn 2004.

Finn, Michael G.:
Stay Rates of Foreign Doctorate Recipients from U.S. Universities, 2001, Oak Ridge Institute for Science and Education, Oak Ridge, Tennessee 2003.

Franz, Wolfgang:
Arbeitsmarktökonomik, 5. Aufl., Berlin/Heidelberg/New York 2003.

Gettmann, Alfred:
Arbeitsmarktmonitoring im Ziel 2-Gebiet in Rheinland-Pfalz. Konzepte und Erfahrungen, Schweich 2003.

Hammer, Gerlinde/Benedix, Ulf:
Ein Regionales Monitoring-System Qualifikationsentwicklung (RMQ) für die Region Bremen, Monitoringbericht 2/2002, Bremen 2003.

Hilbert, Josef/Fretschner, Rainer/Dülberg, Alexandra:
    Rahmenbedingungen und Herausforderungen der Gesundheitswirtschaft,
    Gelsenkirchen 2002.

Hilbert, Christoph/Mytzek, Ralf:
    Strategische und methodische Ansatzpunkte zur Ermittlung des regionalen
    Qualifikationsbedarfs (= WZB Discussion Paper, Wissenschaftszentrum Berlin für
    Sozialforschung), Berlin 2002.

IHK Rhein-Main-Neckar:
    Konjunkturbericht Frühsommer 2007, hrsg. von Industrie- und Handelskammer
    Darmstadt Rhein Main Neckar, Darmstadt 2007.

Janik, Florian/Fischer, Gabriele/Wahse, Jürgen/Dahms, Vera/Frei, Marek/Riedmann, Arnold:
    Standortbedingungen und Beschäftigung in den Regionen West- und Ostdeutschland.
    Ergebnisse des IAB-Betriebspanels 2006, IAB-Forschungsbericht 5/07, Nürnberg 2007.

Jörgensen, Jeppe Fisker/Over, Albert:
    Brain-Drain und Brain-Gain in Deutschland – Ausmaß und Hintergründe, in: Haber-
    kamm, Thomas/Dettling, Daniel (Hrsg.), Der Kampf um die besten Köpfe. Perspektiven
    für den deutschen Hochschulstandort, Berlin 2006, S. 8–17.

Kamaras, Endre:
    Humankapital. Grund des Wachstums, Marburg 2003.

Katz, Lawrence F./Autor, David H.:
    Changes in the Wage Structure and Earnings Inequality, in: Ashenfelter, Orley/
    Card, David (Hrsg.), Handbook of Labor Economics, Vol. 3A, North-Holland 1999,
    S. 1463–1555.

Kettner, Anja:
    Fachkräftemangel? Eine Analyse der Stellenbesetzungszeiten nach Branchen, in:
    Institut für Arbeitsmarkt- und Berufsforschung (Hrsg.), Fachkräftebedarf der
    Wirtschaft. Materialsammlung A: Einordnung der aktuellen Situation, Nürnberg 2007,
    S. 1–3.

Kettner, Anja/Spitznagel, Eugen:
    Gesamtwirtschaftliches Stellenangebot: Kräftige Konjunktur stärkt die Arbeitsnach-
    frage, IAB-Kurzbericht Nr. 11/07, Nürnberg 2007.

Magvas, Emil/Spitznagel, Eugen:
    Arbeitskräftemangel – Bereits Hemmnis für Wachstum und Beschäftigungsentwicklung,
    IAB-Kurzbericht Nr. 13/01, Nürnberg 2001.

OECD:
    A System of Health Accounts, Paris 2000.

OECD:
    Education at a Glance, Paris 2005, 2006, 2007.

Ostwald, Dennis Alexander/Ranscht, Anja:
    Wachstums- und Beschäftigungspotenziale der Gesundheitswirtschaft in Berlin-
    Brandenburg, Berlin 2007.

Ranscht, Anja/Ostwald, Dennis Alexander:
    Potenziale der Gesundheitswirtschaft in der Rhein-Main-Region, Frankfurt a. M. 2006.

Reinberg, Alexander/Hummel, Markus:
    Steuert Deutschland langfristig auf einen Fachkräftemangel zu?, IAB-Kurzbericht
    Nr. 9/03, Nürnberg 2003.

Sachverständigenrat zur Begutachtung der gesamtwirtschaftlichen Entwicklung (SVR):
    Das Erreichte nicht verspielen. Jahresgutachten 2007/2008, Wiesbaden 2007.

Sauerborn, Klaus/Reinhart, Simone/Gettmann, Alfred/Richter, Olaf/Bauer, Kerstin:
  Praxisgerechte Informationssysteme zum Monitoring des regionalen Arbeitsmarktes
  und der regionalen Wirtschaftsentwicklung, Nürnberg 2004.

Schmid, Alfons/Wagner, Birgit/Weinbörner, Andreas:
  Mismatch auf dem Arbeitsmarkt, Ursachen für die Nichtbesetzung offener Stellen am
  Beispiel des Arbeitsamtsbezirkes Kassel (= Studie im Auftrag des Landesarbeitsamtes
  Hessen, IWAK Institut für Wirtschaft, Arbeit und Kultur), Kassel 2002.

Schnur, Peter/Zika, Gerd:
  Die Grenzen der Expansion, IAB-Kurzbericht Nr. 26/07, Nürnberg 2007.

Statistisches Bundesamt:
  Klassifikation der Wirtschaftszweige, Ausgabe 2003 (WZ 2003), Wiesbaden 2002.

Statistisches Bundesamt:
  Qualitätsbericht Gesundheitsbezogene Rechensysteme. Gesundheitspersonalrechnung
  2006, Wiesbaden 2006.

Statistisches Bundesamt:
  Qualitätsbericht Gesundheitsbezogene Rechensysteme. Gesundheitsausgabenrechnung
  2006, Wiesbaden 2006.

Statistisches Bundesamt:
  Gesundheit – Personal 2005, Wiesbaden 2007.

Statistisches Bundesamt:
  Gesundheit – Ausgaben 1996–2005, Wiesbaden 2007.

Statistisches Bundesamt:
  Hochschulstandort Deutschland 2007, Wiesbaden 2007.

Wahrenburg, Mark/Weldi, Martin:
  Return on Investment in Higher Education – Evidence for Different Subjects, Degrees
  and Gender in Germany, Frankfurt a. M. 2007.

2.

Neue Berufsbilder und Ausbildungsgänge

■ Gesundheit ist mehr – Berufsausbildungen in der Gesundheitswirtschaft

Tobias Funk

Abstract

Das Branchencluster Gesundheitswirtschaft bietet zahlreiche Möglichkeiten der Berufsausbildung. Doch welche Berufe gibt es in der Gesundheitswirtschaft? Und wie sind Gesundheitsberufe eigentlich definiert? Nach wie vor sind die nichtakademischen Ausbildungen in der Gesundheitsregion Berlin-Brandenburg zu wenig bekannt. Der vorliegende Beitrag gibt einen ersten Überblick über die Chancen und Rahmenbedingungen der vielfältigen beruflichen Erstausbildungen in der Gesundheitswirtschaft in Berlin-Brandenburg.

1   Einleitung

Die Gesundheitswirtschaft hat sich in Berlin-Brandenburg zu einer Branche mit erheblichem Wachstums- und Innovationspotenzial entwickelt.[1] Mit dem „Masterplan Gesundheitsregion Berlin-Brandenburg"[2] ist sie als eines der zentralen Kompetenzfelder der regionalen Wirtschaftsentwicklung definiert. Die Qualifizierung von Fachkräften trägt dabei wesentlich zur Verbesserung der Wachstumsvoraussetzungen bei. Bis vor kurzem konzentrierte sich die Diskussion vor allem auf den Bereich der Hochqualifizierten. Hier verfügt der Metropolenraum Berlin mit seinen vielfältigen Universitäten und Forschungsinstituten über hervorragende Voraussetzungen. Dabei wird häufig übersehen, dass sich schon jetzt ein Fachkräftemangel auch im nichtakademischen Bereich abzeichnet.

Das bestätigt Felix Rauner, einer der angesehensten Berufsbildungsforscher in Deutschland: „Der Anteil der Beschäftigten für den intermediären Sektor (Facharbeiter/-innen, -angestellte, Techniker/-innen, Meister/-innen etc.) wird nach den seit den 1980er-Jahren regelmäßig durchgeführten Untersuchungen des Instituts

---

1   Vgl. Ostwald, Dennis Alexander/Ranscht, Anja: Wachstums- und Beschäftigungspotenziale in der Gesundheitswirtschaft Berlin-Brandenburg, Berlin 2007; sowie mit aktualisierten Daten vgl. Ostwald, Dennis Alexander/Ranscht, Anja: Clustermonitoring für die Gesundheitsregion Berlin-Brandenburg, Berlin 2008 (Download unter www.healthcapital.de).

2   Vgl. „Masterplan Gesundheitsregion Berlin-Brandenburg", vorgelegt von der Ressortübergreifenden Steuerungsgruppe der Staatssekretäre für Wirtschaft, für Gesundheit und für Wissenschaft sowie der Chefin der Senatskanzlei und des Chefs der Staatskanzlei der Länder Berlin und Brandenburg, 26. Oktober 2007.

für Arbeitsmarkt- und Berufsforschung (IAB) auch in Zukunft weiter zunehmen. Demnach umfasst der intermediäre Bereich 2010 zwei Drittel der Beschäftigten. Die Niedrigqualifizierten sowie die Un- und Angelernten fallen unter die Marke von 10 Prozent. Der Anteil der Hochqualifizierten nimmt leicht zu, bleibt aber unter 20 Prozent. Damit bleibt die berufliche Bildung der Dreh- und Angelpunkt für eine hohe Wettbewerbsfähigkeit der deutschen Wirtschaft."[3] Dieser Befund lässt sich – unbeschadet aller Diskussionen um eine weitere Akademisierung der Berufsbildung in Deutschland – auch auf die Felder der Gesundheitswirtschaft übertragen. „Qualifizierte Arbeit in der Gesundheitswirtschaft präsentiert sich bereits heute als ein gravierender Engpassfaktor im Prozess der Modernisierung. (...) Neben den belastenden Arbeitsbedingungen und einem demografisch bedingten Rückgang des Arbeitskräftepotenzials sind es vor allem uneingelöste Qualifizierungsbedarfe, welche die Entwicklungs- und Modernisierungschancen der Gesundheitswirtschaft derzeit ausbremsen."[4] Mit den demografisch bedingt sinkenden Schulabgängerzahlen befinden sich nicht nur die einzelnen Unternehmen, sondern auch ganze Wirtschaftsbranchen in einem immer enger werdenden Wettbewerb um die jeweils besten Schulabgänger/-innen für die Rekrutierung des eigenen Fachkräftenachwuches. Für das Branchencluster Gesundheitswirtschaft bedeutet dies eine nicht geringe Herausforderung.

Will man Berufsausbildungen in der Gesundheitswirtschaft thematisieren, so stellt sich zunächst die Frage, um welche Einzelberufe es sich handelt. Die Gesundheitswirtschaft definiert sich über Handlungsfelder und die dafür erforderlichen Technologien, nicht über ein etabliertes System von Gesundheitsberufen. Dies gilt zumindest dann, wenn der Blick über den Kernbereich des klassischen Gesundheitswesens hinausgeht. Gängige Überschriften wie „Gesundheitswirtschaft als Wachstumsbranche" suggerieren dabei eine Homogenität, die für das Branchencluster Gesundheitswirtschaft eher in die Irre führt. Tatsächlich ist das Feld so weit, dass man mit guten Gründen die Frage nach den relevanten Berufen auch mit „Im Prinzip alle!" beantworten könnte.

Gleichwohl soll es hier vorrangig um solche Berufe gehen, die in den Feldern der Gesundheitswirtschaft ihren bzw. zumindest einen ihrer Haupteinsatzorte haben und die diesen besonderen Bezug zu den Leitbegriffen Medizin bzw. Gesundheit auch in ihren Selbstbeschreibungen thematisieren.

2 Berufe in der Gesundheitswirtschaft vs. Gesundheitsberufe

Im jüngsten Gutachten des Sachverständigenrates zur Entwicklung des Gesundheitswesens, das sich in einem zentralen Abschnitt der „Entwicklung der Zusammenmenarbeit der Gesundheitsberufe" widmet, heißt es einleitend: „Die Abgrenzung der mit der Gesundheitsversorgung betrauten Berufe von anderen Berufskatego-

---

3   Rauner, Felix: Thesen zur Qualifizierung von Fachkräften für den intermediären Sektor. Beitrag zu einer Diskussion in der Berufsbildungskommission des Gesamtbetriebsrates von Daimler Chrysler, Bremen 2005 (Download unter www.itb.uni-bremen.de).
4   Bandemer, Stephan von/Evans, Michaele/Hilbert, Josef: Gesundheitswirtschaft. Die große Hoffnung auf des Messers Schneide? Die Gesundheitswirtschaft als Gestaltungsfeld moderner, personenbezogener Dienstleistungsarbeit – Herausforderungen für Arbeitsgestaltung, Qualifizierung und berufliche Bildung, in: Institut Arbeit und Technik, Jahrbuch 2003/2004, Gelsenkirchen 2004, S. 125 (Download unter www.iatge.de).

rien ist nicht eindeutig möglich."[5] Im Folgenden wird im Gutachten zwischen „Gesundheitsberufen" und „Berufen im Gesundheitswesen" unterschieden:

– *Gesundheitsberufe:* Die Berufsausübenden sind „unmittelbar in der Gesundheitsversorgung von Patienten tätig".
– *Berufe im Gesundheitswesen:* Die Berufsausübenden sind „in Einrichtungen des Gesundheitswesens tätig, deren Arbeitsschwerpunkt jedoch nicht die Heilkunde darstellt".[6]

Die Berufe in der Gesundheits*wirtschaft* aber sprengen auch diese Differenzierung. Im Rahmen des vom Bundesministerium für Bildung und Forschung (BMBF) geförderten Programms JOBSTARTER[7] hat die SPI Consult GmbH es erstmalig unternommen, die für das weite Spektrum der Gesundheitswirtschaft relevanten nichtakademischen Erstausbildungen zu identifizieren, auch wenn die Probleme einer Abgrenzung im Vergleich zum enger zu fassenden Gesundheitswesen hier noch einmal deutlich wachsen. Als eine hilfreiche heuristische Konstruktion hat sich dabei das von Josef Hilbert entwickelte sogenannte Zwiebelmodell[8] der Gesundheitswirtschaft erwiesen, mit dem es möglich war, zumindest grob die folgenden vier Hauptfelder der Gesundheitswirtschaft zu unterscheiden:

– den Kernbereich von Therapie und Pflege, in dem im Zusammenhang mit der ambulanten und stationären Versorgung insbesondere die klassischen Gesundheitsfachberufe angesiedelt sind;
– den Bereich der Gesundheitsverwaltung, der nicht nur Verwaltungs- und Dokumentationstätigkeiten in den Kliniken umfasst sondern ebenso zum Beispiel den ganzen Bereich der Krankenversicherungen;
– den Bereich der technischen Berufe, der einerseits mit Blick auch auf die sogenannten vorleistenden medizintechnischen oder pharmazeutischen Industrien eine besondere Rolle spielt, dem andererseits aber auch die klassischen Gesundheitshandwerke zugeordnet sind;
– sowie schließlich den weiten Bereich von Wellness, Tourismus und Handel, sofern er den besonderen Umgang mit gesundheitsbezogenen Dienstleistungen und Produkten im Bereich der immer wichtiger werdenden Gesundheitsvorsorge betrifft.

Mit diesem vereinfachenden Raster – jeder der einzelnen Teilbereiche ist wiederum heterogen zusammengesetzt – kann zumindest eine gewisse Übersichtlichkeit erzielt werden. Knapp 60 Berufe sind dabei identifiziert worden.[9] Dazu gehören

---

5   Vgl. Die Entwicklung der Zusammenarbeit der Gesundheitsberufe als Beitrag zu einer effizienten und effektiven Gesundheitsversorgung, in: Sachverständigenrat zur Begutachtung der Entwicklung im Gesundheitswesen: Kooperation und Verantwortung – Voraussetzungen einer zielorientierten Gesundheitsversorgung (Gutachten Juli 2007), Berlin 2007, S. 69; ebd. S. 71 f. mit einer Reihe von Nachweisen für unterschiedliche Definitionsversuche (Download unter www.svr-gesundheit.de).
6   Ebd., S. 69.
7   Zum JOBSTARTER-Programm vgl. www.jobstarter.de.
8   Vgl. Hilbert, Josef/Fretschner, Rainer/Dülberg, Alexandra: Rahmenbedingungen und Herausforderungen der Gesundheitswirtschaft, Gelsenkirchen 2002; Beitrag von Koscak/Ostwald/Ranscht (Abbildung 1) in diesem Band.
9   Vgl. Rodewald, Rainer/Funk, Tobias/Sowa, Katharina: Ausbildungspotenzial Gesundheitswirtschaft Berlin, SPI Consult, Berlin 2006 sowie der Ausbildungsatlas „Ausbildung Gesundheit in Berlin und Brandenburg" (Berlin 2007), der für die praktische Berufsorientierung konzipiert und von HealthCapital in Kooperation mit SPI Consult herausgegeben wurde. Nach wie vor gibt es „keine einheitliche Definition, welche Wirtschaftszweige, →

die klassischen Pflege- und Assistentenberufe, wie etwa die Medizinisch-Technischen Assistentenberufe (MTA), aber auch die Medizinischen Fachangestellten, kaufmännische Berufe (Kaufmann/-frau im Gesundheitswesen) sowie technische und handwerkliche Berufe, wie etwa Zahntechniker/-in, Orthopädiemechaniker/-in oder Hörgeräteakustiker/-in bis hin zu Biologielaborant/-in oder Assistent bzw. Assistentin für medizinische Gerätetechnik.

Alle diese Berufsbilder werden auf dem neuen Informationsportal „Berufe Gesundheit Berlin-Brandenburg" mit ihren Ausbildungsmöglichkeiten in der Region dokumentiert.[10] Im Einzelfall ließe sich sicherlich über die Zuordnung der Berufe zu den einzelnen Bereichen ebenso streiten wie über die (Nicht-)Aufnahme einzelner Berufe überhaupt. Doch das Hauptanliegen der Synopse betrifft neben der ganz praktischen Berufsorientierung im Einzelfall immer auch zwei übergeordnete Botschaften. Erstens: Es gibt weit mehr Berufe als weithin angenommen, die zentral von der Gesundheitswirtschaft ‚leben' und von denen umgekehrt auch die Gesundheitswirtschaft ‚lebt'. Und zweitens: Für sie alle gibt es eine Fülle hochwertiger Ausbildungsmöglichkeiten in der Gesundheitsregion Berlin-Brandenburg.

3   Probleme mit der Transparenz

„Der Umgang mit Menschen" ist für viele junge Menschen das Hauptmotiv für ihre Berufswahl im Gesundheitsbereich. Hinzu kommt die Einschätzung, mit einem Gesundheits-, Sozial- oder Pflegeberuf etwas Sinnvolles zu erlernen. Dass es sich bei vielen Ausbildungsangeboten dieses Spektrums zugleich um Berufe mit Zukunft und interessanten fachlichen Perspektiven handelt und zudem auch Berufe mit kaufmännischen sowie technischen Schwerpunkten darunter zu finden sind, ist vielen Jugendlichen und jungen Erwachsenen bei ihrer Berufswahl nicht bewusst.

Damit ist zugleich die größte Aufgabe angezeigt. Berufschancen wie Ausbildungsmöglichkeiten in der Gesundheitswirtschaft sind in der Öffentlichkeit zu wenig bekannt. Dies liegt nicht nur am fehlenden Interesse und an der Tatsache, dass Schulabgänger/-innen über die Vielfalt möglicher Berufsausbildungen ganz allgemein zu wenig informiert sind. Es liegt vielmehr auch an strukturell gegebenen Hindernissen, die dafür sorgen, dass selbst Fachleute wie Berufsbera-

Branchen oder Einrichtungen der Gesundheitswirtschaft hinzugerechnet werden sollen" (Dahlbeck, Elke/Hilbert, Josef/Potratz, Wolfgang: Gesundheitswirtschaftsregionen im Vergleich, in: Institut Arbeit und Technik. Jahrbuch 2003/2004, Gelsenkirchen 2004, S. 84).

10   Vgl. www.medinet-ausbildung.de. Das Portal „Berufe Gesundheit Berlin-Brandenburg" enthält zudem einen Studienführer sowie in Kooperation mit den Weiterbildungsdatenbanken von Berlin und Brandenburg aktuelle Hinweise zu Weiterbildungsangeboten im Bereich der Gesundheitswirtschaft. Unter www.berufenet.de, der Berufs- und Ausbildungsdatenbank der Bundesagentur für Arbeit, findet man allein unter dem Stichwort „Gesundheit" ca. 250 Einträge von Algesiologe/Algesiologin bis Zytologieassistent/-in (zum Suchbegriff Gesundheitswirtschaft gibt es übrigens nur einen Treffer, und zwar – naheliegend: Gesundheitswirt/-in; Stand 14.1.2008). Im vorliegenden Text geht es aber vor allem um die berufliche *Erst*ausbildung.

ter/-innen oder Arbeitslehre-Lehrkräfte das Feld Gesundheitswirtschaft nicht immer hinreichend als integral zu betrachtenden Wachstumsbereich im Blick haben.

Ein wichtiger Grund für die Schwierigkeiten ist der relativ hohe Abstraktionsgrad des Konstruktes Gesundheitswirtschaft, der für die vielen unterschiedlichen Teilbranchen, die unter diesen Begriff subsumiert werden, zunächst nur wenig emotionale Identifikationsanreize bietet. So spielt das Stichwort „Gesundheitswirtschaft" in den Selbstbeschreibungen der Unternehmen und damit auch bei den Multiplikatoren in der Regel keine besondere Rolle.

Zum anderen ist die Intransparenz im Bereich der Gesundheitswirtschaft aber auch dem System der Berufsbildung bzw. dem Nebeneinander der unterschiedlichen Qualifikationssysteme geschuldet. Das, was das deutsche Berufsbildungssystem im Vergleich zu anderen europäischen Staaten kennzeichnet – die starke institutionelle Trennung von höherer (schulischer und universitärer) Allgemeinbildung einerseits und Berufsbildung andererseits – wirkt sich im Bereich der Gesundheitswirtschaft noch einmal besonders aus.[11] Denn vor allem für die Gesundheitsfachberufe im Gesundheitswesen sind die unterschiedlichen vollzeitschulischen Ausbildungsangebote an Berufsfachschulen von zentraler Bedeutung.

4   Der Dschungel der Qualifizierungssysteme für die Erstausbildung in der Gesundheitswirtschaft

Nach wie vor erlernen weit mehr als die Hälfte aller jungen Menschen in Deutschland nach Beendigung der Schule einen staatlich anerkannten Ausbildungsberuf im dualen System.[12] Neben der dualen Berufsausbildung gibt es eine Reihe vollzeitschulischer Bildungsgänge mit staatlich anerkanntem Ausbildungsabschluss.

Bei den für den Ausbildungsatlas „Ausbildung Gesundheit" identifizierten Berufsausbildungen handelt es sich zu ca. 50 Prozent um vollzeitschulische Ausbildungsangebote. Eine solche Zahl findet sich in keinem anderen Wirtschaftsfeld. Noch drastischer stellt sich die Besonderheit dar, wenn man sich die absoluten Teilnehmerzahlen an den Ausbildungen vergegenwärtigt: Während nur ein Drittel an einer betrieblichen Ausbildung teilnimmt, finden sich die anderen zwei Drittel in den schulischen Ausbildungsgängen wieder. Diese quantitative Dominanz der schulisch unterrichteten Gesundheitsfachberufe im Kernbereich von Therapie und Pflege ist nicht zuletzt auch eine weitere Schwierigkeit bei dem Versuch, den Begriff der Gesundheits*wirtschaft* zu etablieren.

Noch dichter ist der Dschungel, wenn die vollzeitschulischen Angebote für sich betrachtet werden: Es handelt sich hier in der Regel um Ausbildungen an Berufsfachschulen, in denen in einer zwei- bis dreijährigen Ausbildung ein Berufsabschluss erworben werden kann. Im Bereich der Gesundheitswirtschaft sind sie traditionell, insbesondere über die klassischen Medizinal- bzw. Assistentenberufe, weitaus stärker vertreten als in anderen Bereichen. Bei den vollzeitschulischen Ausbildungen stehen wiederum bundeseinheitlich geregelte Ausbildungsgänge neben landesrechtlich geregelten. Diese historisch bedingte Sonderverfassung der

---

11   Vgl. Baethge, Martin/Solga, Heike/Wieck, Markus: Berufsbildung im Umbruch, Berlin 2007.

12   Vgl. Bundesministerium für Bildung und Forschung (Hrsg.): Berufsbildungsbericht 2008, URL: www.bmbf.de/pub/bbb_08.pdf.

Ausbildung in den Gesundheitsfachberufen führt nicht nur zu Irritationen bei Ausbildungsinteressierten. Sie ist auch ein nicht zu unterschätzendes Hindernis für die weitere Qualitätsentwicklung bei den betreffenden Ausbildungen. So führt diese „Zersplitterung" des Berufsfeldes dazu, dass im Bereich der Humandienstleistungen auf dem Gebiet der Berufsbildung und der Konstruktion der Berufe ein „kaum zu durchschauendes Ausmaß an struktureller Unordnung, geteilten Zuständigkeiten und Einflussnahmen, systematischer Unschärfe sowie begrifflicher Vielfalt" herrscht.[13] Die Gesundheitsregion Berlin-Brandenburg ist hier durch die unterschiedlichen Zuständigkeiten der beiden Länder Berlin und Brandenburg im Vergleich zu anderen Gesundheitsregionen, die in der Regel keine Ländergrenzen überschreiten, noch einmal besonders betroffen. An sektorenübergreifenden Ansätzen mangelt es also nicht nur in vielen Bereichen der Gesundheitsversorgung, Gleiches gilt an vielen Stellen auch für das System der Berufsbildung.[14]

Unübersichtlich sind auch die unterschiedlichen Finanzierungsformen der Ausbildungsgänge: Während es bei betrieblichen Ausbildungen im dualen System grundsätzlich eine Ausbildungsvergütung gibt, ist dies bei den schulischen Ausbildungen unterschiedlich geregelt. Vergütungen gibt es zum Beispiel durchgängig bei den dreijährigen, bundesrechtlich geregelten Pflegeausbildungen. Für die landesrechtlich geregelten Pflegehilfsausbildungen gilt dies dagegen nicht. Zudem kann etwa bei einer privaten Altenpflegeschule die Vergütung für die Ausbildung, die seitens des vertraglich für die Ausbildungsdauer verpflichteten Praxisbetriebes zu zahlen ist, durchaus mit einem monatlich zu zahlenden Schulgeld einhergehen. Wiederum müssen auch bei bundeseinheitlich geregelten Ausbildungen ohne Vergütung Kosten einer vollzeitschulischen Ausbildung von den Schülerinnen und Schülern teilweise voll übernommen werden. Zusammen mit den ebenfalls einzukalkulierenden Lebensunterhaltskosten während der Ausbildung kann dies durchaus ein Nadelöhr sein, das der Rekrutierung von auf dem Markt benötigten Fachkräften entgegensteht. Denn in den meisten davon betroffenen Gesundheitsfachberufen können diese Aufwendungen nicht durch später zu erwartende hohe Einkommen kompensiert werden.

Irritationen kann es schließlich auch bei dem Begriff der dualen Ausbildung geben, der mittlerweile für zwei ganz unterschiedliche Ausbildungsmodelle verwendet wird: Einerseits bezeichnet er traditionell die duale Ausbildung auf einer horizontalen Ebene von Betrieb und Berufsschule, zum anderen ist auf einer verti-

---

13 Vgl. Meifort, Barbara: Die pragmatische Utopie. Qualifikationserwerb und Qualifikationsverwertung in Humandienstleistungen (= Schriftenreihe des Bundesinstituts für Berufsbildung), Bonn 2004, S. 43.

14 Vorbild für einen Neuansatz könnte das schweizerische Modell sein. Die Schweiz hat ein System der Berufsbildung, das dem deutschen grundsätzlich sehr ähnlich ist. Nach der Reform des 2004 neu in Kraft getretenen Berufsbildungsgesetzes sowie einer vorangegangenen Föderalismusreform ist in der Schweiz der Bund auch für alle Berufe des Gesundheitswesens mit zuständig (vgl. www.bbt.admin.ch). Vgl. dazu auch die Bemerkungen von Felix Rauner: Duale Berufsausbildung in der Wissensgesellschaft – eine Standortbestimmung (= Bertelsmann Stiftung, Reihe Jugend und Arbeit – Positionen), Gütersloh 2007, S. 15. (In weitaus kleinerem Maßstab arbeitet seit Anfang 2008 das neue, ebenfalls von der SPI Consult GmbH durchgeführte JOBSTARTER-Projekt „MediNet plus – Flexibilisierung der Berufsausbildung in der Gesundheitswirtschaft" modellhaft auf der Ebene des Landes Berlin an einer möglichst engen Verzahnung von schulischen und betrieblichen Berufsausbildungen insbesondere im Bereich der Life Sciences).

kalen Achse – Stichwort Akademisierung – von dualer Ausbildung die Rede, bei der ein Studium mit einem staatlich anerkannten Ausbildungsabschluss einhergehen kann.[15]

5 Entwicklung der Berufsausbildungen in Berlin und Brandenburg

Wer über Berufsausbildungen in der Gesundheitswirtschaft spricht, darf nicht nur über Beschäftigungsperspektiven reden, sondern er muss auch die Entwicklung der Ausbildungsplatzzahlen einbeziehen. Nicht immer sind gute Beschäftigungsaussichten unmittelbar mit vermehrten Ausbildungschancen verbunden. Und natürlich profitieren nicht alle Berufsbilder gleichermaßen von einem konjunkturellen Aufschwung. Wie also steht es um die Ausbildungschancen in konkreten Teilbranchen und Einzelberufen? Wie reagieren Branchen auf sich schnell verändernde Qualifikationsanforderungen, auf immer raschere Innovationszyklen, auf immer weniger Planungssicherheit insbesondere für die kleinen und mittleren Unternehmen?

Die Prognosen für das Wachstumscluster Gesundheitswirtschaft sind günstig. Bereits 2004 waren 344.500 Erwerbstätige und somit 13,5 % der Berlin-Brandenburger Erwerbstätigen in der Gesundheitswirtschaft tätig, wobei in fast allen Teilen der Gesundheitswirtschaft mehr als 80 % der Erwerbstätigen in der engeren Metropolregion Berlin tätig sind.[16] Dabei handelt es sich um eine der wenigen Regionen in Ostdeutschland, in der auf mittlere Sicht mit einer stabilen Bevölkerungsbilanz gerechnet wird. Geschuldet ist diese Prognose vor allem einer zu erwartenden positiven Zuwanderungsbilanz.[17] Auch die Region Berlin-Brandenburg partizipiert an der positiven Wirtschaftsentwicklung in Deutschland. Ausgehend von niedrigem Niveau liegt der Beschäftigungszuwachs in letzter Zeit sogar über dem Bundesdurchschnitt.[18]

Für den Ausbildungsstellenmarkt überwiegen jedoch die problematischen Aspekte: Zwar werden aufgrund der insgesamt verbesserten Wirtschafts- und Beschäftigungslage zunehmend qualifizierte Fachkräfte benötigt. „Berliner Betriebe setzen jedoch im Unterschied zu den übrigen Bundesländern dabei vorrangig auf die Neueinstellung von Fachkräften mit Berufserfahrung. Die eigene betriebliche Fort- und Weiterentwicklung stand erst an zweiter Stelle, gefolgt von der beruflichen Erstausbildung", so die Berliner Senatorin für Integration, Arbeit und Sozia-

---

15 In Berlin gibt es z.B. im Bereich der Pflegeausbildung den ausbildungsintegrierenden Studiengang Bachelor of Nursing, ein Angebot der Evangelischen Fachhochschule Berlin (vgl. www.bachelor-nursing.de). Zur Akademisierungsdiskussion vgl. z.B. Pundt, Johanne (Hrsg.): Professionalisierung im Gesundheitswesen. Positionen – Potenziale – Perspektiven, Bern 2006.

16 Vgl. Ostwald/Ranscht, Wachstums- und Beschäftigungspotenziale, S. 71 (Fazit).

17 Vgl. Bertelsmann Stiftung: Wegweiser Kommune. Demographietyp G6: Aufstrebende ostdeutsche Großstädte mit Wachstumspotenzialen, Januar 2006 (Download unter www.wegweiser-kommune.de).

18 Vgl. Bundesagentur für Arbeit: Presse Info 40/2008 vom 1.7.2008: Positiver Trend am Arbeitsmarkt bleibt stabil, URL: http://www.arbeitsagentur.de/nn_188238/Dienststellen/RD-BB/RD-BB/A01-Allgemein-Info/Presse/2008/040-2008-Positiver-Trend-am-Arbeitsmarkt.html. Vgl. auch Wirtschafts- und Arbeitsmarktbericht Berlin 2007/2008, hrsg. v. Senatsverwaltung für Wirtschaft, Technologie und Frauen/Senatsverwaltung für Integration, Arbeit und Soziales, Berlin 2008.

les, Dr. Heidi Knake-Werner, anlässlich der Vorstellung des IAB-Betriebspanels 2006 für Berlin.[19] Tatsächlich beträgt die Arbeitslosenquote in Berlin auch im Juni 2008 immer noch 13,6 %, während die Quote in ganz Deutschland mittlerweile deutlich unter die 10 %-Marke auf einen Stand von 7,5 % gesunken ist.[20] Mit Blick auf den Ausbildungsstellenmarkt gehören Berlin und Brandenburg laut Berufsbildungs-bericht 2008 nach wie vor zu den Regionen mit ungünstiger bis schlechter Aus-bildungssituation.[21]

Während große Unternehmen es sich – nicht zuletzt aufgrund der verbesser-ten Konjunkturlage – eher leisten können, zumindest teilweise wieder vermehrt auszubilden (und dabei systematisch die besten Bewerber/-innen für sich rekrutie-ren), sehen sich kleine Betriebe im Wettbewerb um die knapper werdenden aus-bildungsreifen bzw. -fähigen Ausbildungskandidaten und -kandidatinnen zusätz-lichen Schwierigkeiten ausgesetzt. Die Gefahr, dass weitere Betriebe für die duale Ausbildung verloren gehen, ist somit trotz der verbesserten wirtschaftlichen Rahmendaten nicht zu unterschätzen. Zwar sahen die Zeichen für die Einstiege im Ausbildungsjahr 2007 günstiger aus, doch das „Rekordergebnis bei der Ausbil-dung", das zum Beispiel die IHK Berlin für sich konstatiert, geht eben nicht einher mit einem Zuwachs an Ausbildungsbetrieben.[22]

Erwartungsgemäß spielt Berlin in der Gesundheitsregion Berlin-Brandenburg auch mit Blick auf die Berufsausbildung eine dominierende Rolle. Dies ergibt sich nicht nur aus der Asymmetrie der jeweiligen Wirtschaftsstärke von Berlin und Brandenburg, sondern auch aus der besonderen Verflechtungsform der beiden Länder. Um es paradox zu formulieren: Berlin ist zwar nicht Brandenburg, aber Brandenburg ist zu großen Teilen Berlin. So findet sich in einem neueren Gutach-ten zum demografischen Wandel des Landes Brandenburg der lapidare Satz: „De facto ist der an Berlin angrenzende Kern des Landes ein Teil der Hauptstadt."[23] Brandenburg weist im bundesdeutschen Vergleich die höchste Auspendlerquote unter den Auszubildenden auf, was einerseits auf die Nähe und Attraktivität Berlins, andererseits auf das unzureichende Ausbildungsplatzangebot in Branden-burg zurückzuführen ist. Die Quote der Auszubildenden, die außerhalb ihrer Landesgrenze einer Berufsausbildung nachgehen, ist seit Ende der 1990er-Jahre bis 2005 stetig auf etwa ein Viertel gestiegen. 2006 war erstmals ein leichter Rück-gang zu verzeichnen. Dennoch konzentrieren sich vier Fünftel der Mobilität der Brandenburger Auszubildenden auf die Region Berlin-Brandenburg selbst. 18,8 % der Auszubildenden, die 2006 in Berlin einer Ausbildung nachgingen, wohnten nicht in Berlin. Von diesen Einpendlern kam der Großteil aus dem Land Branden-

19 Heidi Knake-Werner, zit. n. Presseinfo der Berlin-Partner GmbH vom 13.7.2007: Un-abhängiges Länder-Ranking sieht Hauptstadt bei Standortfaktoren vorn; vgl. auch IAB Betriebspanel 2006 – Länderbericht Berlin, April 2007, URL: http://www.berlin-partner. de/fileadmin/chefredaktion/IAB_Betriebs-Panel-Handout_2006.pdf.
20 Vgl. Berliner Arbeitsmarkt in Zahlen, IHK Berlin, Juni 2008.
21 Vgl. BMBF, Berufsbildungsbericht 2008, S. 59 f. sowie Bogai, Dieter/Partmann, Michael: Der Arbeitsmarkt für Jüngere in Berlin und Brandenburg. Eine Analyse des regionalen Arbeits- und Ausbildungsmarktes (IABregional. IAB Berlin-Brandenburg), Nürnberg 2008: „Die Angebots-Nachfragerelation lag (2007, T. F.) bei 87,3 Prozent und Berlin damit bundesweit auf dem letzten Platz" (ebd., S. 21).
22 Vgl. IHK Berlin, Presseinformation vom 14.1.2008.
23 Berlin Institut für Bevölkerung und Entwicklung: Gutachten zum demographischen Wandel des Landes Brandenburg im Auftrag des Brandenburger Landtages, Berlin 2007, S. 19.

burg, hier insbesondere aus den Berlin nahen Gemeinden Brandenburgs, dem sogenannten Speckgürtel.[24] Dies dürfte auch für den Bereich der Gesundheitswirtschaft gelten.

Prognosen zu erstellen, wie sich der Fachkräftebedarf im Bereich der Gesundheitswirtschaft im Einzelnen entwickeln wird, ist schon schwierig genug. Doch Prognosen darüber abzugeben, welche Berufsausbildungen hier als besonders zukunftsträchtig gelten können, ist seriös kaum möglich.[25] Aber auch zur Situation der Ausbildung in einzelnen Berufsfeldern der Gesundheitswirtschaft können im Folgenden nur Schlaglichter gegeben werden.[26]

Die Ausbildungssituation im Bereich von Therapie und Pflege

Die dem Kernbereich von Therapie und Pflege zuzuordnenden Berufe repräsentieren etwa drei Viertel der Ausbildungsmöglichkeiten der klassischen Gesundheitsberufe. Insgesamt ist sowohl für die stationären Einrichtungen als auch für den Bereich der niedergelassenen Praxen und Apotheken in Berlin als Folge der Wiedervereinigung eine relative Überversorgung und daher nur ein geringes Wachstum festzustellen, während in anderen Gesundheitsregionen in Deutschland auch im Kernbereich beträchtliche Beschäftigungsgewinne zu verzeichnen sind.[27] Die Brandenburger Fachkräftestudie geht sogar davon aus, dass trotz steigenden Bedarfs an medizinischen und pflegerischen Leistungen die Beschäftigung in der Sozial- und Gesundheitswirtschaft leicht rückläufig sein wird.[28] Dennoch waren im Bereich des Gesundheits- und Sozialwesens im Jahr 2007 78,3 % der Erwerbstätigen der Berlin-Brandenburgischen Gesundheitswirtschaft insgesamt beschäftigt. Allein dies weist auf die Dominanz dieses Bereichs auch für die Ausbildung in der Gesundheitswirtschaft hin – mit wachsender Tendenz.[29]

---

24 Vgl. Wiethölter, Doris/Seibert, Holger/Bogai, Dieter: Ausbildungsmobilität in der Region Berlin-Brandenburg (IAB regional, Berichte und Analysen. IAB Berlin-Brandenburg), 1/2007, Nürnberg (www.iab.de).

25 Vgl. Kupka, Peter: Fachkräftemangel. Grenzen von Berufsprognosen, in: Institut für Arbeitsmarkt und Berufsforschung (Hrsg.), Fachkräftebedarf der Wirtschaft. Materialsammlung B: Zukünftiger Fachkräftemangel? Nürnberg 2007.

26 Die im Folgenden genannten Zahlen zur Entwicklung von Ausbildungsplätzen in den einzelnen Berufen beruhen vor allem auf den Angaben des Amtes für Statistik Berlin-Brandenburg. Da zur Zeit der Abfassung dieses Aufsatzes Zahlen zum Ausbildungsjahr 2007/08 dort noch nicht verfügbar waren, reichen die Zahlenangaben i.d.R. nur bis in das Ausbildungsjahr 2006/07.

27 Vgl. Dahlbeck/Hilbert/Potratz, Gesundheitswirtschaftsregionen im Vergleich, S. 82–102, bes. Tabelle 3, S. 91.

28 Vgl. Ministerium für Arbeit, Soziales, Gesundheit und Familie des Landes Brandenburg (Hrsg.): Brandenburger Fachkräftestudie. Entwicklung der Fachkräftesituation und zusätzlicher Fachkräftebedarf, Jena/Potsdam 2005; BRANDaktuell 12, 2007 mit Schwerpunkt Gesundheitswirtschaft. Zu den regionalen Unterschieden vgl. Perlitz, Uwe: Mediziner – Chancen durch neue Einnahmefelder (Deutsche Bank Research, Aktuelle Themen 408, Frankfurt a.M. 2008). Demnach hat Brandenburg die niedrigste Arztdichte pro Einwohner in Deutschland (Download unter www.dbresearch.de).

29 Vgl. die Bestandsdaten und Prognosen bei Ranscht/Ostwald, Clustermonitoring für die Gesundheitsregion Berlin-Brandenburg, S. 17.

Vor diesem Hintergrund wird um mögliche neue Kompetenzfelder besonders erbittert gestritten. Ohne auf die Argumente im Einzelnen eingehen zu können, lassen sich die kontroversen Positionen besonders gut im Zusammenhang mit der aktuellen Diskussion um die „Öffnung des Arztvorbehalts" in der medizinischen Versorgung erschließen. In Konkurrenz um eine bisher allein durch Ärzte ausgeübte Tätigkeit befinden sich hier auf der einen Seite der Beruf Medizinische/r Fachangestellte, gestützt durch die Bundesärztekammer sowie die Kassenärztliche Bundesvereinigung (KBV), und auf der anderen Seite die Pflegeberufe, gestützt durch den Deutschen Pflegerat. In einem Interview für die von der KBV herausgegebenen Zeitschrift Klartext werden von der Präsidentin des Verbandes Medizinischer Fachberufe e.V. unter der Überschrift „Wir können den Ärzten viel abnehmen" zum Beispiel Hausbesuche als mögliches neues Arbeitsfeld genannt.[30] Und schon 2003 beklagte ein Vertreter des Deutschen Verbandes Technischer Assistenten in der Medizin, dass die Gruppe der Medizinischen Fachangestellten (damals noch Arzthelfer/-innen) „in direkte Konkurrenz zu den diagnostischen Gesundheitsberufen treten und klassische Einsatzgebiete von MTAs besetzen"[31].

Das Beispiel der „äußeren Entwicklungsräume" in Brandenburg zeigt aber auch, dass Fachkräftemangel nicht nur zu neuen Rollenverteilungen in der Erbringung von Leistungen durch die Delegation von ärztlichen Aufgaben auf nichtärztliche Fachkräfte führt, sondern z.B. als Innovationsmotor auch für neue technische Lösungen wie etwa für E-Health-gestützte Angebote dienen kann.[32]

Mittelfristig dürfte es aber gerade im Kernbereich Therapie und Pflege einen Beschäftigungszuwachs geben. Mit der sogenannten Ausdehnung des Lebens sind wir zwar statistisch gesehen zunächst ganz einfach länger gesund, da der wahrscheinliche Eintritt einer altersbedingten erheblichen Beeinträchtigung des täglichen Lebens sich dann ebenfalls verschiebt. Dennoch werden insgesamt mehr Gesundheitsdienstleistungen in Anspruch genommen werden, nicht zuletzt mit Blick auf die sich länger hinziehenden und mehr zu hegenden als zu heilenden chronischen Erkrankungen. Im Bereich der Altenpflege ist allein schon aufgrund der geburtenstarken Jahrgänge nach 1945, selbst bei optimistischer Annahme eines immer späteren Eintritts der Pflegebedürftigkeit aufgrund des medizinisch-technischen Fortschritts, ein kontinuierlich steigender Zuwachs zu erwarten.[33]

---

30 Sabine Rothe, in: Klartext 1/2008 (www.kbv.de/publikationen).
31 Marco Kachler im Interview zur Zukunft der Diagnostischen Gesundheitsberufe 2003, URL: http://www.quepnet.fh-bielefeld.de/docs/pflege/db32_28_4.html. Zur aktuellen Diskussion vgl. z.B. „Öffnung des Arztvorbehaltes umstritten", 24.1.2008, zu finden unter: www.pflegen-online.de, oder „Neuordnung der Gesundheitsberufe. Pflegerat mahnt zu mehr Sachlichkeit", zu finden im Newsletter des Deutschen Pflegerates 1/2008 (www.deutscher-pflegerat.de/newsletter). Außerdem das Gutachten des Sachverständigenrats: Kooperation und Verantwortung. Voraussetzung einer zielorientierten Gesundheitsversorgung, Berlin 2007. Eine besondere Rolle spielt in diesem Zusammenhang die Diskussion um eine fehlende Selbstverwaltung (Stichwort: „Verkammerung") der nichtärztlichen Fachberufe.
32 Vgl. z.B. zum Modellprojekt AGnES Kap. 2.3 in diesem Band.
33 Vgl. Berlin Institut für Bevölkerung und Entwicklung: Die demographische Lage der Nation, 2. akt. Studie, Berlin 2006; zum sich wandelnden Konsumverhalten vgl. Bergheim, Stefan: Hurra, wir leben länger. Gesundheit und langes Leben als Wachstumsmotoren (Deutsche Bank Research, Aktuelle Themen 345), Frankfurt a.M. 2006.

Dass dieser Erkenntnis bereits in der Vergangenheit Rechnung getragen worden ist, zeigen die seit Jahren hohen Ausbildungszahlen in dem Beruf Altenpfleger/-in.[34] Besonders spannend ist, gerade auch mit Blick auf die vielfältigen Anforderungen im ambulanten Bereich, das „Berliner Modell – Generalistische Pflegeausbildung" der Wannseeschule e.V., bei dem es darum geht, Gemeinsamkeiten der bislang getrennten pflegespezifischen Ausbildungen Kinder-, Kranken- und Altenpflege zu sichten und erstmals zu einem einheitlichen Pflege-Berufsbild zusammenzufassen, aber auch das verwandte Modell einer integrierten Ausbildung der Charité in diesem Bereich.[35]

Ein gutes Beispiel für einen neuen Beruf im Bereich von Therapie und Pflege ist der/die operationstechnische/r Assistent/-in (OTA): „Lange wurde angenommen, dass der Bedarf an OP-Personal über weitergebildete Pflegekräfte gedeckt werden könnte (…), doch auf diesem Wege konnten bei weitem nicht genug Kandidaten rekrutiert werden", so Richard Neiheiser von der Deutschen Krankenhausgesellschaft (DKG); mittlerweile gebe es bundesweit 74 OTA-Schulen mit ca. 1.700 Ausbildungsplätzen, doch laut Neiheiser „hält die Nachfrage nach Absolventen immer noch an".[36] In Berlin haben sich hier, nach einer rasanten Aufwärtsbewegung von 48 Ausbildungsverhältnissen im Jahr 2002 auf 119 im Jahr 2005 (+247,9 %), im Ausbildungsjahr 2006/07 die Neueintritte mit 30 im Vergleich zur Spitzenzahl von 64 im Vorjahr allerdings zunächst wieder halbiert.[37]

Für die Gesundheitsregion Berlin-Brandenburg ist auch die physiotherapeutische und krankengymnastische Ausbildung von besonderer Bedeutung. Im Jahr 2004 wurden in den Berufen Physiotherapeut/-in und Krankengymnast/-in 1.442 junge Menschen ausgebildet; 2006/07 waren es 1.470 Personen. In Brandenburg sind hier die Ausbildungszahlen leicht rückläufig von 702 (2004) auf 613 (2006/07), aber insgesamt befinden sie sich immer noch auf hohem Niveau. Für Physiotherapeuten und Physiotherapeutinnen dürften sich nicht zuletzt auch zunehmend Beschäftigungschancen in der Gesundheitsvorsorge bzw. im boomenden Wellness-Bereich ergeben.[38]

---

34 Im Schuljahr 2007/08 wurden Brandenburg 962 und in Berlin 1428 Altenpfleger/-innen ausgebildet. Das Absinken von Neueinstiegen in Brandenburg ist vor allem eine Folge des erheblichen Rückgangs der Umschulungsmaßnahmen. (In den Ausbildungsstätten des Gesundheitswesens hat sich die Zahl der Umschüler/-innen von 1045 (2006/07) auf 506 (2007/08) praktisch halbiert). Dagegen haben sich in Berlin nach einem zwischenzeitlichen Absinken die Neueinstiege 2007/08 wieder erhöht. Vgl. zur allgemeinen Einschätzung der Ausbildungssituation in der Altenpflege: Bundesministerium für Gesundheit: Vierter Bericht über die Entwicklung der Pflegeversicherung, Berlin 2008, S. 63 ff.

35 Vgl. http://www.pflegeausbildung.de/die_projekte/berlin.php; sowie www.wannseeschule.de.

36 Richard Neiheiser zit. n. Kubsova, Jarka: Operation Azubi, in: Medbiz. Magazin für Gesundheitswirtschaft (= Beilage der Financial Times Deutschland 8), 2006, S. 25.

37 Quelle: Statistisches Landesamt Berlin-Brandenburg. Eine staatliche Anerkennung des Berufes erfolgte noch nicht. Die Gesundheitsministerkonferenz der Länder hat in einem Beschluss das Bundesgesundheitsministerium zur Ergreifung entsprechender Maßnahmen aufgerufen. Vgl. auch die Meldung der Deutschen Krankenhausgesellschaft: DKG-Empfehlung zur Ausbildung und Prüfung von Operationstechnischen Assistentinnen/Assistenten vom 25. September 2007 (Download unter www.dkgev.de).

38 So schon im Berufsbildungsbericht 2002 in Kapitel 4.3.3 unter der Überschrift „Neue Qualifikationsbedarfe und berufliche Entwicklungsmöglichkeiten in innovativen Tätigkeitsfeldern der Gesundheitsförderung, Vorsorge und Rehabilitation". Vgl. auch unter →

Neue Perspektiven gibt es bei der Ausbildung zur Diätassistentin oder zum Diätassistenten. Dass es sich dabei um einen Beruf mit Zukunft handelt, liegt nicht nur an der stetig steigenden Zahl von ernährungsbedingten Erkrankungen, sondern auch daran, dass das Thema „Gesunde Ernährung" überhaupt an Bedeutung gewinnt. In Expertengesprächen wurde deutlich, dass in Berlin das bestehende Ausbildungsangebot für diesen Beruf nicht mehr ausreichend war, da bisher lediglich ein Anbieter alle zwei Jahre 20 Jugendliche in diesem Beruf ausbildete. Im Rahmen des Projektes MediNet Berlin ist es gelungen, in Kooperation mit dem Oberstufenzentrum Ernährung und Lebensmitteltechnik und der Vivantes-Tochter SVL (Speiseversorgung und -logistik) GmbH im Rahmen eines kleinen Modellprojektes ein weiteres Ausbildungsangebot in diesem Feld zu organisieren.[39] Bereits zwei Schulklassen absolvieren hier die Diätassistenten-Ausbildung mit der Möglichkeit, gleichzeitig die Fachhochschulreife zu erlangen.

Die Ausbildungssituation im Bereich von kaufmännisch-verwaltenden Berufen

Dass im Gesundheitsbereich auch spezielle kaufmännische und verwalterische Kompetenzen unterhalb der Managementebene benötigt werden, wird in der Öffentlichkeit kaum wahrgenommen.

Als ein neues Berufsbild und als Reaktion auf die neuen und komplexen Aufgabenstellungen vor dem Hintergrund des Umbruchs im Gesundheits- und Sozialwesen und sich verändernder Ansprüche der Kunden und Kundinnen sowie Patienten und Patientinnen wurde zum 1. August 2001 der Beruf „Kaufmann/-frau im Gesundheitswesen" eingeführt. In Berlin sank die Zahl der neuen Ausbildungsverträge nach ersten Erfolgen mit dem neuen Beruf von 43 (2003) auf 26 (2005), 2006/07 stieg sie wieder auf 43. In Brandenburg stellt sich die Situation etwas anders dar: Hier ist die Ausbildung in diesem Beruf 2005 mit einem Ergebnis von 51 Neueinstiegen offensichtlich gut beworben worden; ein Jahr später hatten sich die Neueinstiege auf 24 normalisiert.

Kaufleute im Gesundheitswesen werden derzeit primär in Krankenhäusern und Kliniken sowie in Einrichtungen zur Eingliederung und Pflege von Menschen mit Behinderungen ausgebildet. Dagegen findet die Ausbildung in den anderen oben genannten Einrichtungen und Institutionen bisher nicht oder auf nur geringem Niveau statt. So konzentrieren sich die Krankenkassen bei der Ausbildung ihres Fachkräftenachwuchses zur Zeit noch primär auf den Beruf Sozialversicherungsfachangestellte/r, ergänzt um Ausbildungen in den Berufen Kaufmann/-frau für Bürokommunikation und Fachinformatiker/-in. Doch dies scheint sich zu ändern. Insbesondere die gesetzlichen Krankenkassen beginnen angesichts einer sich ändernden Wettbewerbssituation verstärkt auf den Beruf Kaufmann/-frau im Gesundheitswesen zu setzen, während der Beruf Sozialversicherungsfachangestellte/r bei

www.zvk.org bei den Mitgliederumfragen des Deutschen Verbands für Physiotherapie – Zentralverband der Physiotherapeuten/Krankengymnasten (ZVK) e.V. die Frage zur Bedeutung der Prävention für physiotherapeutische Praxen sowie die Diskussion um den „Primärzugang" von Patienten (Stand November 2006).

39 Zu dem vom BMBF geförderten Projekt MediNet Berlin, in dessen Rahmen auch die bereits genannte Expertise Ausbildungspotenzial Berliner Gesundheitswirtschaft erarbeitet worden ist vgl. www.medinet-ausbildung.de (Rubrik „Über MediNet").

den Ausbildungszahlen an Terrain verliert. Erforderlich oder doch wünschenswert erscheint hier allerdings – insbesondere bei den medizinischen Inhalten der Ausbildung – eine Ausbildungskooperation mit einem Krankenhaus oder einer größeren Gemeinschaftspraxis. Von diesem Perspektivenwechsel könnten im Umkehrverfahren auch die Auszubildenden im Klinikbereich profitieren.[40]

Gerade am Beispiel der Ausbildung im Berufsbild Kaufmann/-frau im Gesundheitswesen ist aber auch festzustellen, dass nach wie vor ein hoher Informationsbedarf besteht. Das betrifft zunächst die Jugendlichen, denen es oftmals an gezielter Information und Beratung fehlt und die zum Teil eher zufällig auf diesen Beruf stoßen. In noch höherem Maße gilt das aber für die Betriebe und Einrichtungen des Gesundheitssektors, denen die Attraktivität und der Nutzen dieses Berufsbildes oftmals nicht hinreichend bekannt ist.

Der Bereich der medizinischen Dokumentation gehört ebenfalls zur Gesundheitsverwaltung. In der letzten Zeit hat er enorm an Bedeutung gewonnen, sowohl mit Blick auf die Qualitätssicherungssysteme im Krankenhaus als auch im Zusammenhang mit den neuen Abrechnungsmodalitäten über das (DRG-)System der diagnosebezogenen Fallgruppen. In Gesprächen mit Krankenhausvertretern konnten wir jedoch überraschenderweise keinen nennenswerten aktuellen Ausbildungsbedarf feststellen. In der Regel kümmert sich ein kleiner Stab von Controlling-Fachkräften um die Daten, die nach wie vor unmittelbar von Ärzten und Ärztinnen sowie Pfleger/-innen, ggfs. in Kooperation mit Case Managern eingegeben werden. Eine mögliche schulische Vollzeitausbildung zum Beruf Medizinische/r Dokumentationsassistent/-in oder Medizinische/r Dokumentar/-in wird in Berlin und Brandenburg zur Zeit nicht angeboten. In den gleichen Kontext gehört die Ausbildung zum Beruf Fachangestellte/r für Medien- und Informationsdienste mit der Fachrichtung Medizinische Dokumentation. In vielen Kliniken wird hier der Qualifizierungsbedarf zunächst noch durch Weiterbildungsmaßnahmen abgedeckt. Umgekehrt war schon 2002 in einer Marktanalyse für die Medizinische Dokumentation festgestellt worden, dass bei der Ausschreibung für entsprechende Stellen nicht nur nicht zwischen Fachhochschul- und Hochschulabschlüssen unterschieden wurde, sondern auch Ausbildungsberufe und FH- bzw. Hochschulabschlüsse parallel als berufliche Voraussetzungen erwähnt wurden.[41]

Die Ausbildungssituation im Bereich der vorleistenden Industrien

Die Region Berlin-Brandenburg belegt im Bereich der Medizintechnik, Biotechnologie und Pharmaindustrie sowohl national als auch international einen Spitzenplatz. Von besonderer Bedeutung ist dabei die Vernetzung der in diesen Bereichen

---

40 So das Ergebnis eines im Rahmen des Projektes „MediNet Berlin" durchgeführten Fachgesprächs Anfang November 2006 mit dem Titel „Kliniken und Krankenkassen – Mit Erfolg ausbilden durch Kooperation?" (Dokumentation unter www.medinet-ausbildung.de).

41 Die Marktanalyse findet sich als Download auf der Homepage des Deutschen Verbandes für Medizinische Dokumentation e.V., URL: http://www.dvmd.de/berufsbild/marktanalyse_2002.php. Interessant sind Hinweise in einer weiteren „Marktanalyse 2006" des Verbandes (vgl. die Ankündigung ebd.) auf eine signifikante Verschiebung der offenen Stellen im Bereich Medizinische Dokumentation von den Kliniken hin zur Chemisch-Pharmazeutischen Industrie.

tätigen Unternehmen mit der vielfältigen und in dieser Form einmaligen Wissenschaftslandschaft, die zu einem eindeutigen Wettbewerbsvorteil gegenüber anderen Städten und Regionen führt. Die gelungene Verbindung von Forschung und ihrer Anwendung und Umsetzung in marktreife Produkte drückt sich in der überdurchschnittlich hohen Anzahl von Unternehmensgründungen aus, die zu den sogenannten vorleistenden Industrien der Gesundheitswirtschaft zählen. Nicht zuletzt der Begriff der Technologie zeigt an, dass eine scharfe Trennung von Produktion auf der einen Seite und Dienstleistung auf der anderen Seite schon lange nicht mehr sinnvoll ist.[42] Die medizintechnischen, pharmazeutischen und biologietechnischen Life Science Industries in Berlin und Brandenburg befinden sich seit einigen Jahren in einem dynamischen Wachstumsprozess.[43] Dabei spielen die kleinen und mittleren Unternehmen (KMU), und hier insbesondere die Vielzahl von Neugründungen in den letzten zehn Jahren eine besondere Rolle.

Im Bereich der Biotechnologie gab es laut der jährlichen Erhebung von BioTOP 2006 174 Unternehmen, davon 76 % im Bereich der Biomedizin. Insgesamt waren 2006 bei diesen Unternehmen 3.427 Beschäftigte tätig. Dabei gibt es einen soliden Kern von 70 Firmen, die stark expandieren.[44]

Ähnliches gilt auch für den Bereich der Medizintechnik. Die Prognosen scheinen sich zu bestätigen. Die Umsatzzahlen (+8 %) und Beschäftigtenzahlen (+3,5 %) in diesem Bereich stiegen bereits in den Jahren 2002 bis 2004 im Vergleich zu anderen Industrien deutlich überdurchschnittlich.[45] 2006 gab es etwa 180 Unternehmen der Medizintechnik mit ca. 6.000 Mitarbeiter/-innen. Zieht man davon jene 1.800 Personen ab, die bei den vier großen Unternehmen (mit mehr als 200 Mitarbeiter/-innen) beschäftigt sind, zeigt sich erneut die große Bedeutung der KMU.[46]

In der traditionell starken Berliner Pharmaindustrie – mit 29 % Umsatzwachstum von 2005 bis 2006 – arbeiten zur Zeit ca. 11.300 Beschäftigte.[47] Auch hier spielen kleine und mittlere Unternehmen eine ganz entscheidende und häufig unterschätzte Rolle. Neben den zwei größten Unternehmen, der Bayer Schering Pharma AG sowie der Berlin Chemie AG, bei denen allein ca. zwei Drittel aller

---

42 Vgl. z. B. die Homepage der Rhenus eonova GmbH, die als einer der führenden Spezialisten im Bereich der Logistikdienstleistungen für Krankenhäuser und Kliniken im gesamten Bundesgebiet ihren Hauptsitz in Berlin hat. Die Mitarbeiter und Mitarbeiterinnen sind Betriebswirte und Ingenieure, chemisch-technische Assistenten, Lagerfachkräfte, Ver- und Entsorgungsfachkräfte und Kraftfahrer (www.rhenus-eonova.de).

43 Gemessen an den Beschäftigtenzahlen geschieht dies jedoch im Vergleich mit anderen Gesundheitsregionen auf niedrigen Niveau. Vgl. dazu Ostwald/Ranscht, Wachstumsund Beschäftigungspotenziale. In dieser Studie wird die positive Entwicklung der Beschäftigtenzahlen vor allem im Kernfeld von Therapie und Pflege, sowie im Bereich von Forschung und Entwicklung prognostiziert.

44 Vgl. Biotech Report Berlin-Brandenburg 2006/2007 (BioTOPics Nr. 31), Berlin 2007, S. 28.

45 Vgl. Perspektiven wichtiger Branchencluster in Berlin und Brandenburg (Deutsche Bank Research, Aktuelle Themen Nr. 318), April 2005, S. 8.

46 Vgl. Wirtschaftskraft durch Innovation – Unternehmen der Medizintechnik in Berlin und Brandenburg, in: Branchenreport Medizintechnik Berlin-Brandenburg, hrsg. v. TSB Technologiestiftung Innovationsagentur Berlin GmbH, Berlin 2006, S. 20 (Stand der Daten: 2004).

47 Info VCI Nordost, www.nordostchemie.de (Stand 12/2007). Die chemische Industrie ist in Berlin zu 90 % pharmazeutische Industrie, und kann deshalb – anders als die in Brandenburg (nur 6 % Pharma) – ohne Weiteres zur Gesundheitswirtschaft gezählt werden.

oben genannten Beschäftigten arbeiten, gibt es mindestens 20 weitere mittelständische Unternehmen in diesem Bereich.[48]

Auch für den Zeitraum von 2004 bis 2007 sind für das verarbeitende Gewerbe in der Gesundheitswirtschaft, also Medizintechnik und pharmazeutische Industrie, enorme Wachstumsraten von 30 % bzw. 40 % bei der Bruttowertschöpfung zu verzeichnen. Zu konstatieren ist aber, dass sich dies nicht mehr automatisch auch in wachsenden Zahlen von Erwerbstätigen niederschlägt.[49] Dennoch wird auch hier über die immer schwierigere Rekrutierung von geeigneten Fachkräften diskutiert.[50] Die Beteiligung an Ausbildung ist dabei sehr unterschiedlich. Während die chemische Industrie sich auf diesem Feld sehr stark engagiert, sieht es in der Medizintechnik mit den vielen neu gegründeten Firmen schon deutlich gemischter aus. Ganz gering ist die Ausbildungsbeteiligung in den meist jungen Unternehmen der Biotechnologie.

Die Gründe sind vielfältig:
-   Gründer/-innen von neuen Firmen sind mit Ausbildungskultur häufig nicht vertraut, insbesondere dann, wenn es sich um Ausgründungen aus Universitäten handelt.
-   Für kleinere Unternehmen in diesem Bereich sind Zeiträume von drei Jahren für eine Ausbildung kaum planbar.
-   Kleinere Unternehmen sind allein häufig nicht in der Lage, im Rahmen ihrer sehr spezialisierten betrieblichen Abläufe alle fachlichen Anforderungen einer Ausbildung abzudecken.
-   Durch die Vielzahl von Hochschulen mit einschlägigen Studiengängen gibt es in Berlin einen großen Pool von schnell anzulernenden Praktikanten und Praktikantinnen. Eine Reihe von Berufsausbildungen im Hochtechnologiebereich setzt heute de facto die Hochschulreife voraus. Auszubildende mit Abitur gehen dem Betrieb nach Abschluss der Ausbildung aber häufig wieder verloren, wenn sie anschließend doch noch ein Studium aufnehmen.

All dies spricht dafür, dass die Schwelle, sich langfristig an eine mehrjährige Ausbildung zu binden, von vielen jungen Betrieben der vorleistenden Industrien, die sich mit dem Ausbildungsgedanken tragen, als sehr hoch empfunden wird.[51]

---

48   Vgl. Henke, Klaus-Dirk/Cobbers, Birgit/Georgi, Anja/Schreyögg, Jonas: Die Berliner Gesundheitswirtschaft. Perspektiven für Wachstum und Beschäftigung. Eine Untersuchung im Auftrag der IHK Berlin und der Senatsverwaltung für Wirtschaft, Arbeit und Frauen, Berlin 2006, S. 33.

49   Ranscht/Ostwald stellen sogar eine negative Prognose: „… gehen von diesem Wirtschaftsbereich immer noch und auch zukünftig eher negative Beschäftigungseffekte aus" (Ranscht/Ostwald, Clustermonitoring, S. 18).

50   Vgl. etwa: Kluge Köpfe – vergeblich gesucht! Fachkräftemangel in der deutschen Wirtschaft. Ergebnisse einer DIHK-Unternehmensbefragung, Berlin, November 2007, u. a. mit Bezug auf Medizintechnik und Pharmazeutische Industrie (Downlowd unter www.dihk.de).

51   Ein typisches Beispiel dafür sind Unternehmen aus dem Hochtechnologiebereich. So beträgt die Ausbildungsquote in Berlins größtem Technologiepark nur 2,7 % der Gesamtzahl der Beschäftigten. Die durchschnittliche Ausbildungsquote aller Branchen beträgt demgegenüber 6,4 %. Vgl. die vom Zentrum für Mikrosystemtechnik Berlin erstellte Expertise: Berufsausbildung in Hochtechnologien. Analyse betrieblicher Ausbildungspotenziale und ausbildungsbestimmender Faktoren im Raum Berlin, Berlin 2007. – Ein möglicher Weg, den Einstieg in Ausbildung zu erleichtern, sind hier z. B. die unterschiedlichen Modelle von Ausbildungspartnerschaften. So hat sich auf dem Campus Berlin-Buch im Bereich der Biotechnolgie ein privates Unternehmen, das bisher nicht ausge- →

Mit der Neuordnung der Laborberufe im Jahr 2002 wurde die Möglichkeit eröffnet, Laboranten und Laborantinnen in unterschiedlichen Wahlqualifikationen auszubilden. Damit wurde den Betrieben die Chance gegeben, die Qualifikation der künftigen Mitarbeiter/-innen schon während der Erstausbildung ihrem Bedarf anzupassen. Während für die Biologielaboranten und -laborantinnen aufgrund des größeren Bezuges der Ausbildungsinhalte zur Humanbiologie eine Beschäftigungsperspektive auch im Gesundheitswesen gegeben ist, kommt das Profil des Berufs Chemielaborant/-in fast ausschließlich im Bereich Forschung und Entwicklung zum Tragen. Die duale Ausbildung ist in beiden Fällen historisch jünger als die von den Ausbildungszahlen jeweils fast im gleichen Umfang parallel angebotenen schulischen Ausbildungen zum Biologisch- bzw. Chemisch-Technischen Assistenten (BTA/CTA). Sowohl im dualen als auch im schulischen Bereich sind die Ausbildungszahlen in den letzten Jahren hier weitgehend stabil geblieben bzw. gewachsen. Bei den Chemielaboranten und -laborantinnen waren es im Dezember 2007 245 Ausbildungsverhältnisse (223 im Jahr 2002) und bei den CTAs gab es im gleichen Zeitraum einen deutlichen Anstieg auf zuletzt 216 Schüler und Schülerinnen im Jahr 2006/07. Ähnlich verhält es sich im Bereich der Biologie, nur dass hier insbesondere die duale Ausbildung angezogen hat (von 107 Ausbildungsverhältnissen in 2002 auf 135 im Dezember 2007).[52]

Für das Berufsbild Chemikant/-in liegt die Beschäftigungsperspektive fast ausschließlich im Bereich der industriellen Produktion und bildet damit in Berlin aufgrund der besonderen Wirtschaftsstruktur ein vergleichsweise kleines Ausbildungssegment. Etwas günstiger sieht es hier für die Pharmakanten und Pharmakantinnen aus.

Interessant ist, dass in einer Studie zu den Qualifizierungsbedarfen im Rahmen der Medizintechnik nicht nur der weitere Bedarf an nichtakademischen Fachkräften deutlich wird, sondern vor allem auch eine erstaunliche Zufriedenheit mit den bestehenden Berufsbildern für die Erstausbildung. Das häufig reflexhaft angeführte Argument, dass angesichts des immer rascheren technologischen Wandels auch zunehmend schneller ein Bedarf an neuen, neu zu entwickelnden Berufsbildern entsteht, ist angesichts dieses Befundes kaum plausibel.[53]

bildet hat, dazu entschlossen, mit dem Max-Delbrück-Centrum für Molekulare Medizin (MDC), das seit Jahren Biologielaborant/-innen ausbildet, gemeinsam in eine Verbundausbildung einzusteigen. Vgl. auch die bewährten Verbundausbildungsangebote des Bildungswerks Nordostchemie e. V. (www.bbz-chemie.de).

52 Vgl. Statistisches Landesamt Berlin-Brandenburg (bis einschließlich Ausbildungsjahr 2006/07), sowie: IHK Berlin: Aktuelle Ausbildungszahlen der IHK in den 20 stärksten Industrieberufen (Stand Dezember 2007).

53 Hilbert, Josef/Schalk, Christa/Fox, Katja/Heinze, Rolf G.: Regionale Innovations- und Qualifizierungsstrategien in der Medizintechnik: Abschlussbericht zum Forschungsprojekt Nr. S-2005-723-4, erstellt im Auftrag der Hans Böckler Stiftung, Düsseldorf 2007. Sieht man sich dort die Liste von typischen Ausbildungsberufen an, so wird deutlich, dass im Bereich der Medizintechnik in der Regel nicht etwa spezifische „Gesundheitsberufe" nachgefragt werden; wichtiger scheinen Anpassungen bestehender Berufsbilder zu sein (ebd., S. 37). So bietet etwa in Berlin das Oberstufenzentrum Informations- und Medizintechnik seit Herbst 2007 eine Ausbildung zum Beruf Elektroniker für Geräte und Systeme mit dem Schwerpunkt Medizintechnik an, mit der zugleich die Fachhochschulreife erworben werden kann (www.oszimt.de).

Die Ausbildungssituation im Gesundheitshandwerk

Die Ausbildungsbeteiligung des Handwerks ist traditionell hoch. Ein Drittel der bei der Handwerkskammer Berlin gemeldeten Betriebe bildet aus. Die Quote der Auszubildenden im Verhältnis zur Gesamtbeschäftigtenzahl beträgt immerhin 9 %.[54] Dieser Befund lässt sich auch auf die Berufe des Gesundheitshandwerks übertragen. Spitzenreiter sind hier die zahntechnischen Labore mit einer Ausbildungsquote von bis zu 14 %.[55] Auch wenn insbesondere infolge gesetzlicher Änderungen in der Leistungspflicht gesetzlicher Krankenkassen die Umsätze in den letzten Jahren zurückgingen, hat sich die Beschäftigtenzahl doch leicht erhöht.[56] Die dem Handwerk zuzuordnenden Berufsbilder in diesem Sektor sind unter anderem Hörgeräteakustiker/-in, Orthopädiemechaniker/-in und Bandagist/-in, Orthopädieschuhmacher/-in sowie Augenoptiker/-in und Zahntechniker/-in. Daneben engagieren sich eine Reihe von Handwerksbetrieben sowohl in der Herstellung von Komplettsystemen als auch als Zulieferer unmittelbar in der Medizintechnik. Nicht zuletzt aufgrund des produktionstechnischen Wandels zeichnen sich im Bereich der klassischen kleineren Gesundheitshandwerksbetriebe, wie zahntechnische Labore oder orthopädietechnische Betriebe, Konzentrationsprozesse ab. Auch die zunehmend restriktive Bewilligungspolitik der gesetzlichen Krankenkassen macht den Betrieben des Gesundheitshandwerks Sorgen.[57] Wie weit diese Prozesse durch die steigenden Fallzahlen mit höherer Beratungsintensität aufgrund der älter werdenden Gesellschaft kompensiert werden, kann heute noch nicht gesagt werden.

Die Ausbildungssituation im Bereich von Gesundheitsförderung und Wellness

Innerhalb des Gesundheitsmarktes wird dem Markt für Gesundheitserhaltung oder auch dem sogenannten Wellnessmarkt eines der größten Entwicklungspotenziale zugeschrieben. Körperliches Wohlbefinden, Aufschub von Alterungsprozessen sowie die wachsende Bedeutung von Eigenverantwortlichkeit sind dabei die entscheidenden Motive auf der Seite der Konsumenten und Konsumentinnen. Auch im Rahmen der Gesundheitspolitik spielt das Thema Prävention, also Vermeidung von Krankheit bzw. zunehmend auch positiv die Gesundheitserhaltung und -förderung im Sinne von Salutogenese, eine immer größere Rolle. Das Wirtschaftsmagazin „brand eins" zitierte „eine eher konservative Markteinschätzung" des Kölner Marktforschungsunternehmens BBE, das für 2004 den Umsatz bereits mit 50 Milliarden Euro angab.[58]

---

54 Vgl. Jahresbericht der Handwerkskammer Berlin 2007, Berlin 2008.
55 Für das Ausbildungsjahr 2007/08 hat sich nach dem quantitativen Einbruch 2006 die Situation mit 60 neuen Ausbildungsverhältnissen in Berlin hier wieder deutlich erholt. Vgl. die Informationen der Zahntechniker-Innung Berlin-Brandenburg unter www.zibb.de.
56 Vgl. Henke/Cobbers/Georgi/Schreyögg, Die Berliner Gesundheitswirtschaft, S. 74.
57 Vgl. Zentralverband des Deutschen Handwerks (ZDH), Konjunkturbericht 1/2008: „Unbefriedigend bleibt die Lage auch in den Gesundheitshandwerken, die nach den politischen Einschnitten nur sehr langsam zu Stabilität zurückfinden, auch, weil der außerhalb von Kassenleistungen laufende Konsum lahmt" (S. 7).
58 Vgl. Bergmann, Jens: Tu Dir was Gutes. Gesundheit heißt jetzt Wellness. Und ist ein prima Geschäft. Besichtigung eines Booms, in: brand eins 6/2006 (www.brandeins.de).

Für die Beschäftigungssituation in diesem Bereich folgt daraus, dass zunehmend gut ausgebildete Beschäftigte das bisherige, oftmals nur angelernte Personal ersetzen werden. Damit gewinnt die Berufsausbildung im Sport- und Wellnessbereich weiter an Bedeutung. Wichtig sind dabei neu entstehende bzw. sich weiterentwickelnde Berufsbilder, die die auf dem Arbeitsmarkt zunehmend geforderten sogenannten Hybridkompetenzen – in diesem Fall gesundheits- und lifestylebezogen – abdecken können. Eine grundständige Ausbildung zum Beruf Wellnesstrainer/-in oder Wellnessberater/-in fehlt zur Zeit noch. Es liegt auf der Hand, dass in diesem Zusammenhang z. B. auch über eine Modifizierung der Ausbildung Gymnastiklehrer/-in, die zur Zeit ausschließlich bei der Sportschule des Landessportbundes stattfindet, diskutiert wird.

Mit dem dualen Ausbildungsberuf Sport- und Fitnesskaufmann/-frau hat sich seit 2001 für viele Jugendliche – in Ergänzung zum kaufmännischen Berufsspektrum unter der Überschrift Gesundheitsverwaltung – auch eine interessante kaufmännische Ausbildungsmöglichkeit in diesem Sektor eröffnet. Mit dem Berufsbild Sport- und Fitnesskaufmann/-frau wurde ein Anforderungsprofil geschaffen, das in den nächsten Jahren die Basis im Sport- und Fitnessgeschäft bilden wird. Seit seiner Einführung im Jahre 2001 hat die Ausbildung in diesem Beruf ein vergleichsweise hohes quantitatives Niveau erreicht, das sich unter den gegebenen Umständen als stabil erweisen dürfte. 2007 ist hier ergänzend und mit anderer Akzentsetzung noch die anerkannte duale Ausbildung zum Beruf Sportfachmann/-frau hinzugekommen.

Sowohl in Brandenburg als auch in Berlin spielt im Bereich von Wellness zudem die Ausbildung zum Kosmetiker bzw. zur Kosmetikerin eine immer stärkere Rolle. In Brandenburg haben sich hier die Neueinstiege in den letzten Jahren sogar exponentiell entwickelt: von 6 Neueinstiegen (2004) über 27 (2005) zu 47 (2006/07).

Mit dem Stichwort Gesundheitstourismus hat das Land Brandenburg schließlich ein klares Alleinstellungsmerkmal gegenüber Berlin. Eine besondere Rolle speziell für Brandenburg spielt hier zum Beispiel die erst 2005 eingeführte Berufsausbildung Kaufmann/-frau für Tourismus und Freizeit. Ein Schwerpunkt der neuen Ausbildung ist die Erstellung und Vermarktung touristischer und freizeitwirtschaftlicher Produkte vor Ort – direkt am Kunden. Dafür wurden unter anderem die Ausbildungsinhalte der Fachrichtung Kuren und Fremdenverkehr aus dem Ausbildungsberuf Reiseverkehrskaufmann/-kauffrau herausgelöst. Im Ausbildungsjahr 2006/07 gab es bereits 68 Neueinstiege von Auszubildenden in diesem Beruf in Brandenburg. Zum Vergleich: In Berlin waren es nur 17 Neueinstiege.

6 Angebote für mehr Transparenz – es gibt sie

Mit diesem letzten, exemplarisch vorgestellten „Beruf in der Gesundheitswirtschaft" schließt sich der Kreis zu den anfangs thematisierten Definitionsschwierigkeiten. Jenseits des Kernbereichs von Therapie und Pflege ist es schwer, eine Grenze für typische Gesundheitsberufe zu ziehen. Auch die Chiffre Wellness reicht über die unmittelbar therapeutischen und „wohltuenden" Anwendungen weit hinaus. Desto wichtiger scheint es, alle Möglichkeiten zu nutzen, möglichst schon zu einem frühen Zeitpunkt vor allem auch in den allgemeinbildenden Schulen für die vielfältigen Berufschancen in dem Branchencluster Gesundheitswirtschaft als

einem der Megamärkte der Zukunft zu werben. Mit ihrer breit angelegten Berufs-
auswahl sind der Ausbildungsatlas „Ausbildung Gesundheit Berlin-Brandenburg"
sowie das unter der Domain www.medinet-ausbildung zu findende Portal „Berufe
Gesundheit Berlin-Brandenburg" gute Instrumente dafür.

Literatur

Baethge, Martin/Solga, Heike/Wieck, Markus:
Berufsbildung im Umbruch, Berlin 2007.

Bandemer, Stephan von/Evans, Michaele/Hilbert Josef:
Gesundheitswirtschaft. Die große Hoffnung auf des Messers Schneide? Die Gesundheits-
wirtschaft als Gestaltungsfeld moderner, personenbezogener Dienstleistungsarbeit –
Herausforderungen für Arbeitsgestaltung, Qualifizierung und berufliche Bildung, in:
Institut Arbeit und Technik, Jahrbuch 2003/2004, Gelsenkirchen 2004, S. 119–135.

Bergheim, Stefan:
Hurra, wir leben länger. Gesundheit und langes Leben als Wachstumsmotoren
(Deutsche Bank Research, Aktuelle Themen 345), Frankfurt a. M. 2006.

Berlin Institut für Bevölkerung und Entwicklung:
Gutachten zum demographischen Wandel des Landes Brandenburg im Auftrag des
Brandenburger Landtages, Berlin 2007.

Bertelsmann Stiftung:
Wegweiser Kommune. Demographietyp G6: Aufstrebende ostdeutsche Großstädte mit
Wachstumspotenzialen, Januar 2006
(Download unter www.wegweiser-kommune.de).

Bogai, Dieter/Partmann, Michael:
Der Arbeitsmarkt für Jüngere in Berlin und Brandenburg. Eine Analyse des regionalen
Arbeits- und Ausbildungsmarktes (IABregional. IAB Berlin-Brandenburg), Nürnberg
2008.

BioTOP Berlin-Brandenburg (Hrsg.):
Biotech Report Berlin-Brandenburg 2006/2007 (BioTOPics Nr. 31), Berlin 2007.

Bundesministerium für Bildung und Forschung (BMBF) (Hrsg.):
Berufsbildungsbericht 2008, Bonn/Berlin 2008,
URL: http://www.bmbf.de/pub/bbb_08.pdf.

Bundesministerium für Gesundheit:
Vierter Bericht über die Entwicklung der Pflegeversicherung, Berlin 2008.

Dahlbeck, Elke/Hilbert, Josef/Potratz, Wolfgang:
Gesundheitswirtschaftsregionen im Vergleich, in: Institut Arbeit und Technik. Jahrbuch
2003/2004, Gelsenkirchen 2004, S. 82–102.

Deutsche Industrie- und Handelskammer (DIHK) (Hrsg.):
Kluge Köpfe – vergeblich gesucht! Fachkräftemangel in der deutschen Wirtschaft.
Ergebnisse einer DIHK-Unternehmensbefragung, Berlin, November 2007.

HealthCapital Netzwerk Gesundheitswirtschaft in Kooperation mit SPI Consult GmbH (Hrsg.):
Ausbildung Gesundheit in Berlin und Brandenburg, Berlin 2007.

Henke, Klaus-Dirk/Cobbers, Birgit/Georgi, Anja/Schreyögg, Jonas:
Die Berliner Gesundheitswirtschaft. Perspektiven für Wachstum und Beschäftigung.
Eine Untersuchung im Auftrag der IHK Berlin und der Senatsverwaltung für Wirtschaft,
Arbeit und Frauen, 2., akt. und erw. Auflage, Berlin 2006.

Hilbert, Josef/Fretschner, Rainer/Dülberg, Alexandra:
Rahmenbedingungen und Herausforderungen der Gesundheitswirtschaft, Gelsenkirchen 2002.

Hilbert, Josef/Schalk, Christa/Fox, Katja/Heinze, Rolf G.:
Regionale Innovations- und Qualifizierungsstrategien in der Medizintechnik. Abschluss-
bericht zum Forschungsprojekt Nr. S-2005-723-4, erstellt im Auftrag der Hans Böckler
Stiftung, Düsseldorf, August 2007.

Kupka, Peter:
Fachkräftemangel. Grenzen von Berufsprognosen, in: Institut für Arbeitsmarkt und
Berufsforschung (Hrsg.), Fachkräftebedarf der Wirtschaft. Materialsammlung B:
Zukünftiger Fachkräftemangel?, Nürnberg 2007.

Masterplan Gesundheitsregion Berlin-Brandenburg:
vorgelegt von der Ressortübergreifenden Steuerungsgruppe der Staatssekretäre für
Wirtschaft, für Gesundheit und für Wissenschaft sowie der Chefin der Senatskanzlei
und des Chefs der Staatskanzlei der Länder Berlin und Brandenburg, 26. Oktober 2007.

Meifort, Barbara:
Die pragmatische Utopie. Qualifikationserwerb und Qualifikationsverwertung in
Humandienstleistungen (= Schriftenreihe des Bundesinstituts für Berufsbildung), Bonn
2004.

Ministerium für Arbeit, Soziales, Gesundheit und Familie des Landes Brandenburg (Hrsg.):
Brandenburger Fachkräftestudie. Entwicklung der Fachkräftesituation und zusätzlicher
Fachkräftebedarf, Jena/Potsdam 2005.

Ostwald, Dennis Alexander/Rauscht, Anja:
Wachstums- und Beschäftigungspotenziale in der Gesundheitswirtschaft Berlin-
Brandenburg, hrsg. v. Netzwerk Gesundheitswirtschaft, Berlin 2007.

Ostwald, Dennis Alexander/Rauscht, Anja:
Clustermonitoring für die Gesundheitsregion Berlin-Brandenburg, Berlin 2008.

Perlitz, Uwe:
Mediziner – Chancen durch neue Einnahmefelder (Deutsche Bank Research, Aktuelle
Themen 408), Frankfurt a. M. 2008.

Perspektiven wichtiger Branchencluster in Berlin und Brandenburg:
(Deutsche Bank Research, Aktuelle Themen 318), Frankfurt a. M. 2005
(Download unter www.dbresearch.de).

Pundt, Johanne (Hrsg.):
Professionalisierung im Gesundheitswesen. Positionen – Potenziale – Perspektiven,
Bern 2006.

Rauner, Felix:
Duale Berufsausbildung in der Wissensgesellschaft – eine Standortbestimmung
(Bertelsmann Stiftung, Reihe Jugend und Arbeit – Positionen), Gütersloh 2007.

Rodewald, Rainer/Funk, Tobias/Sowa, Katharina:
Ausbildungspotenzial Gesundheitswirtschaft Berlin. SPI Consult, Berlin 2006.

Sachverständigenrat zur Begutachtung der Entwicklung im Gesundheitswesen (Hrsg.):
Kooperation und Verantwortung. Voraussetzungen einer zielorientierten Gesundheitsversorgung, Berlin 2007.

Senatsverwaltung für Wirtschaft, Technologie und Frauen/Senatsverwaltung für Integration,
Arbeit und Soziales (Hrsg.):
Wirtschafts- und Arbeitsmarktbericht Berlin 2007/2008, Berlin 2008.

Wiethölter, Doris/Seibert, Holger/Bogai, Dieter:
Ausbildungsmobilität in der Region Berlin-Brandenburg (IAB regional, Berichte und
Analysen. IAB Berlin-Brandenburg), 1/07, Nürnberg 2007
(Download unter http://www.iab.de).

Wirtschaftskraft durch Innovation – Unternehmen der Medizintechnik in Berlin und
Brandenburg in: Branchenreport Medizintechnik Berlin-Brandenburg, hrsg. v. TSB
Technologiestiftung Innovationsagentur Berlin GmbH, Berlin 2006.

Zentralverband des Deutschen Handwerks (ZDH):
    Konjunkturbericht 1/2008.

Zentrum für Mikrosystemtechnik Berlin:
    Berufsausbildung in Hochtechnologien. Analyse betrieblicher Ausbildungspotenziale
    und ausbildungsbestimmender Faktoren im Raum Berlin (Expertise), Berlin 2007.

■ Entwicklungsoptionen im Bereich Pflege am Beispiel der Modularen Weiterbildung der HELIOS Kliniken

Lukas Schmid/Olaf Schenk/Jochen Sieper/Parwis Fotuhi

Abstract

Die Alterung der Bevölkerung, die höhere Prävalenz chronischer Krankheiten und der Anspruch an eine qualitativ hochwertige Patientenversorgung erhöhen den Bedarf an qualifizierten Pflegekräften. Die modulare Weiterbildung von HELIOS soll den Pflegekräften fachlich-spezifische und interprofessionelle Kenntnisse sowie soziale und kommunikative Kompetenzen vermitteln, die sie für den Berufsalltag entsprechend qualifizieren.

1 Hintergrund

Die 11. koordinierte Bevölkerungsvorausberechnung des Statistischen Bundesamtes prognostiziert als „Untergrenze der mittleren Bevölkerung" einen Anstieg der über 67-Jährigen von derzeit 16 % auf über 25 % der Gesamtbevölkerung im Jahr 2030.[1] Hiermit ist auch eine höhere Prävalenz (Häufigkeit) chronischer Krankheiten verbunden.[2]

Konträr zu diesem Trend stellt sich die Personalentwicklung in deutschen Krankenhäusern dar. Die Anzahl pflegerischer Vollzeitstellen wurde zwischen 1996 und 2006 um ca. 49.000 verringert, was einer Reduzierung von über 14 % entspricht. Diese Verringerung geht primär nicht zu Lasten der examinierten Gesundheits- und Krankenpfleger/-innen, bei denen der Rückgang lediglich 2,1 % beträgt. Die hauptsächlich Betroffenen sind Pflegehelfer/-innen und Pflegekräfte ohne Ausbildung; bei beiden Gruppen sind die Vollzeitstellen in deutschen Krankenhäusern um 39 % zurückgegangen. Somit ist eine Tendenz zur Konzentration auf fachlich qualifizierte Mitarbeiterinnen und Mitarbeiter zu erkennen.[3]

---

1   Statistisches Bundesamt: Bevölkerung Deutschlands bis 2050 – Übersicht der Ergebnisse der 11. koordinierten Bevölkerungsvorausberechnung – Varianten und zusätzliche Modellrechnungen, Wiesbaden 2006.
2   Vgl. Sachverständigenrat zur Begutachtung der Entwicklung im Gesundheitswesen: Kooperation und Verantwortung – Voraussetzungen einer zielorientierten Gesundheitsversorgung (Gutachten), Bonn 2007.
3   Vgl. Statistisches Bundesamt: Grunddaten der Krankenhäuser 1996 und 2006 (Fachserie 12, Reihe 6.1), Wiesbaden 1997 und 2007.

Die mittlere Verweildauer im Krankenhaus ist zwischen 1996 und 2006 von 10,8 auf 8,5 Tage gesunken. Damit einher ging eine Verringerung der Bettenzahl im selben Zeitraum von 746 auf 620 Betten je 100.000 Einwohner.[4] Die absolute Fallzahl ist (mit Schwankungen) von 16,1 auf 17,1 Millionen angestiegen.[5]

Daraus ergibt sich eine Verdichtung der Arbeitsleistung, da sich die Belastungszahl[6] für die Pflegekräfte von durchschnittlich 45,5 Fällen pro Vollkraft[7] (1997) auf 59 Fälle pro Vollkraft (2006) gesteigert hat.[8]

Diese Entwicklungen – Tätigkeitsverdichtung und Abbau von gering qualifizierten Stellen – führen zur Notwendigkeit, Pflegekräfte zu qualifizieren sowie ihre Kompetenzen und Tätigkeitsfelder anzupassen.[9] Die erforderlichen Fähigkeiten können aufgrund der höheren Anforderungen nur mit einer entsprechend qualifizierenden Fort- und Weiterbildung erworben werden.[10]

Es besteht daher die Notwendigkeit,
- verlässliche und bedarfsgerechte Strukturen zu schaffen,
- Gesundheits- und Krankenpfleger/-innen weitere berufliche Perspektiven und Entwicklungsmöglichkeiten anzubieten.

Die Strukturen müssen einerseits eine gewisse Flexibilität aufweisen, um sich den verändernden Anforderungen anpassen zu können, und andererseits gefestigt und dauerhaft ausgerichtet sein, sodass die Mitarbeiter/-innen in allen Berufs- und Lebensphasen an den Angeboten – im Sinne eines lebenslangen Lernens – partizipieren können.

2 Weiterbildung bei den HELIOS Kliniken

Zur HELIOS Kliniken Gruppe gehören 60 eigene Kliniken, darunter fünf Maximalversorger in Erfurt, Berlin-Buch, Wuppertal, Schwerin und Krefeld. HELIOS bietet das gesamte medizinische Versorgungsspektrum von der stationären und ambulanten Akutmedizin über Rehabilitation bis hin zur Altenpflege. Sitz der HELIOS Konzernzentrale ist Berlin. HELIOS versorgt in seinen Kliniken stationär jährlich rund 500.000 Patientinnen und Patienten und verfügt insgesamt über rund 17.200 Betten. Das zum Gesundheitskonzern Fresenius SE gehörende Klinikunter-

---

4   Vgl. Statistisches Bundesamt: Grunddaten der Krankenhäuser 2006 (Fachserie 12, Reihe 6.1), Wiesbaden 2007.
5   Vgl. Statistisches Bundesamt: Diagnosedaten 2006 (Fachserie 12, Reihe 6.2.1), Wiesbaden 2008.
6   Personalbelastungszahl = Patientinnen und Patienten (Fälle) / Vollkräfte (bezogen auf ein ganzes Jahr).
7   Teilzeitbeschäftigte oder Zeitarbeiter finden in der statistischen Auswertung keine Berücksichtigung. Die Anzahl der Stellen wird daher auf vollzeitäquivalente Stellen (= Vollkräfte) kumuliert.
8   Vgl. Statistisches Bundesamt: Grunddaten der Krankenhäuser 1997 und 2006 (Fachserie 12, Reihe 6.1), Wiesbaden 1998 und 2007.
9   Vgl. Kuhlmey, Adelheid/Winter, Maik: Qualifikationsentwicklung in der deutschen Pflege – Ergebnisse einer aktuellen Datenanalyse, in: Z Gerontol Geriat 33, 2000, S. 480–487.
10 Isfort, Michael/Weidner, Frank: Pflegethermometer 2007 – Eine bundesweite repräsentative Befragung zur Situation und zum Leistungsspektrum des Pflegepersonals sowie zur Patientensicherheit im Krankenhaus.

nehmen beschäftigt 30.000 Mitarbeiter/-innen und erwirtschaftet einen Umsatz von rund 1,84 Milliarden Euro.

HELIOS verfolgt mit der „Modularen Weiterbildung" ein Konzept, das examinierte Gesundheits- und Krankenpfleger/-innen auf spezifische Tätigkeitsfelder vorbereitet. Theoretische und praktische Kompetenzen werden berufsbegleitend in halb- bis zweijährigen Weiterbildungen bedarfsorientiert vermittelt. Die Weiterbildungen werden in Kooperation mit externen Bildungsanbietern und unter Hinzuziehung eigener medizinischer Kompetenz entwickelt und durchgeführt. Zielgruppe sind HELIOS-interne sowie gegebenenfalls externe examinierte Gesundheits- und Krankenpfleger/-innen.

Die HELIOS Kliniken bieten modulare Weiterbildungsprogramme in den Bereichen Intensivmedizin, Anästhesie, Stroke Nurse[11] sowie OP-Assistenz an. Die modularen Weiterbildungen für Intensivmedizin, Anästhesie und OP-Assistenz wurden in Anlehnung an die Fort- und Weiterbildungsordnung zum Beruf Fachgesundheits- und Krankenpfleger/-in in der Intensivpflege und Anästhesie bzw. für den Operationsdienst des Landes Nordrhein-Westfalen konzipiert. Die modulare Weiterbildung zur Stroke Nurse wurde in Zusammenarbeit mit der Deutschen Schlaganfall-Gesellschaft (DSG) entwickelt. Somit basieren die modularen Weiterbildungen auf etablierten Konzepten, die inhaltlich und strukturell an aktuelle Organisations- und Ablaufmodelle angepasst wurden.

In den modularen Weiterbildungen werden neben den oben beschriebenen Fachspezialisierungen auch berufspädagogische und Management-Module eingebettet. Hierbei werden zum einen Pflegekräfte für Führungsaufgaben im Bereich Management (Stations- und Bereichsleitung, Personalführungsaufgaben) weitergebildet. Zum anderen werden Praxisanleiter/-innen qualifiziert, die die Auszubildenden zu Gesundheits- und Krankenpfleger/-innen in der Praxis ausbilden und betreuen.

Der strukturelle Aufbau der Weiterbildungen ist standardisiert (vgl. Abbildung 1). Jedes Weiterbildungsprogramm startet mit zwei Basismodulen (1 + 2), die für jede Spezialisierung verpflichtend sind. Hier werden allgemeine Grundkenntnisse des Gesundheitssektors aus betriebswirtschaftlicher und rechtlicher Sicht vermittelt. Darüber hinaus werden die kommunikativen sowie situativen Kompetenzen der Teilnehmer/-innen erweitert. Abgeschlossen werden diese jeweils einwöchigen Basismodule mit einer Klausur.

Nach Abschluss der Basismodule durchlaufen die Teilnehmer/-innen – je nach Spezialisierung – zwischen drei und sieben Module. Alle Module (auch die Basismodule) umfassen jeweils 35 Stunden, wobei zwischen Präsenz- und Selbststudium unterschieden wird. Den Präsenzveranstaltungen sind gelenkte und zum Teil internetgestützte Phasen des Selbststudiums vor- und nachgestellt. Zwischen den Modulen gibt es Vor- und Nachbereitungsphasen von vier bis sechs Wochen. Dadurch ist es möglich, in den Präsenzveranstaltungen konzentriert und fundiert Wissen zu erarbeiten und in einem überschaubaren zeitlichen Rahmen ein hohes Niveau an Kenntnissen zu erwerben. Auch diese Module werden mit einer Klausur abgeschlossen.

Inhaltlich wird besonderer Wert auf Fähigkeiten der interprofessionellen Zusammenarbeit gelegt, die der Sachverständigenrat zur Begutachtung der Entwicklung

---

11 Stroke Nurses sind spezialisiert auf die Pflege von Patientinnen und Patienten mit Schlaganfall.

Abbildung 1
Kurskonzeption der Modularen Weiterbildung

im Gesundheitswesen explizit gefordert hat. Die Weiterbildungsprogramme der HELIOS Kliniken sind so angelegt, dass die Teilnehmer/-innen speziell für die spätere Arbeit in interdisziplinären Teams qualifiziert werden.

Der Theoriephase folgt eine Praxisphase, die in einer fachlich relevanten Abteilung absolviert wird. Dieser Praxisphase kommt große Bedeutung zu, da es Kernziel der Weiterbildung ist, dass die Teilnehmer/-innen theoretisch erworbenes Wissen auch praktisch anwenden können. Durch den hohen Praxisanteil, der unter Anleitung und Supervision stattfindet, soll im späteren Berufsalltag die Fehlerhäufigkeit gesenkt und somit die Qualität der auszuführenden Tätigkeiten erhöht werden.

Mit diesen Weiterbildungen erlangen die Teilnehmer/-innen spezifische Qualifikationen und die notwendigen Handlungskompetenzen, die für die Mitarbeit in therapeutischen Teams bei der Versorgung spezieller Patientengruppen unverzichtbar sind. Dazu gehört die Befähigung, entsprechende Aufgaben fach- und sachgerecht zu planen und durchzuführen sowie die erforderlichen Maßnahmen individuell auf die Bedürfnisse der jeweiligen Patientengruppe abzustimmen. Somit ermöglicht diese Form der Qualifizierung eine effektive Unterstützung der im jeweiligen Gebiet spezialisierten Teams.

Voraussetzung für die Teilnahme an der Weiterbildung ist die Erlaubnis, die Berufsbezeichnung nach § 1 Abs. 1 Nr. 1 des Gesetzes über die Berufe in der Krankenpflege zu führen. Wünschenswert ist eine mindestens zweijährige Berufserfahrung im Bereich der angestrebten Weiterqualifikation.

3 Aufgaben und Inhalte der Modularen Weiterbildung am Beispiel Intensivmedizin

Bisher gibt es die Fachweiterbildung „Anästhesie und Intensivmedizin" (A & I) für die Pflege. Allerdings haben sich im beruflichen Alltag die Bereiche Anästhesie und Intensivmedizin in der Pflege auseinanderentwickelt. So ist eine Anästhesieschwester oft nicht im intensivmedizinischen Bereich tätig und vice versa. Entsprechend dieser Entwicklung haben die HELIOS Fachgruppen Anästhesie, Intensivmedizin und Pflege zusammen mit dem Bildungszentrum Wuppertal und der HELIOS Akademie ein Konzept zu den modularen Weiterbildungen „Intensivmedizin" und „Anästhesie" entworfen. Die Weiterbildungen können sowohl einzeln absolviert als auch bei Bedarf als „klassische A&I"-Weiterbildung kombiniert werden.

Die Teilnehmer/-innen dieser Weiterbildungen werden für folgende übergreifende Aufgaben qualifiziert:
- präventive und begleitende Gesundheitsberatung der Pflegebedürftigen und ihrer Angehörigen
- Schulung und Anleitung von Mitgliedern des therapeutischen Teams, zum Beispiel von Mitarbeiter/-innen, die sich in einer Ausbildung befinden oder in eine Tätigkeit eingearbeitet werden müssen.

Hinzu kommt eine Qualifizierung für spezifische Aufgaben und Inhalte (beispielhaft für die Weiterbildung Intensivmedizin vgl. Tabelle 1):

Tabelle 1
Aufgaben und Inhalte der Modularen Weiterbildung

Aufgaben	Inhalte*)
– Bedienung und Überwachung der für die Aufrechterhaltung der Vitalfunktionen notwendigen Geräte sowie der sachgerechte Umgang mit Instrumenten, Geräten, Produkten, Hilfsmitteln und Arzneimitteln	– Herz-Kreislauf-Regulation (1 + 4)
	– Atmung, Atemtherapie und Beatmung (2 + 5)
– Assistenz und interprofessionelle Zusammenarbeit bei der Durchführung fachspezifischer therapeutischer und diagnostischer Maßnahmen	– Wasser-, Elektrolyt- und Säure-Basen-Haushalt, Blut (3)
	– Reanimation, Zentralnervensystem und Analgosedierung (6)
– Mitwirkung bei Wiederbelebungsmaßnahmen einschließlich der Beatmung sowie Einleitung erforderlicher Sofortmaßnahmen	– Stoffwechsel (7)
– Intensivtherapie als Lebenshilfe unter Aktivierung der physischen, psychischen und sozialen Ressourcen des Patienten sowie die lindernde Pflege und Sterbebegleitung	

*) In Klammern stehen die dazugehörigen Module (siehe Abbildung 2)

Die Fachmodule sind in Phasen des Selbststudiums und Präsenzzeiten untergliedert. Für jede Präsenzveranstaltung sind zehn Stunden zur Vorbereitung und 15 Stunden zur Nachbereitung vorgesehen. Die Struktur der einzelnen Module

Abbildung 2
Aufbau der Kursmodule im Modulblock medizinische Weiterbildung
am Beispiel Intensiv und Anästhesie

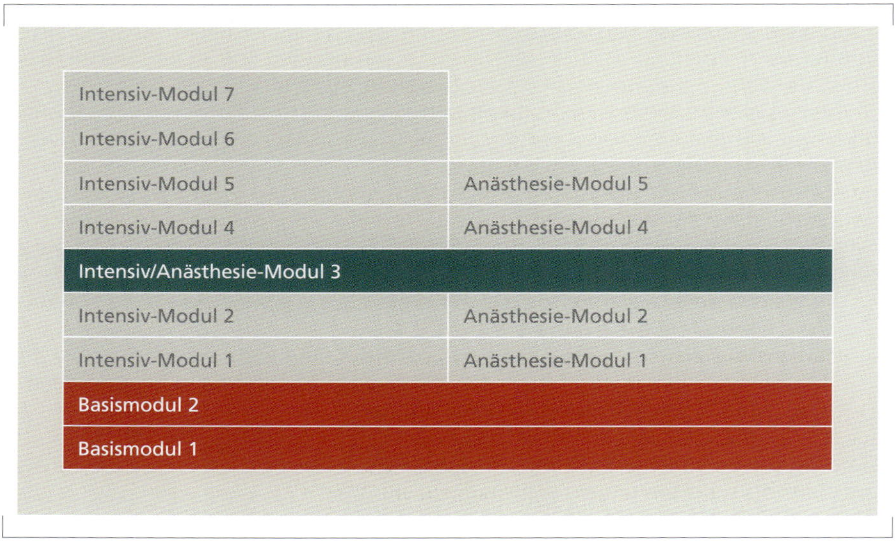

Intensiv-Modul 7	
Intensiv-Modul 6	
Intensiv-Modul 5	Anästhesie-Modul 5
Intensiv-Modul 4	Anästhesie-Modul 4
Intensiv/Anästhesie-Modul 3	
Intensiv-Modul 2	Anästhesie-Modul 2
Intensiv-Modul 1	Anästhesie-Modul 1
Basismodul 2	
Basismodul 1	

ist standardisiert, d.h. die Inhalte werden stets in Bezug auf die Gesichtspunkte Anatomie, Physiologie, Pathophysiologie, Diagnostik und Therapie bearbeitet. Bei Nichtbestehen der Prüfung können die Module beliebig oft wiederholt werden. Die Basismodule finden unabhängig von der Fachrichtung der Weiterbildung statt. Das Modul 3 (zu den Themen Wasser-, Elektrolyt- und Säure-Basenhaushalt, Blut) wird gemeinsam von Teilnehmer/-innen der Weiterbildungen Intensivmedizin und Anästhesie absolviert (vgl. Abbildung 2).

5 Diskussion

In Deutschland werden die Verschiebungen in der Altersstruktur der Bevölkerung dazu führen, dass die Anzahl der Menschen mit chronischen Krankheiten zunimmt und die Anzahl der Erwerbstätigen abnimmt. Infolgedessen müssen immer mehr Menschen von immer weniger Menschen versorgt und pflegerisch betreut werden. Diese Entwicklung hat immense Auswirkungen auf das Gesundheitswesen, insbesondere auf die Anforderungen an die Mitarbeiter/-innen im stationären Sektor. Es ist mit einer Tätigkeitsverdichtung zu rechnen, die nur durch entsprechend qualifiziertes und spezialisiertes Personal bewältigt werden kann.[12]

Eine fachliche Weiterbildung in der Pflege ermöglicht die erforderliche Spezialisierung in einem medizinischen Fachbereich. Auf diese Weise kann im Sinne

---

[12] Vgl. Sachverständigenrat zur Begutachtung der Entwicklung im Gesundheitswesen, Kooperation und Verantwortung.

einer effektiven Arbeitsteilung das Berufsbild so differenziert werden, dass sowohl das ärztliche Personal als auch die Mitarbeiter/-innen der „eigentlichen" Pflege zielgerichtet unterstützt und entlastet werden können. Darüber hinaus könnte es sinnvoll sein, künftig auch über Möglichkeiten der Delegation und Substitution ärztlicher Aufgaben sowie über eine verstärkte „Akademisierung der Pflege" nachzudenken.

Eine Weiterbildung sollte nicht aus reinem Selbstzweck absolviert werden. Es ist daher zu berücksichtigen, welcher konkrete Bedarf besteht, damit eine Weiterbildungsmaßnahme darauf abgestimmt werden kann. Primäres Ziel sollte sein, dass die Weiterbildungen insgesamt zu einer deutlichen Qualitätsverbesserung in der Behandlung der Patientinnen und Patienten führen, das heißt, sie müssen auf den Patientennutzen ausgerichtet sein. Deshalb ist es notwendig, zunächst die Defizite in der Patientenversorgung zu identifizieren, um dann durch weiterführende Qualifizierungsangebote diese Mängel gezielt zu beseitigen.[13]

Letztlich geht es darum, durch qualifizierte Weiterbildungen eine Gesamtstruktur zu schaffen, die in klinischen Abläufen eine qualitativ hochwertige und ressourcenschonende Versorgung der Patientinnen und Patienten garantiert.

Das Konzept der modularen Weiterbildung der HELIOS Kliniken ist unseres Erachtens inhaltlich so aufgebaut, dass die Absolventinnen und Absolventen dieser Programme persönlich und fachlich für die gegenwärtigen und zukünftigen Anforderungen gerüstet sind und sich die Versorgung der Patientinnen und Patienten durch entsprechend qualifizierte Mitarbeiter/-innen erheblich verbessern lässt. Die modulare Weiterbildung schafft aussichtsreiche Perspektiven sowie nachhaltige berufliche Entwicklungsmöglichkeiten für examinierte Gesundheits- und Krankenpfleger/-innen und ermöglicht gezielte Qualifizierung für relevante Bereiche in der Pflege.

Literatur

Brügger, Urs:
Lohnt sich „Advanced Nursing Practice"?, in: Managed Care – Pflegewissenschaft in der Praxis 6, 2005, S. 19–21.

Isfort, Michael/Weidner, Frank:
Pflegethermometer 2007 – Eine bundesweite repräsentative Befragung zur Situation und zum Leistungsspektrum des Pflegepersonals sowie zur Patientensicherheit im Krankenhaus, hrsg. v. Deutsches Institut für angewandte Pflegeforschung e.V., Köln 2007 (Download unter http://www.dip.de).

Kuhlmey, Adelheid/Winter, Maik:
Qualifikationsentwicklung in der deutschen Pflege. Ergebnisse einer aktuellen Datenanalyse, in: Zeitschrift für Gerontologie + Geriatrie 33, 2000, S. 480–487.

Sachverständigenrat zur Begutachtung der Entwicklung im Gesundheitswesen:
Kooperation und Verantwortung – Voraussetzungen einer zielorientierten Gesundheitsversorgung (Gutachten), Bonn 2007.

13   Brügger, Urs: Lohnt sich „Advanced Nursing Practice"?, in: Managed Care 6, 2005, S. 19–21.

Statistisches Bundesamt (Hrsg.):
Bevölkerung Deutschlands bis 2050 – Übersicht der Ergebnisse der 11. koordinierten Bevölkerungsvorausberechnung – Varianten und zusätzliche Modellrechnungen, Wiesbaden 2006.

Statistisches Bundesamt (Hrsg.):
Grunddaten der Krankenhäuser 1996 (Gesundheitswesen, Fachserie 12, Reihe 6.1), Wiesbaden 1997.

Statistisches Bundesamt (Hrsg.):
Grunddaten der Krankenhäuser 1997 (Gesundheitswesen, Fachserie 12, Reihe 6.1), Wiesbaden 1998.

Statistisches Bundesamt (Hrsg.):
Grunddaten der Krankenhäuser 2006 (Gesundheitswesen, Fachserie 12, Reihe 6.1), Wiesbaden 2007.

Statistisches Bundesamt (Hrsg):
Diagnosedaten der Patientinnen und Patienten in Krankenhäusern 2006 (Fachserie 12, Reihe 6.2.1), Wiesbaden 2008.

■ Das Konzept AGnES

Unterstützung von Hausärzten in ländlichen Regionen

*Neeltje van den Berg/Claudia Meinke/Adina Dreier/
Wolfgang Hoffmann*

Abstract

Das Institut für Community Medicine der Universität Greifswald hat in verschiedenen AGnES-Projekten (AGnES = **A**rztentlastende, **G**emeinde**n**ahe, **E**-Health-gestützte, **S**ystemische Intervention) ein Konzept zur Entlastung von Hausärzten in ländlichen Regionen entwickelt. Es wurde untersucht, ob eine speziell qualifizierte Pflegekraft oder medizinische Fachangestellte – in einigen Projekten unterstützt durch telemedizinische Funktionalitäten – den Hausarzt bzw. die Hausärztin auf Basis der Delegation in seiner Tätigkeit unterstützen und damit insbesondere im Bereich der Hausbesuche entlasten kann. Die Evaluation zeigt eine hohe Akzeptanz des Konzeptes bei allen Beteiligten sowie eine tatsächliche Entlastung bei den Hausärzten. Ab dem 1. Januar 2009 soll das AGnES-Konzept in die Regelversorgung überführt werden.

1   Hintergrund

Verschiedene demografische Faktoren, vor allem das Altern der geburtenstarken Jahrgänge und der Anstieg der Lebenserwartung, werden nach wissenschaftlichen Prognosen dazu führen, dass der Anteil der älteren Menschen (65 Jahre und älter) an der Gesamtbevölkerung Deutschlands stark zunimmt: von 19,3 % in 2005 auf 23,2 % in 2020.[1] In den ländlichen Regionen Ostdeutschlands wird dieser Trend vor allem durch die Abwanderung junger Menschen verstärkt: So wird davon ausgegangen, dass in Mecklenburg-Vorpommern und Brandenburg im Jahr 2020 der Anteil der über 65-Jährigen an der Gesamtbevölkerung 26,5 %[2] bzw. 26,2 %[3] betragen wird.

Als direkte Folge der steigenden absoluten Anzahl älterer Menschen erhöhen sich die Fallzahlen altersassoziierter Erkrankungen bei gleichzeitiger Zunahme des Durchschnittsalters der Patientinnen und Patienten.

---

1   Vgl. Statistisches Bundesamt: 11. koordinierte Bevölkerungsvorausberechnung, Wiesbaden 2006.
2   Vgl. Statistisches Landesamt Mecklenburg-Vorpommern: 3. Landesprognose Bevölkerungsentwicklung in Mecklenburg-Vorpommern bis 2020, Schwerin 2003.
3   Vgl. Landesbetrieb für Datenverarbeitung und Statistik Brandenburg: Bevölkerungsprognose des Landes Brandenburg für den Zeitraum 2005–2030, Potsdam 2006.

Folgende Übersicht (vgl. Tabelle 1) zeigt eine Hochrechnung bis 2020 für ausgewählte Erkrankungen mit hoher bevölkerungsbezogener Prävalenz.[4] Die dargestellten Erkrankungen zeigen alle eine erhebliche Erhöhung der Patientenzahlen.
Zwar werden die steigende Lebenserwartung und eine zunehmende Zahl älterer
Menschen zwischen 2002 und 2020 mit einem geschätzten Bevölkerungsrückgang
von 17,6 % einhergehen; doch wäre z. B. in Mecklenburg-Vorpommern der medizinische Versorgungsbedarf mindestens genauso hoch wie im Jahr 2002.[5]

Tabelle 1
Prognose der Änderung der absoluten Patientenzahl in 2020 gegenüber 2002
für einige alterstypische Erkrankungen in Mecklenburg-Vorpommern[6]

	Männer	Frauen
Diabetes Typ II [a]	+ 20 % (8.800)	+ 1 % (500)
Myokardinfarkt [b]	+ 48 % (1.600)	+ 32 % (900)
Erster Schlaganfall [b]	+ 53 % (700)	+ 27 % (550)
Bösartige Neubildungen [b]	+ 36 % (1.750)	+ 13 % (550)
Demenz [a]	+ 67 % (11.500)	

[a] Prävalente Fallzahlen
[b] Neuerkrankungen

Quelle: Fendrich, Konstanze/Hoffmann, Wolfgang:
More than just aging societies: the demographic change has an impact on actual
numbers of patients, in: Journal of Public Health, Jg. 15, 2007, S. 345–351.

Die Entwicklung der Altersstruktur der niedergelassenen Hausärzte und Hausärztinnen zeigt eine ähnliche Tendenz wie jene der Gesamtbevölkerung. Bis 2011
wird etwa ein Drittel von ihnen in den Ruhestand treten.[7] Die Nachfolge ist in
ländlichen Regionen für viele Praxen derzeit nicht gesichert.

Durch die mit der Alterung der Bevölkerung verbundenen Folgen und die
Altersstruktur der niedergelassenen Ärzte und Ärztinnen drohen in verschiedenen

4   Vgl. Fendrich, Konstanze/Hoffmann, Wolfgang: More than just aging societies: the
     demographic change has an impact on actual numbers of patients, in: Journal of Public
     Health, Jg. 15, 2007, S. 345–351.
5   Ebd.
6   Ebd.
7   Vgl. Kopetsch, Thomas: Dem deutschen Gesundheitswesen gehen die Ärzte aus! Studie
     zur Altersstruktur und Arztzahlentwicklung, hrsg. v. Kassenärztliche Bundesvereinigung,
     3. akt. und überarb. Aufl., Berlin 2005.

Regionen bereits in wenigen Jahren relevante Lücken in der ambulanten hausärzt-lichen Versorgung.

Altersbedingt zunehmende Multimorbidität, abnehmende Mobilität im Alter und fehlende Unterstützung durch Verwandtschaft in Wohnortnähe werden zu einem stark ansteigenden Bedarf an ärztlichen Hausbesuchen führen. Die Proble-matik des Zugangs zur ärztlichen Versorgung in ländlichen Räumen wird durch eine reduzierte Infrastruktur verstärkt. Das betrifft unter anderem den Bereich der öffentlichen Verkehrsmittel, die einen bedeutenden Einfluss auf die Mobilität der älteren Menschen haben. Die Folge ist, dass absehbar immer weniger Hausärzte immer mehr Hausbesuche in einem größeren Gebiet leisten müssen.

Mit jedem ausgeschiedenen Hausarzt und jeder ausgeschiedenen Hausärztin wächst der Versorgungsradius der verbleibenden Kollegen. Daher ist zu erwarten, dass die Erhöhung der Patientenanzahl mit regelmäßigem Bedarf an Hausbe-suchen in Kombination mit der zunehmenden Entfernung zu den Patientinnen und Patienten in absehbarer Zeit nicht mehr im bisher üblichen Praxisbetrieb auf-gefangen werden kann.

Um dieser drohenden Unterversorgung entgegenzuwirken, wurden mit dem Konzept der Community Medicine Nurse innovative, kompensierende Betreuungs-angebote für Gesundheits- und Krankenpfleger/-innen in der patientennahen medizinischen Betreuung entwickelt.

Die Community Medicine Nurses haben in den verschiedenen Modellprojekten unterschiedliche Bezeichnungen wie Telegesundheitsschwester und Gemeinde-schwester erhalten. In vorliegendem Beitrag wird der Fachterminus Community Medicine Nurse benutzt, der ausdrücklich alle Mitarbeiter/-innen der teilneh-menden Hausarztpraxen in den verschiedenen AGnES-Projekten einschließt.

2 Konzept, Projekte und Methoden

Eine speziell geschulte Community Medicine Nurse soll nach Anweisung oder in Delegation eines Hausarztes oder einer Hausärztin vorbeugende, beratende, be-treuende und Therapie überwachende Tätigkeiten übernehmen. In vielen Fällen werden diese Tätigkeiten im Rahmen von Hausbesuchen bei nicht oder nur einge-schränkt mobilen Patienten und Patientinnen durchgeführt. Ziel ist es, durch Ent-lastung insbesondere im Bereich der Hausbesuche dem einzelnen Hausarzt bzw. der Hausärztin die Versorgung eines größeren Patientenstammes und/oder einer größeren Region zu ermöglichen.[8] Die mögliche Rolle von speziell ausgebildeten Krankenpfleger/-innen, Arzthelfer/-innen bzw. medizinischen Fachangestellten in einer Hausarztpraxis wird in Modellprojekten in mehreren Bundesländern durch Praxisimplementationen unter unterschiedlichen Rahmenbedingungen (z.B. Ein-zelpraxen, Medizinische Versorgungszentren) untersucht.

Aktuell gibt es vier laufende Projekte, in denen mit unterschiedlichen Schwer-punkten und in verschiedenen Settings dieses Konzept erprobt und evaluiert wird:

---

8   Vgl. van den Berg, Neeltje/Meinke, Claudia/Heymann, Romy/Dreier, Adina/Terschüren, Claudia/Hoffmann, Wolfgang: Community Medicine Nurses – Arztunterstützung in länd-lichen Regionen, in: Pflege und Gesellschaft, Jg. 12, 2007, H. 2, S. 118–134.

- AGnES Mecklenburg-Vorpommern IV. Projektphase: 1.7.2007–31.12.2008. Teilnehmer/-innen: drei Community Medicine Nurses, 14 Hausärzte und -ärztinnen; Finanzierung: Sozialministerium Mecklenburg-Vorpommern, Kassenärztliche Vereinigung Vorpommern.
- Modellprojekt „Gemeindeschwester", Brandenburg: 15.7.2006–14.7.2008. Teilnehmer/-innen: drei Community Medicine Nurses, sechs Hausärzte und -ärztinnen in einem Medizinischen Versorgungszentrum; Finanzierung: Mittel des Europäischen Sozialfonds (ESF) des Landes Brandenburg, Ministerium für Arbeit, Soziales, Gesundheit und Familie des Landes Brandenburg.
- AGnES Sachsen: 19.3.2007–30.6.2008. Teilnehmer/-innen: sechs Community Medicine Nurses (davon drei Pflegekräfte und drei Arzthelferinnen), sechs Hausarztpraxen; Finanzierung: ESF-Mittel des Landes Sachsen, Sächsisches Staatsministerium für Soziales und Gesundheit, Sächsische Kassenärztliche Vereinigung, Sächsische Krankenkassen.
- AGnES Sachsen-Anhalt / mobile Praxisassistentin: seit Dezember 2007. Teilnehmer/-innen: insgesamt acht Community Medicine Nurses (davon fünf Pflegekräfte und drei Arzthelferinnen), vier Arztpraxen in drei Regionen; Finanzierung: Ministerium für Gesundheit und Soziales des Landes Sachsen-Anhalt, Kassenärztliche Vereinigung Sachsen-Anhalt, AOK Sachsen-Anhalt.

Darüber hinaus wurde in Zusammenarbeit mit dem Fachbereich Gesundheit, Pflege, Management der Hochschule Neubrandenburg ein „lernendes Curriculum" entwickelt, das zwischen Oktober 2006 und Juni 2007 experimentell von einer ersten Gruppe von 16 Teilnehmer/-innen (examinierte Gesundheits- und Krankenpfleger/-innen und Altenpfleger/-innen) berufsbegleitend absolviert wurde (Projekt: Qualifikation „Community Medicine Nursing" – Projekt zur Entwicklung eines praxisnahen, lernenden Curriculums, gefördert durch EQUAL/InCare-Net).[9]

Das Curriculum in seiner bisherigen Fassung wurde auf Grundlage der Erfahrungen und Datenauswertungen aus den bisherigen Implementationsprojekten entwickelt. Wichtige Quellen für den Inhalt des Curriculums sind unter anderem die in den Praxisprojekten detailliert erfassten Tätigkeiten sowie die Auswertung standardisierter Interviews mit Community Medicine Nurses, in denen unter anderem gezielt nach Wissens- und Fertigkeitsdefiziten gefragt wurde. Das Curriculum umfasst derzeit 274 Theoriestunden, daran anschließend erfolgt ein dreimonatiges Praktikum in einer Hausarztpraxis. Wichtige Module im Curriculum sind zum Beispiel Geriatrie, Epidemiologie, Prävention, Beratung von Patienten bzw. Patientinnen und ihren Angehörigen, Telemedizin, EDV-gestützte Dokumentation und Praxisorganisation.

Die Hausbesuche, die während der Implementationsprojekte durchgeführt werden, bestehen aus verschiedenen Modulen:
- Unterstützende Überwachung *(Monitoring)*: In diesem Modul werden der körperliche und psychische Gesundheitszustand sowie die Lebensqualität

---

9   Vgl. Rogalski, Hagen/Dreier, Adina/Hoffmann, Wolfgang: Qualifikation „Community Medicine Nursing" – Projekt zur Entwicklung eines praxisnahen, lernenden Curriculums. Projektbericht 2006/2007, Institut für Community Medicine, Ernst-Moritz-Arndt-Universität Greifswald, Greifswald 2007.

(SF12)[10] des Patienten oder der Patientin standardisiert erfasst. In dieses Modul werden die Patientenstammdaten sowie die durch den Arzt oder die Ärztin verordneten Therapien und Anweisungen eingegeben. Während des Hausbesuches werden hier die Tätigkeiten dokumentiert, die vom Arzt bzw. der Ärztin an die Community Medicine Nurse delegiert wurden.

– In den Projekten in Brandenburg und Mecklenburg-Vorpommern werden bei Patientinnen und Patienten, die anhand des Krankheitsbildes ausgewählt wurden, zusätzlich telemedizinische Geräte eingesetzt, wie zum Beispiel Herz-Rhythmuskarten, Blutdruck- und Blutzuckermessgeräte, elektronische Waagen etc. Die in der Häuslichkeit gemessenen Werte werden in die Hausarztpraxis übermittelt. Der Gesundheitszustand des Patienten oder der Patientin kann auf diese Weise bei Bedarf kontinuierlich und engmaschig überwacht werden.[11]

– Medikamentenmonitoring: In Zusammenarbeit mit dem Institut für Pharmazie der Ernst-Moritz-Arndt-Universität Greifswald und Apotheken in den Studienregionen wird ein systematisches Medikamentenmonitoring in der Häuslichkeit der Patienten und Patientinnen durchgeführt. Hierbei werden sowohl die vom Hausarzt und ggf. weiteren (Fach-)Ärzten verschriebenen als auch die vom Patienten selbst erworbenen freiverkäuflichen Medikamente erfasst. In einem strukturierten Interview mit dem Patienten oder der Patientin werden mögliche Nebenwirkungen und verschiedene Aspekte der patientenseitigen Compliance abgefragt. Die am Projekt beteiligten Apotheker/-innen führen anschließend einen Interaktionscheck durch. Der datenbankgestützte Interaktionscheck überprüft die Medikamente auf gegenseitige Wechselwirkungen. Hierauf aufbauend erfolgen ein Datenabgleich und eine Beratung mit dem Hausarzt, der – wenn nötig – eine Änderung in der Medikation vornimmt, gegebenenfalls in Rücksprache mit weiteren beteiligten Ärzten und Ärztinnen. Am Ende der Feldphase werden diese Schritte des Medikamentenmonitorings wiederholt. Alle Änderungen in einer oder mehreren der oben beschriebenen Dimensionen werden standardisiert erhoben und dokumentiert.

– Sturzprophylaxe: Mittels einer standardisierten Befragung und Wohnungsbegehung werden Risikofaktoren und Gefahrenquellen (Einrichtung, Stolperfallen) ermittelt. Aufgrund der Ergebnisse werden Empfehlungen (zum Beispiel Entfernen oder Befestigen von Teppichen, Erreichbarkeit von Lichtschaltern, ausreichende Flüssigkeitsaufnahme, stabiles und geeignetes Schuhwerk) zur Verbesserung der individuellen Situation der Patienten und Patientinnen ausgesprochen. Bei weiteren Besuchen werden die Umsetzung der einzelnen Empfehlungen und eventuell vorhandene Hinderungs- oder Ablehnungsgründe geprüft und dokumentiert.

– Geriatrisches Assessment: In einem standardisierten mehrdimensionalen geriatrischen Assessment werden die kognitiven, physischen, psychischen sowie

10 Vgl. Bullinger, Monika/Kirchberger, Inge/Ware, John E.: Der deutsche SF-36 Health Survey. Übersetzung und psychometrische Testung eines krankheitsübergreifenden Instruments zur Erfassung der gesundheitsbezogenen Lebensqualität, in: Zeitschrift für Gesundheitswissenschaften 3, 1995, S. 21–36.

11 Vgl. Terschüren, Claudia/Fendrich, Konstanze/van den Berg, Neeltje/Hoffmann, Wolfgang: Implementing new technology in the daily routine of a GP practice in a rural setting in northern Germany, in: Journal of Telemedicine and Telecare, 13. Jg., 2007, H. 4, S. 197–201.

die sozialen Fähigkeiten und Ressourcen, aber auch Defizite der Patienten und Patientinnen ermittelt. Einige Elemente des geriatrischen Assessments sind gleichzeitig in andere Module integriert, zum Beispiel im Medikamentenmonitoring, in der Sturzprophylaxe und in der unterstützenden Überwachung. Die Auswertung des Assessments durch die Community Medicine Nurse bildet die Basis für individuell angepasste Präventions- und Therapiemaßnahmen des Hausarztes oder der Hausärztin.

– Palliativmedizin: In Zusammenarbeit mit Experten für Palliativmedizin im ambulanten und stationären Bereich wurde ein standardisiertes Modul zur Palliativversorgung entwickelt. Hierdurch soll ein Beitrag dazu geleistet werden, dass auch am Ende der Lebenszeit Versorgungskontinuität und ein Verbleiben in der Häuslichkeit palliativmedizinisch zu versorgender Patienten und Patientinnen, auch in ländlichen Regionen, sichergestellt werden kann. Das Modul besteht aus verschiedenen standardisierten Instrumenten, zum Beispiel einem Patientenstammblatt, einem Schmerztagebuch, das nach Anleitung durch die Community Medicine Nurse vom Patienten ausgefüllt wird, einem Fragebogen zur Erfassung von Schmerzen, Symptomen und Beeinträchtigungen und einem individuellen Palliativ-Notfallplan (Alarm- und Benachrichtigungsalgorithmus, 24-Stunden-Hotline).

Die Hausbesuche werden detailliert digital dokumentiert. Alle Daten zu jedem Hausbesuch werden von den Community Medicine Nurses vor Ort in einen Tablet-PC eingegeben und täglich über VPN (Virtual Private Network)-Verbindungen in pseudonymisierter Form an das Institut für Community Medicine übertragen und dort in einer zentralen Projektdatenbank gespeichert.

Beim ersten Hausbesuch durch die Community Medicine Nurse wird eine umfangreiche Erstbefragung durchgeführt, in der unter anderem der Gesundheitszustand, das subjektive Wohlbefinden, Ausbildung, Beruf, Mobilität, vorangegangene Facharztbesuche und Krankenhausaufenthalte erhoben werden. Relevante Teile dieser Befragung werden im Projektverlauf regelmäßig wiederholt. Zusätzlich werden Ärzte und Ärztinnen, Community Medicine Nurses sowie Patienten und Patientinnen regelmäßig standardisiert zu inhaltlichen Themen des Projektes (zum Beispiel Zufriedenheit mit den verschiedenen Modulen, Verbesserungsvorschläge), zu Patientennutzen und Akzeptanz befragt.

3 Ergebnisse

Insgesamt haben bisher 1.062 Patienten und Patientinnen an einem der AGnES-Projekte teilgenommen, bei denen 5.261 Hausbesuche durchgeführt wurden (Stand 22. Januar 2008). Das Durchschnittsalter der Patienten beträgt 78 (Range: 25 bis 107) Jahre.

Bei den Patienten und Patientinnen liegen zum größten Teil mehrere Diagnosen vor (Multimorbidität). Die häufigsten Diagnosen sind (in dieser Reihenfolge): Hypertonie (bei 53 %), Herzerkrankungen (48 %), Diabetes mellitus (34 %), Krebserkrankungen (12 %), Osteoporose (9 %) und Demenz (8 %).

Die meisten teilnehmenden Patienten und Patientinnen (93 %) sind nicht oder nur eingeschränkt mobil. Die übrigen 7 % wären in der Lage, die Praxis aufzusuchen, wurden aber aus Gründen der Überwachung der Therapie oder anderer ärztlich bestimmter Indikationen (zum Beispiel zur Erhebung von Tagesprofilen, zur Beurteilung der häuslichen Pflegesituation und des sozialen Umfeldes) in der Häuslichkeit besucht.

Kernmodul aller Hausbesuche ist das Monitoring, die unterstützende Überwachung der Patienten und Patientinnen.

Bis zum Januar 2008 wurden etwa 300 unterschiedliche Tätigkeiten erfasst. Etwa 50 % der Tätigkeiten betreffen dabei die Erhebung diagnostischer Parameter wie Blutdruck- und Blutzuckerwerte, Puls, Gewicht, Vitalkapazität (Peakflow), Körpertemperatur oder EKG. Ein weiterer bedeutender Teil der Arbeit der Community Medicine Nurses besteht aus der Beurteilung des körperlichen und psychischen Gesundheitszustandes des Patienten oder der Patientin, der Dokumentation von Krankheitssymptomen und medizinisch relevanten Ereignissen sowie aus der Beratung zu einer Vielzahl von gesundheitsbezogenen Themen, wie Flüssigkeitsaufnahme, Ernährung, Umgang mit Heil- und Hilfsmitteln, Angehörigenpflege. Dieser Teil der Arbeit der Nurse umfasst etwa 35 % der Tätigkeiten in der Häuslichkeit. Hinzu kommen medizinische Tätigkeiten wie zum Beispiel Blutentnahmen, Injektionen und Wund- und Dekubitusbehandlungen. Allen diesen Tätigkeiten ist gemeinsam, dass sie zur medizinischen Betreuung des Patienten oder der Patientin gehören, dass sie notwendig sind und in Delegation des Hausarztes oder der Hausärztin durchgeführt werden, um diesen zu entlasten. Die Durchführung von häuslicher Pflege oder ärztlicher Kerntätigkeiten wie das Treffen diagnostischer oder therapeutischer Entscheidungen gehört nicht zu den Aufgaben der Community Medicine Nurse.

Die Akzeptanz der Community Medicine Nurse durch die Patienten und Patientinnen ist in allen Modellprojekten gut: Etwa 95 % der teilnehmenden Patienten können sich vorstellen, zu einer Community Medicine Nurse ein vergleichbares Vertrauensverhältnis wie zu ihrer Hausärztin oder ihrem Hausarzt aufzubauen. 90 % der Patienten und Patientinnen können sich vorstellen, dass eine Community Medicine Nurse Routinebesuche und spezielle Themen wie Prävention und Telemedizin übernimmt und die Hausärztin oder den Hausarzt nur bei speziellem medizinischem Bedarf einen Hausbesuch durchführt.

Ergebnisse der Sturzprophylaxe am Beispiel Brandenburg

Im Brandenburger AGnES Projekt (N=248) wurde bis Dezember 2007 bei insgesamt 123 Patienten und Patientinnen eine standardisierte Sturzprophylaxe durchgeführt, die jeweils aus einer Befragung und einer Wohnungsbegehung zur Identifikation von Gefahrenquellen bestand (Stand 31. Dezember 2007).

Insgesamt wurden 335 Empfehlungen ausgesprochen. In folgender Tabelle (vgl. Tabelle 2) wird dargestellt, wie viele der ausgesprochenen Empfehlungen bis zum aktuell letzten Besuch der Community Medicine Nurses durch die Patienten und Patientinnen umgesetzt wurden.

Im Rahmen der Wohnungsbegehung wurden bei 120 dieser Patienten und Patientinnen durch die Community Medicine Nurses insgesamt 312 Stolperfallen identifiziert. Das häufigste Sturzrisiko (N=107) waren lose Teppiche bzw. Läufer, gefolgt von einer zu engen Möbelaufstellung. Die Mehrzahl der Gefahrenquellen in der Häuslichkeit der Patienten befand sich im Wohnzimmer bzw. im Badezimmer, gefolgt vom Flur.

Tabelle 2
Ausgesprochene und bisher umgesetzte Empfehlungen zur Sturzprävention

Empfehlungen	Anzahl der Empfehlungen	Anzahl der bis zum aktuellsten Folgebesuch umgesetzten Empfehlungen	
	N	N	%
Aufsuchen eines Augenarztes/Optikers	32	18	56.3
Benutzung von Geh-Hilfen	67	61	91.0
Vermehrte Flüssigkeitsaufnahme	84	50	59.5
Benutzung von Hüftprotektoren	6	0	0.0
Durchführung von Kraft & Balance-Übungen	54	30	55.6
Installation eines Notrufsystems	10	2	20.0
Tragen von festem Schuhwerk	78	68	87.2
Sonstige Empfehlungen	4	2	50.0
Gesamt	335	231	69.0

Erste Ergebnisse des Medikamentenmoduls am Beispiel Brandenburg

Bis zum 31. Dezember 2007 wurde bei 166 der 248 Brandenburger Patientinnen und Patienten das Medikamentenmodul durchgeführt.

Im Mittelwert besitzt jeder Patient bzw. jede Patientin 8,3 Arzneimittel. Davon werden durchschnittlich 6,6 Arzneimittel regelmäßig eingenommen. Die Medikamente wurden durch die lokalen Apotheken auf potenzielle unerwünschte Wechselwirkungen überprüft. Bei 60 % der Patienten und Patientinnen waren aus Sicht der Apotheker/-innen relevante potenzielle Interaktionen vorhanden. Ein weiteres Ergebnis ist, dass 46 % der teilnehmenden Patienten und Patientinnen ihre Medikamente nicht entsprechend der Einnahmeempfehlung des Arztes oder der Ärztin einnehmen. Am Ende des Projektes wird im Rahmen der Abschlusserhebung das Medikamentenmodul erneut durchgeführt, um Änderungen bei Medikation, Nebenwirkungen und Compliance zu erfassen.

4 Diskussion und Ausblick

Seit August 2005 wird das AGnES-Konzept in vier Bundesländern in verschiedenen Settings und mit unterschiedlichen Schwerpunkten entwickelt, erprobt und evaluiert.

Das AGnES-Konzept wird sowohl in den Verbänden der Pflegeberufe als auch in den verschiedenen Organisationen der Ärzteschaft intensiv diskutiert. Um die beteiligten Institutionen und Organisationen frühzeitig und aktiv in die Projektarbeit einzubeziehen, wurden in allen beteiligten Bundesländern Lenkungsausschüsse eingerichtet. Mit dem Einsetzen dieser Gremien wird die für die AGnES-Projekte erforderliche Transparenz gewährleistet und gleichzeitig sichergestellt, dass die Institutionen, die an den Projekten beteiligt und/oder von den Auswirkungen dieser Projekte betroffen sind, ihre Expertise unmittelbar in Zieldefinitionen, Steuerung, Begleitung, Qualitätssicherung und Sicherung der Effizienz einbringen, aber auch für eine Präsenz ihrer Positionen in der Außendarstellung sorgen. Dies ist besonders wichtig, da die Projekte und die begleitende Diskussion immer wieder von den regionalen und überregionalen Medien stark beachtet werden.

Wesentliches gesundheitspolitisches Ziel des AGnES-Konzeptes ist es, die Rahmenbedingungen für die Delegation medizinischer Tätigkeiten durch den Arzt oder die Ärztin an dafür qualifizierte Mitarbeiter/-innen entscheidend zu verbessern. Sowohl die Sicherung der hausärztlichen Versorgung als auch die stärkere Einbeziehung nichtärztlicher Heilberufe in die Versorgungskonzepte werden bereits im Koalitionsvertrag der Bundesregierung als Schwerpunkte der Gesundheitspolitik benannt.[12] Im aktuellen Gutachten des Sachverständigenrats zur Begutachtung der Entwicklung im Gesundheitswesen werden die AGnES-Projekte als Beispiel für ein arztentlastendes Konzept für Regionen mit geringer Bevölkerungsdichte explizit genannt.[13]

Ein Durchbruch auf dem Weg zur Regelversorgung war die Annahme einer Änderung des Paragraphen 87, 2b im SGB V im Rahmen des Pflege-Weiterentwicklungsgesetzes durch den Deutschen Bundestag im März 2008. Mit der Änderung wurde ein Vorschlag der Arbeitsgruppe AGnES aufgegriffen, an der Vertreter der Sozialministerien aller neuen Bundesländer, das Institut für Community Medicine der Universität Greifswald, der Bereich Aufbau Ost des Bundesministeriums für Verkehr, Bau und Stadtentwicklung (BMVBS), Hildebrandt GesundheitsConsult, Hamburg und der Rechtsanwalt Sören Kleinke, Kanzlei am Ärztehaus, Osnabrück beteiligt sind. Im verabschiedeten Text im § 87, 2b SGB V wird der Bewertungsausschuss beauftragt, mit Wirkung zum 1. Januar 2009 eine Vergütungsregelung für ärztlich angeordnete Leistungen in der Häuslichkeit der Patienten und Patientinnen zu treffen.

Gegenwärtig werden in enger Abstimmung mit der Kassenärztlichen Bundesvereinigung und der Bundesärztekammer, dem Berufsverband der medizinischen Fachangestellten, dem Fachbereich Pflege und Gesundheit der Hochschule Neubrandenburg und dem Institut für Community Medicine die Qualifizierungsinhalte für die Berufe Community Medicine Nurse (Voraussetzung: Abschluss als Gesundheits- und Krankenpfleger/in und Berufserfahrung) und Community Health Assistant (Voraussetzung: Primärqualifizierung Medizinische/r Fachangestellte/r und Berufserfahrung) definiert und konkrete Fortbildungsmodule entwickelt.

---

12   Vgl. CDU/CSU/SPD: Gemeinsam für Deutschland. Mit Mut und Menschlichkeit. Koalitionsvertrag von CDU, CSU und SPD, 11. November 2005: III 6.2 und IV 7.2.3.
13   Vgl. Sachverständigenrat zur Begutachtung der Entwicklung im Gesundheitswesen, Bonn 2007, S. 114.

Literatur

Bickel, Horst:
Demenzsyndrom und Alzheimer Krankheit. Eine Schätzung des Krankenbestandes und der jährlichen Neuerkrankungen in Deutschland, in: Gesundheitswesen 62, 2000, S. 211–218.

Bullinger, Monika/Kirchberger, Inge/Ware, John E.:
Der deutsche SF-36 Health Survey. Übersetzung und psychometrische Testung eines krankheitsübergreifenden Instruments zur Erfassung der gesundheitsbezogenen Lebensqualität, in: Zeitschrift für Gesundheitswissenschaften 3, 1995, S. 21–36.

CDU/CSU/SPD:
Gemeinsam für Deutschland. Mit Mut und Menschlichkeit. Koalitionsvertrag von CDU, CSU und SPD, 11. November 2005, URL: http://www.bundesregierung.de/nsc_true/Content/DE/__Anlagen/koalitionsvertrag,templateId=raw,property=publicationFile.pdf/koalitionsvertrag, Datum des Zugriffs 6.2.2007.

Eisinger, Bettina/Mustroph, Peter/Richter, Dörte/Draheim, Sigunde/Stabenow, Roland/Streller, Brigitte/Schlack, Robert:
Krebsinzidenz 1999 im Erfassungsgebiet des Gemeinsamen Krebsregisters – Jahresbericht. Gemeinsames Krebsregister der Länder Berlin, Brandenburg, Mecklenburg-Vorpommern, Sachsen-Anhalt und der Freistaaten Sachsen und Thüringen (GKR), Berlin 2002.

Fendrich, Konstanze/Hoffmann, Wolfgang:
More than just aging societies: the demographic change has an impact on actual numbers of patients, in: Journal of Public Health, Jg. 15, 2007, S. 345–351.

Hersh William/Helfand, Mark/Wallace, James/Kraemer, Dale/Patterson, Patricia/Shapiro, Susan/Greenlick, Merwyn:
Clinical outcomes resulting from telemedicine interventions: a systematic review. BMC Medical Informatics and Decision Making, 2001, 1:5,
URL: http://www.biomedcentral.com/1472-6947/1/5, Datum des Zugriffs 6.2.2007.

Kopetsch, Thomas:
Dem deutschen Gesundheitswesen gehen die Ärzte aus! Studie zur Altersstruktur und Arztzahlentwicklung, hrsg. v. Kassenärztliche Bundesvereinigung, 3., akt. und überarb. Aufl., Berlin 2005.

Landesbetrieb für Datenverarbeitung und Statistik Brandenburg:
Bevölkerung, Privathaushalte, Familien und Frauen im Land Brandenburg 2004. Ergebnisse des Mikrozensus, Potsdam 2005.

Landesbetrieb für Datenverarbeitung und Statistik Brandenburg:
Bevölkerungsprognose des Landes Brandenburg für den Zeitraum 2005–2030, Potsdam 2006.

Ministerium für Arbeit, Soziales, Gesundheit und Familie (MASGF) Brandenburg:
Gesund alt werden – Soziale und gesundheitliche Lage älterer Menschen im Land Brandenburg (= Beiträge zur Sozial- und Gesundheitsberichterstattung Nr. 4), Potsdam 2005.

Rogalski, Hagen/Dreier, Adina/Hoffmann, Wolfgang:
Qualifikation „Community Medicine Nursing" – Projekt zur Entwicklung eines praxisnahen, lernenden Curriculums. Projektbericht 2006/2007, Institut für Community Medicine, Ernst-Moritz-Arndt-Universität Greifswald, Greifswald 2007.

Sachverständigenrat zur Begutachtung der Entwicklung im Gesundheitswesen:
Kooperation und Verantwortung – Voraussetzungen einer zielorientierten Gesundheitsversorgung, Bonn 2007.

Statistisches Landesamt Mecklenburg-Vorpommern:
  3. Landesprognose Bevölkerungsentwicklung in Mecklenburg-Vorpommern bis 2020, Schwerin 2003.

Statistisches Bundesamt:
  11. koordinierte Bevölkerungsvorausberechnung, Wiesbaden 2006.

Terschüren, Claudia/Fendrich, Konstanze/van den Berg, Neeltje/Hoffmann, Wolfgang:
  Implementing new technology in the daily routine of a GP practice in a rural setting in northern Germany, in: Journal of Telemedicine and Telecare, 13. Jg., 2007, H. 4, S. 197–201.

Van den Berg, Neeltje/Meinke, Claudia/Heymann, Romy/Dreier, Adina/Terschüren, Claudia/Hoffmann, Wolfgang:
  Community Medicine Nurses – Arztunterstützung in ländlichen Regionen, in: Pflege und Gesellschaft, Jg. 12, 2007, H. 2, S. 118–134.

Venohr, Beatrice/Müller, Berit/Rogalski, Hagen/Terschüren, Claudia/van den Berg, Neeltje/Butter, Christian/Oppermann, Roman F./Hoffmann, Wolfgang:
  Neue Qualifikationen im Gesundheitswesen – Chancen im demographischen und strukturellen Wandel, in: Bsirske, Frank/Paschke, Ellen (Hrsg.): Innovationskraft Mensch – Wie Qualität in der Gesundheitswirtschaft entsteht, Hamburg 2006, S. 214–222.

■ Der Campus Berlin-Buch

Neue Wege der Aus- und Weiterbildung in der Gesundheitswirtschaft

Gunter Frenzel/Karl Hartmann

Abstract

Der Campus Berlin-Buch entwickelt sich im Konzept der Gesundheitsregion Berlin-Brandenburg zu einem Excellence Center auf den Gebieten von medizinischer Maximalversorgung, medizinischer Grundlagenforschung und angewandter Forschung. Der Förderkreis „Bildungszentrum Berlin-Buch e.V." möchte durch die Gründung eines Internatsgymnasiums im Rahmen eines Oberstufenzentrums die Möglichkeit eröffnen, dass Schülerinnen und Schüler eine schulische Ausbildung mit einer beruflichen Ausbildung verknüpfen können. Mit dieser Doppelqualifikation – Abitur mit Berufsausbildung – kann auf den künftigen Bildungsbedarf in einer sich entwickelnden Gesundheitsregion adäquat reagiert werden.

1 Einleitung

Die geplante, möglichst rasche Entwicklung der Gesundheitsregion Berlin-Brandenburg setzt eine adäquate Entwicklung im Bildungssektor voraus. So bedarf es zahlreicher Veränderungen in den Ausbildungs- und Qualifikationsprozessen von medizinischen und wissenschaftlichen Fachkräften, Ärzten, Wissenschaftlern, Ökonomen und anderen Berufsgruppen. Die erforderliche Umstrukturierung und ständige Modernisierung des Gesundheitswesens im Interesse der Bevölkerung erfordert die Deckung eines größeren Bedarfs an medizinischem, wissenschaftlichem und technischem Fach- und Hochschulpersonal. Ohne entsprechend qualifizierte Beschäftigte kann die Versorgungs- und Wertschöpfungskette nicht voll genutzt werden. In allen Bereichen des Gesundheitssektors wird ein fundiert ausgebildeter Nachwuchs in größerem Umfang als bisher benötigt. Dies gilt umso mehr, als es in der Gesundheitsregion Berlin-Brandenburg schon heute an Ärzten, medizinischem Fachpersonal und Wissenschaftlern fehlt.

Einer der Wege, um den künftigen variablen Bedingungen besser entsprechen zu können, ist unserer Meinung nach die Verknüpfung von schulischer und beruflicher Ausbildung, die auf eine Doppelqualifikation zielt: *Abitur mit Berufsausbildung*. Bei diesem Vorhaben stützen wir uns zum einen auf positive Erfahrungen bei dazu durchgeführten Modellversuchen an Berliner Oberstufenzentren und Gymnasien, zum anderen auf bewährte Modelle in den neuen Bundesländern sowie im Land Baden-Württemberg.

2 Doppelqualifikation: Abitur mit Berufsausbildung

Mit dieser Kombination sind unserer Meinung nach mehrere Vorteile verbunden: Es ist möglich, sehr frühzeitig das Interesse für eine zukünftige medizinische oder wissenschaftliche Tätigkeit (im weitesten Sinne) zu wecken. Die Schülerinnen und Schüler können ihren Interessen nachkommen und sich umfassend auf die wissenschaftlichen und praktischen Fragen ihres späteren Berufs im Gesundheitswesen bzw. in der Forschung einstellen. Diese Übereinstimmung ihrer Interessen mit ihrem künftigen Beruf und einem entsprechenden Studium verstärkt ihre Motivation und erschließt zusätzliche Potenzen.

Mit der Doppelqualifikation Abitur und Berufsausbildung kann der zunehmenden Verflechtung von Gesundheitswesen, Lebenswissenschaft und Gesundheitswirtschaft besser entsprochen werden. Wichtige Aspekte sind dabei die revolutionierenden Erkenntnisse in Molekularbiologie, Biotechnologie und Pharmazie, die Anwendung der Mikro- und Nanotechnologie im Rahmen der Invasivtherapie, die Nutzung moderner Bildgebungsverfahren und der Einsatz von Laser- sowie optischer und akustischer Technik auf den verschiedenen medizinischen und naturwissenschaftlichen Gebieten. Hinzu kommen neue Erfordernisse bei der frühzeitigen Erkennung von Erkrankungen, bei der Prävention, der konservativen und operativen Therapie und Rehabilitation sowie in der Krankenpflege. Naturheilkundeverfahren werden künftig stärker mit der klassischen Medizin verknüpft sein. Auch bedarf es neuer Anwendungsformen der Psychologie sowie der ganzen Skala von Schlüsselqualifikationen (Soft Skills) bei der medizinischen Behandlung.

Die Zukunft im Gesundheitswesen wird interdisziplinär und global sein. Bei einer medizinischen Behandlung müssen künftig viel mehr Modalitäten als bisher optimiert und gleichzeitig vereint werden. Das gilt zum Beispiel für die Interaktion von Mensch und Technik, die intelligente Endoskopie und die Strahlentherapie. Die moderne Medizintechnik bezieht neben der Feinmechanik, Elektrotechnik, Röntgen- und Ultraschalltechnik zunehmend solche Elemente wie Lasertechnik, Nanotechnologie und Mikrosystemtechnik, Biotechnologie und ebenso Informatik ein.

Ein Mitarbeiter im Gesundheitswesen muss in Zukunft – zusätzlich zu seinen bisherigen Kenntnissen – über bestimmte Kompetenzen auf diesen neuen Gebieten verfügen. Er sollte in der Lage sein, mit Experten verschiedenster Gebiete konstruktiv zusammenzuarbeiten. Die Fähigkeit zur exakten Analyse, das flexible Erkennen zweckmäßiger Lösungswege, die Fähigkeit, Situationsaufgaben und komplexere berufliche Problemstellungen zu lösen, wird zunehmend in den Vordergrund treten. Ohne diese Fähigkeiten sind viele Fragen im Gesundheitsprozess nicht lösbar, kann die moderne Arbeitstechnik nicht genügend genutzt und auf rasche Veränderungen im Krankheitsverlauf nicht rechtzeitig reagiert werden.

Will man auf diese Tendenzen adäquat und zum Vorteil aller reagieren, sollte nicht erst im Hochschulstudium, sondern schon in der schulischen Ausbildung damit begonnen werden, die entsprechenden Kompetenzen zu vermitteln. Die berufsübergreifende, interdisziplinäre und auch überzweigliche Denk- und Arbeitsweise wird immer mehr zu einem festen Bestandteil der Arbeits- und Studienmethoden.

Beim Einsatz der Informations- und Kommunikationstechnik wird zum Beispiel ein enormer Schub erwartet hinsichtlich

- einer aufeinander abgestimmten Gesundheitsprozessbehandlung und einer individuellen Versorgung,
- der Beherrschung der Umwälzungen in den verschiedenen Gesundheitsbereichen und in ihrer Verknüpfung miteinander,
- zu erreichender Effizienzsteigerungen sowie
- der Entbürokratisierung bei den Arbeitsabläufen und der Entlastung von unnützen Tätigkeiten.

Die digitale Verarbeitung, Speicherung und Weitergabe aller medizinisch relevanten Informationen im Gesundheitswesen (E-Health) ermöglicht eine neue Organisation der Abläufe in der Gesundheitsversorgung und damit auch mehr Effizienz und Qualität. Dadurch könnte die Tätigkeit vieler Mitarbeiter im Gesundheitswesen beträchtlich erleichtert werden. Wie jedoch die bisherige Praxis zeigt, bedarf allein der wirkungsvolle Einsatz der heute schon anwendbaren Informationstechnik – inklusive der Telemedizin – eines stärkeren wissenschaftlichen Vorlaufs sowie der breiten Information und Qualifikation der Ärzte, des medizinischen Fachpersonals und der Verwaltungen im Gesundheitswesen. Dies bedeutet, dass die Beschäftigten nicht nur über entsprechende Kenntnisse zur Datentechnik, sondern auch über beträchtliche Fähigkeiten der Organisation verfügen müssen. Organisations- und IT-Strukturen stehen in einer wechselseitigen Beziehung zueinander. Voraussetzung für eine optimale IT-Unterstützung ist, dass die Prozesse zuvor genau festgelegt, analysiert und optimiert wurden, da sonst Schwachstellen im medizinischen Prozessablauf durch die zugehörigen Informationsprozesse nicht behoben, sondern lediglich abgebildet werden. Aufgrund der vielfältigen Veränderungen im Gesundheitswesen ergibt sich notwendig eine Neubestimmung der Aufgaben, Rechte und Pflichten in den Gesundheitsberufen. Kompetenzen im Bereich der Organisation sind deshalb ein wichtiger Bestandteil von Soft Skills. Doch wird in den Gesundheitsunternehmen gegenwärtig am stärksten bemängelt, dass die Fähigkeiten der Mitarbeiter gerade im Bereich der Soft Skills unzureichend sind.

Der Erwerb von Kompetenzen auf den Gebieten Organisation, Medizin und Informatik ist demzufolge schon bei der beruflichen Qualifizierung zu gewährleisten. Dies gilt auch für Spezialisten der Informatik, deren Einsatz im Gesundheitswesen die Aneignung medizinischer und medizintechnischer Kenntnisse sowie organisatorische Fähigkeiten einschließen sollte. Die Kombination aus Abitur und Berufsausbildung könnte zur Meisterung solch komplexer Prozesse eine wesentliche Voraussetzung sein.

Bereits heute zeigen sich Veränderungen bei den Arbeitsinhalten und Berufsstrukturen in Krankenhäusern, Forschungsinstituten und Gesundheitseinrichtungen. All diese Tendenzen werden sich in Zukunft noch weiter verstärken. So wird sich der Anteil von mittleren Qualifikationsabschlüssen und mittleren Leitungsaufgaben vergrößern. Abiturienten mit gleichzeitigem Berufsabschluss wären sehr geeignet, den steigenden Stellenbedarf in diesem Bereich zu decken. Aufgrund der Anwendung moderner Technologien, der veränderten Erfordernisse zur Sicherung wichtiger medizinischer Versorgungsaufgaben und einem erwarteten Ärztemangel wird es im Gesundheitswesen zu einer Verschiebung von Aufgabenfeldern kommen: Bestimmte Tätigkeiten, die bisher in den Zuständigkeitsbereich von Akademikern fielen, werden künftig stärker an die mittlere Fachkräfte- und Leitungsebene delegiert werden.

Die Kombination von Abitur und Berufsausbildung stellt eine Art der Qualifizierung dar, die auf das unmittelbare Interesse der Gesundheitsunternehmen und der Unternehmen aus den Zulieferbranchen stößt. Die Bereitschaft dieser Unternehmen an einer Mitwirkung und Unterstützung des Unterrichts wird sich dadurch vergrößern. Denkbar wären zum Beispiel Praktika, die Unterstützung mit moderner Technik oder die Vermittlung von Erfahrungswissen und Können.

Im Zeitraum von 1970 bis 2005 wuchs der Anteil der Schüler mit einem Abiturabschluss von 1 % auf 20,3 % aller Bildungsabschlüsse bei den 25- bis 34-jährigen Erwerbstätigen, der Anteil der Realschüler stieg von 12,8 % auf 42,9 %, der Anteil der Hauptschüler sank von 86,3 % auf 36,8 %.[1] Dieses Anwachsen des Abiturientenanteils ist jedoch nicht deckungsgleich mit ihrem Zugang zum Studium. Eine immer größere Zahl von Abiturienten absolviert nach Erlangen der Hochschulreife eine Berufsausbildung. Die Gründe für eine solche Entscheidung sind unterschiedlich. Immer mehr Abiturienten bevorzugen von vornherein eine praxisnahe Alternative der Berufsausbildung. Außerdem sorgt der Numerus clausus in vielen Studiengängen für eine Zugangsbarriere. Ein nicht geringer Anteil von Abiturienten kann auch aus finanziellen Gründen kein Studium aufnehmen. Besonders in den wissens- und technologieintensiven Wirtschaftszweigen zeichnet sich faktisch das Abitur als Standardabschluss für die Aufnahme einer beruflichen Tätigkeit ab. In nahezu allen Berufsgruppen sind in den vergangenen Jahren die Zugangschancen der Abiturienten als Bewerber für Lehrberufe gestiegen. Personen mit anderen Abschlüssen der Sekundarstufe haben somit weniger Chancen, attraktive Zukunftsberufe zu ergreifen.

Eine Lehre, die nach 13-jähriger oder 12-jähriger Schulausbildung begonnen wird, führt jedoch dazu, dass diese Absolventen erst sehr spät als voll Berufstätige zur Wirkung kommen. Im Interesse einer effektiveren Berufsbiografie sollten diese Abiturienten eine Berufsausbildung mit dem Abschluss Abitur kombinieren können. Das bedeutet Zeitgewinn sowohl für die Schüler als auch für die verschiedenen Branchen der Volkswirtschaft und des Gesundheitswesens.

Wir betrachten diesen kombinierten Entwicklungsweg von Abitur und Berufsausbildung im Kontext der Wissensgesellschaft als eine sinnvolle Möglichkeit, die Erfordernisse frühzeitiger Bildung und Erziehung neu auszurichten, die Effektivität und Qualität der schulischen Bildung zu erhöhen sowie berufliche und universitäre Aus- und Weiterbildung enger zu verknüpfen. Die Vorteile des dualen Schulsystems sind dabei konstruktiv vereint. Das Konzept hat den großen Vorteil, Bildung sehr frühzeitig und „aus einem Guss" im Sinne des traditionsreichen Humboldtschen Bildungsideals zu vermitteln und zugleich inhaltlich und methodisch den neuesten wissenschaftlichen und praktischen Erkenntnissen zu entsprechen.

3 Berlin-Buch: ein traditioneller und zukunftsfähiger Standort

Im Dezember 2007 wurde der „Förderkreis Bildungszentrum Berlin-Buch e.V." gegründet. Zu seinen satzungsmäßigen gemeinnützigen Zielen gehört die Initiie-

---

1 Vgl. Leszczensky, Michael/Helmrich, Robert/Frietsch, Rainer: Bildung und Qualifikation als Grundlage der technologischen Leistungsfähigkeit Deutschlands. Bericht des Konsortiums „Bildungsindikatoren und technologische Leistungsfähigkeit" (Studien zum deutschen Innovationssystem, Nr. 8, hrsg. v. Expertenkommission Forschung und Innovation), Berlin 2008, S. 181.

rung und Förderung von Bildungsprojekten. Der Verein kann sich selbst an entsprechenden Einrichtungen beteiligen oder sie in eigener Trägerschaft ins Leben rufen. Beabsichtigt ist in einem ersten Schritt die Gestaltung eines Bildungszentrums in Berlin-Buch, das sich auf die Berufsausbildung mit Abitur spezialisiert. Am besten scheint dies in Form eines Oberstufenzentrums möglich zu sein, wie zum Beispiel die Erfahrungen am Oberstufenzentrum für Informations- und Medizintechnik in Berlin-Neukölln und in ähnlichen Einrichtungen gezeigt haben. In dieser Schulform sind Berufsschule und Gymnasium unter einheitlicher Leitung zusammengeführt. Zugleich können hier die Talentförderung und die Steigerung des Bildungsniveaus für alle Schüler und Schülerinnen auf effektive Art und Weise miteinander verbunden werden.

In Übereinstimmung mit dem Berliner Schulgesetz lassen sich auch künftig in einem solchen Bildungszentrum Lehrgänge zur beruflichen Weiterbildung organisieren.

Der Förderkreis, der sich aus Ärzten, Vertretern des Stadtbezirks Pankow, Lehrern, Vertretern von Gesundheitsunternehmen, der BBB Management GmbH Campus Berlin-Buch und Wissenschaftlern aus den Ländern Brandenburg und Berlin zusammensetzt, konzentriert sich hinsichtlich des Standortes dieser Einrichtung vor allem auf Berlin-Buch. Dafür sprechen viele Gründe, von denen wir einige anführen möchten.

Der Berliner Stadtteil Buch ist innerhalb der Region Berlin-Brandenburg traditionell ein gewichtiges Zentrum der medizinischen Behandlung sowie der Forschung mit einem außerordentlichen internationalen Ruf. In über 200-jähriger Entwicklung entstand hier einer der größten Krankenhausstandorte Deutschlands. Für die internationale Geltung stehen vor allem die Forschungsergebnisse auf den Gebieten der Herzkreislauf- und Krebsforschung sowie Molekularbiologie und Biotechnologie. Davon zeugen viele Forschungsinstitute, Kliniken und mehrere Nobelpreisträger. Auf dem 32 Hektar großen, traditionsreichen Gelände konzentrieren sich heute Institute der medizinischen Grundlagenforschung, Forschungskliniken und Biotechnologieunternehmen.

In Berlin-Buch entwickeln Wissenschaftler, Ärzte und Unternehmen gemeinsam neue Therapie- und Diagnoseverfahren für Krebs-, Herzkreislauf- und Nervenleiden.

Das Max-Delbrück-Zentrum für Molekulare Medizin (MDC), gegründet 1992 aus drei Instituten der Akademie der Wissenschaften der DDR, bildete die Initialzündung für die weitere Entwicklung des Campus zu einem starken Forschungs- und Technologiestandort mit überragender nationaler und internationaler Bedeutung. Die enge Verbindung von molekularbiologischer Grundlagenforschung mit der klinischen Forschung erwies sich dabei von historischer Bedeutung. Hinzu kamen das Leibniz-Institut für Molekulare Pharmakologie (FMP) sowie weitere Forschungsgruppen der Berliner Charité, eine der größten europäischen Universitätskliniken. Die in Buch ansässigen Wissenschaftler arbeiten eng mit Kliniken der beiden universitären Spezialkliniken Charité und HELIOS Klinikum zusammen. Mit dem HELIOS Klinikum entstand in den vergangenen Jahren eines der größten und modernsten Krankenhäuser für die Maximalversorgung. Auf dem Campus befinden sich mehr als 40 Unternehmen, die sich mit Biotechnologie, Bioinformatik, Medizin- und Labortechnik befassen.

Im November 2007 wurde mit der Grundsteinlegung zur Errichtung eines 7,2 Mio. teuren Tessla-Magnet-Resonanz-Tomografen für modernste Bildgebung ein weiteres interdisziplinäres Großforschungsprojekt gegründet.

Darüber hinaus verfügt dieser Standort mit der Akademie für Gesundheit, Berlin-Brandenburg e. V. über eine der größten Einrichtungen für die Ausbildung einer Reihe von Gesundheitsberufen, insbesondere auf dem Gebiet der Pflege.

Auch wurde ein gläsernes Labor errichtet, das bei der Qualifizierung von Schülern und Lehrern auf den Gebieten der Molekular- und Zellbiologie einen hervorragenden Ruf genießt.

Berlin-Buch verfügt mit einem der modernsten Krankenhäuser und einem traditionsreichen Forschungscampus über beste Voraussetzungen, um die Entwicklung einer Wissenschafts- und Medizinstadt Berlin voranzutreiben.

Ein wichtiger Bestandteil des Campus ist ein Gymnasium für die Kinder der über 3.000 medizinischen Mitarbeiter in Berlin-Buch. Künftig soll die Möglichkeit hinzukommen, Abitur und Berufsausbildung zu kombinieren.

In Berlin-Buch konzentrieren sich auf engstem Raum vielfältige geistige Möglichkeiten und synergetische Effekte. Durch die breit gefächerte Forschung in zahlreichen Einrichtungen lässt sich ein großes Spektrum unterschiedlichster Ressourcen erschließen. Zudem ist die Bevölkerung von Berlin-Buch gesundheitlichen Themen gegenüber sehr aufgeschlossen. Deshalb ist davon auszugehen, dass die Schülerinnen und Schüler vor Ort viele der hier angedeuteten Möglichkeiten nutzen werden. In Buch können hoch qualifizierte Fachkräfte aus wissenschaftlichen Einrichtungen, Krankenhäusern und Unternehmen für Informationsveranstaltungen, Unterricht und Betreuung gewonnen werden. Die Kooperation des geplanten Oberstufenzentrums mit den bestehenden Bildungseinrichtungen kann zusätzliche positive Effekte hervorrufen, was die Wahl dieses Standorts entscheidend beeinflusst hat.

Nicht zuletzt bietet Buch gute Bedingungen für das Schul- und Sportgebäude sowie für ein Internat, um eine solide Ganztagsausbildung zu gewährleisten. Durch den Neubau des HELIOS Klinikums und die Vereinigung aller medizinischen Fachdisziplinen „unter einem Dach" stehen in Berlin-Buch mehrere Klinikbauten leer. Diese Gebäude könnten für moderne schulische und berufliche Bildungszwecke umfunktioniert werden. Zudem bietet Berlin-Buch eine ausreichende Infrastruktur einschließlich sehr günstiger Verkehrsanbindungen.

4   Zum Bildungs- und Erziehungsziel

Das Bildungs- und Erziehungsziel des geplanten Oberstufenzentrums und die Aufnahmebedingungen für die Schüler und Schülerinnen bestimmen sich nach dem Berliner Schulgesetz. Der Schulträger soll eine gemeinnützige Einrichtung sein. Erwünscht sind Teilnehmer aus allen sozialen Schichten.

Die Schule soll Chancengleichheit für alle Bewerber bieten, ganz gleich, ob diese aus bildungsfernen Schichten, sozial schwachen Familien oder sehr guten wirtschaftlichen Verhältnissen kommen. Einerseits geht es darum, überdurchschnittliche Begabungen zu gewinnen, andererseits sollen die Fähigkeiten aller gefördert werden. Besonders durch vermehrte individuelle Begleitung der Schüler sowie deren aktives Miteinander wäre ein Beitrag zur Chancengleichheit möglich. Das bedeutet auch, das selbstständige Lernen in den Vordergrund zu rücken und allen Schülern ein individuelles Lerntempo zu ermöglichen. Dies schließt ein, die unterschiedlichen Fähigkeiten auszuloten und zu fördern, die für die künftige berufliche Tätigkeit von besonderem Nutzen sein können.

In einem Oberstufenzentrum, in dem Berufsschule, Gymnasium und Berufs-
fachschule vorhanden sind, bestehen gegenwärtig gute Möglichkeiten, um
–   Beruf und Abitur miteinander zu verbinden,
–   das durchschnittliche Bildungsniveau spürbar zu erhöhen,
–   besonders begabte Schüler hervorragend zu fördern,
–   mit dem Unterricht in den naturwissenschaftlich-technischen Fächern viel
    früher zu beginnen.

Bei der Umsetzung werden auch Überlegungen über die Auswirkungen der demografischen Entwicklung in Berlin und Brandenburg einbezogen. So wird es notwendig sein, die Schülerinnen und Schüler nicht nur aus der Gesundheitsregion
Berlin-Brandenburg, sondern auch aus anderen Regionen der Bundesrepublik
Deutschland zu gewinnen. Wie die Praxis der Universitäten und der Hochschulen
in Berlin zeigt, ist dieses Ziel durchaus zu erreichen. Gerade die historisch begrün-
dete Ausstrahlung von Berlin-Buch im internationalen Rahmen wird eine gute
Möglichkeit sein, erfolgreich Teilnehmer aus anderen Ländern der Europäischen
Union und darüber hinaus zu werben. Im Ergebnis soll diese Bildungseinrichtung
eine bedarfsorientierte, berufspraktische Ausbildung gewährleisten, die sich an
internationalen Standards orientiert. Ein wesentlicher Aspekt wird sein, die Schülerinnen und Schüler auch für die spätere Übernahme verantwortungsvoller Tätigkeiten im Life-Science-Bereich zu befähigen.

Die Vorbereitungen für die berufliche Ausbildung sollten schon in frühen
Jahrgangsstufen beginnen, zum Beispiel mit verbindlichen Leistungskursen und
berufsbezogenen Praktika. Dabei können die Schülerinnen und Schüler einen Einblick in die verschiedenen Berufszweige des Gesundheitswesens erhalten. Auf
diese Weise entwickeln sie schon frühzeitig ein gutes Verständnis für die Aufgaben
und Probleme des Gesundheitswesens, was ihnen auch ermöglicht, eine fundierte
Entscheidung bei einer Spezialisierung in der beruflichen Ausbildung zu treffen.
Die internationale Ausrichtung hat auch Konsequenzen für die Schulsprache, die
im Kern die deutsche Sprache sein soll. Internationalen Gepflogenheiten folgend
wird aber auch die englische Sprache eine größere Rolle als bisher spielen müssen.
Schließlich ist das wirtschaftliche Gewicht der englischsprachigen Länder in der
Welt für das exportintensive Deutschland von erstrangiger Bedeutung. Das trifft
ebenso für die wissenschaftliche Entwicklung auf den Gebieten der Medizin, der
Medizintechnik, der Pharmazie und Biologie sowie für die Informatik zu.

Das Konzept Berufsausbildung mit Abitur bietet jüngeren Menschen größere
Chancen für ihren beruflichen Werdegang. Um das Konzept wirkungsvoll umsetzen zu können, ist jedoch ein erhöhtes Kontingent an Unterrichtsstunden erforderlich. Einige ähnlich orientierte Bildungseinrichtungen schließen deshalb Sams-
tagsunterricht bzw. möglichen Abendunterricht nicht aus.

Diskutiert wird auch noch die Frage, welche Kombination von Berufsausbildung und Abitur unter den konkreten Bedingungen von Berlin-Buch sinnvoll ist
und welche Berufe unter Beachtung der allgemeinen Bedarfslage als Schwerpunkte gewählt werden sollten. Gegenwärtig werden folgende Berufe präferiert:
Elektroniker/-in für Geräte und Systeme (Medizintechnik), Kaufmann/-frau für Gesundheitswesen, Facharbeiter/-in für medizinische Informatik.

Damit wir unser Ziel mittel- bis langfristig umsetzen können, möchten wir
weitere Partner begeistern. Auch sind wir an konstruktiven Hinweisen und einem
Austausch über Erfahrungen bei ähnlichen Projekten sehr interessiert.

Literatur

Leszczensy, Michael/Helmrich, Robert/Frietsch, Rainer:
Bildung und Qualifikation als Grundlage der technologischen Leistungsfähigkeit Deutschlands. Bericht des Konsortiums „Bildungsindikatoren und technologische Leistungsfähigkeit" (Studien zum deutschen Innovationssystem, Nr. 8, hrsg. v. Expertenkommission Forschung und Innovation), Berlin 2008.

3.

Entwicklung und Einführung neuer Gesundheitsstudiengänge

■ Studium Gesundheit in Berlin und Brandenburg – wie ein transdisziplinärer Führer entstehen kann

Karin Gavin-Kramer

Abstract

Vorgestellt wird Entwicklung und Aufbau eines transdisziplinären Studienführers, wie es ihn zuvor noch nicht gegeben hat: Das „Studium Gesundheit" bezieht sich hier nicht nur auf medizinische Fächer, sondern es wird ein heterogenes Angebot an gesundheitsbezogenen Studiengängen präsentiert, das von Therapie und Pflege über Pharmazie, Bio- und Medizintechnologie bis hin zu Public Health und Gesundheitsökonomie reicht. Der Studienführer bietet einen strukturierten Überblick über das große Studienangebot, stellt wichtige Informationen rund um das Thema zusammen, nennt einschlägige Fachgebiete, Institute und Forschungsschwerpunkte.

1   Einleitung

„Gesundheit in Berlin und Brandenburg – dazu ein Studienführer!" Dass Raphael Krüger, Geschäftsführer des Netzwerks Gesundheitswirtschaft in Berlin und Brandenburg, diese ungewöhnliche Idee hatte, lag nahe: Innovationsstrategien der Region, Masterpläne und Förderanträge im Bereich der Gesundheitswirtschaft erfordern Transparenz auch im Bereich der regionalen Studienangebote. Und dass Krüger sich für die Umsetzung seiner Idee als Projektpartner einer kleinen Public-Private-Partnership das Koordinationsbüro „Studieren in Berlin und Brandenburg"[1] aussuchte, war ebenso logisch: Das Koordinationsbüro publiziert im Auftrag der regionalen Hochschulleitungen jährlich Studienführer, die das grundständige und das weiterführende Studienangebot der beiden Bundesländer vorstellen, und es bereitet eine Webseite mit regionalen Studieninformationen vor.

„Studium Gesundheit"? Ein Studienführer behandelt gewöhnlich ein klar abgrenzbares Fächer- und damit auch Interessenspektrum wie beispielsweise Ingenieur- oder Sprachwissenschaften, Medizin oder Gesundheitsmanagement. Das Fächer- und Interessenspektrum „Gesundheit" bildet sich dagegen in einem äußerst heterogenen Studienangebot ab und verlangt daher einen transdisziplinären Studienführer, der diese Vielfalt bündelt und bei größtmöglicher Transparenz in der

---

[1]   Koordinationsbüro „Studieren in Berlin und Brandenburg" der Arbeitsgruppe „Studienberatung" der Landeskonferenz der Rektoren und Präsidenten der Berliner Hochschulen (LKRP Berlin).

nötigen Ausführlichkeit darstellt. Schülerinnen und Schüler sollen ebenso wie Bachelorstudierende und auch berufserfahrene Studieninteressierte Lust bekommen, sich aus dem breiten Angebot etwas Passendes auszusuchen, und sie sollen erfahren, unter welchen Voraussetzungen die Studienplätze vergeben werden.[2]

2 Was umfasst „Studium Gesundheit"?

Bevor über die Inhalte des neuen Studienführers im Detail entschieden werden konnte, war zu klären, wie der Begriff „Gesundheit" gedeutet werden sollte. Eine brauchbare Antwort lieferte die Definition der Weltgesundheitsorganisation (WHO), die unter „Gesundheit" den „Zustand des vollständigen körperlichen, mentalen und sozialen Wohlbefindens und nicht allein die Abwesenheit von Krankheit oder Gebrechen" versteht.[3] Die verbreitete assoziative Gleichsetzung von „Studium Gesundheit" mit der Vorstellung, es handle sich hier nur um Medizin oder Gesundheitswissenschaften im engeren oder weiteren Sinne, geht an der Realität vorbei: Die Studienmöglichkeiten umfassen ein erheblich breiteres Spektrum.

Im nächsten Schritt war zu prüfen, wie „Gesundheit" im Sinne der WHO-Definition sich zu „Studium" verhielt. Vielleicht ähnlich wie „Gesundheit" zu „Wirtschaft"? „Die Gesundheitswirtschaft", so heißt es im Editorial der Studie „Wachstums- und Beschäftigungspotenziale der Gesundheitswirtschaft in Berlin-Brandenburg", „ist der größte und zugleich am schwersten zu fassende aller Wirtschaftszweige."[4] Gab es Entsprechungen zwischen „Studium Gesundheit", also „gesundheitsbezogenen" Studiengängen, und den Branchen der „Gesundheitswirtschaft"?

In der genannten Studie wird die Gesundheitswirtschaft als Zwiebelmodell mit vier Schichten[5] dargestellt:

- Um den Kernbereich *Gesundheitswesen* (unter anderem Ärzte, Krankenhäuser, Pflegeeinrichtungen) legt sich als erste Schicht der *Handel* (Groß- und Einzelhandel mit pharmazeutischen, medizinischen und orthopädischen Erzeugnissen).
- Die zweite Schicht entspricht den zuliefernden *Health Care Industries* (Pharmazeutische Industrie, Medizintechnik, Bio- und Gentechnologie und Gesundheitshandwerk).
- Die dritte Schicht steht für *Weitere Einrichtungen im Gesundheitsbereich* (Krankenversicherungen, Teile der Renten- und Unfallversicherung, öffentliche Gesundheitsverwaltung, Organisationen des Gesundheitswesens sowie medizinische Forschung und Entwicklung).

2 Der Studienführer Studium Gesundheit in Berlin und Brandenburg, hrsg. v. HealthCapital – Netzwerk Gesundheitswirtschaft Berlin-Brandenburg, Berlin 2007.
3 Definition (Übersetzung) zit. n. nach Ostwald, Dennis Alexander/Ranscht, Anja: Wachstums- und Beschäftigungspotenziale der Gesundheitswirtschaft in Berlin-Brandenburg. Studie im Auftrag von HealthCapital Berlin-Brandenburg, Berlin 2007, S. 29.
4 Ebd., S. 7.
5 Ebd., Abbildung 6 (Quelle: Hilbert, Josef/Fretschner, Rainer/Dülberg, Alexandra: Rahmenbedingungen und Herausforderungen der Gesundheitswirtschaft, Gelsenkirchen 2002, S. 9).

– Die äußerste Schicht schließlich umfasst *Nachbarbranchen mit ausgeprägten gesundheitlichen Bezügen* (zum Beispiel Freizeit- und Tourismusbranche, Ernährung, Wellness).

Bei der Kategorisierung der gesundheitsrelevanten Studiengänge kommt es dagegen nicht auf die wirtschaftliche Funktion von Branchen und Einrichtungen, sondern auf die Studieninhalte an. Zu berücksichtigen ist auch, dass Gesundheitsthemen intuitiv entsprechend der Enge ihres Bezugs zur menschlichen (an erster Stelle zur eigenen) Gesundheit wahrgenommen werden. Nach Sichtung des Studienangebots der Berlin-Brandenburger Hochschulen bot sich für den regionalen Studienführer eine inhaltliche Gliederung der stärker gesundheitsbezogenen Studiengänge in drei Hauptgruppen an.

Die erste Gruppe heißt *Gesundheit und Mensch* und umfasst die Bereiche Humanmedizin, Psychologie, Therapie und Pflege. Der gesundheitswirtschaftliche Kernbereich „Gesundheitswesen" wird davon nur teilweise erfasst. *Gesundheit und Gesellschaft* sind Thema der zweiten Gruppe. Sie betrifft Public Health, Management, Pädagogik und Prävention, umfasst also auch Wirtschaft bzw. Handel, beschränkt sich aber bei Weitem nicht darauf. Die dritte Kategorie deckt sich teilweise mit der dritten und der vierten Schicht des gesundheitswirtschaftlichen Schichtenmodells, ist im Zusammenhang mit dem Thema Studium aber besonders wichtig: *Gesundheit und Forschung/Entwicklung*. Hier sind die Bereiche Pharmazie, Naturwissenschaften und Technik eingeschlossen.

Den gesundheitswirtschaftlichen „Nachbarbranchen mit ausgeprägten gesundheitlichen Bezügen" entsprechen im Kategoriensystem des Studienführers die „weiteren Studiengänge" mit Gesundheitsbezug.

Natürlich kann ein regionaler Studienführer die gesamte Vielfalt von Studiengängen, die deutschlandweit unter „Studium Gesundheit" subsumiert werden könnten, nicht in vollem Umfang wiedergeben. In anderen Regionen, wo entsprechende Studienschwerpunkte angeboten werden, wäre zum Beispiel noch Medizinrecht oder Medizinisches Fachübersetzen dazugekommen. Aber auch so wird – vor allem, wenn man neben den Studiengängen auch die Fachgebiete und Institute (vgl. den gleichnamigen Abschnitt) einbezieht – ein breites transdisziplinäres Angebot erkennbar, das zeigt, wie vielfältig und umfangreich die wissenschaftlichen Ressourcen der „Gesundheitsregion" sind.

3 Schwierig: die Datenerhebung

Von Anfang an stand fest, dass ausführliche Beschreibungen der gesundheitsbezogenen Studiengänge das Herzstück des Studienführers ausmachen würden. Das entsprechende Studienangebot ließ sich aus der einschlägigen Datenbank der Hochschulrektorenkonferenz herausdestillieren.[6]

Während die Redaktion auf Basis der Informationen, die auf den Hochschulwebseiten verfügbar waren, schon die ersten ausführlichen Studiengangbeschreibungen entwarf, lief ergänzend zu den redaktionellen Recherchen eine Umfrage bei den Hochschulleitungen der Region. Diese waren gebeten worden, ihre im weitesten Sinne gesundheitsbezogenen Fächer, Institute und Forschungsschwerpunkte zu nennen, wobei auslaufende Studiengänge, die keine Anfänger mehr

---

6   Vgl. URL: http://www.hochschulkompass.de.

aufnehmen, außer Betracht blieben. Die Antworten sollten sicherstellen, dass kein Studiengang übersehen und auch neu eingerichtete Angebote berücksichtigt wurden.

Der Rücklauf dieser Umfrage konnte kaum befriedigen, zumal einige Hochschulleitungen auch auf mehrfaches Nachfragen nicht reagierten, obwohl sie einschlägige Studiengänge anbieten. Trotz der im Anschreiben der Umfrage geäußerten Bitte, die obere Verwaltungsebene mit der Beantwortung zu betrauen, überließen manche Hochschulleitungen diese Aufgabe weniger kompetenten Bereichen, was zu unbrauchbaren Antworten führte, in denen vorhandene gesundheitsbezogene Angebote und Einrichtungen ungenannt blieben. Eine große Universität ließ telefonisch wissen, sie habe derzeit keinen einschlägigen Forschungsschwerpunkt, was sich nach einer Kontrollrecherche als Irrtum herausstellte – „Gesundheit" war trotz entsprechender Erläuterungen im Anschreiben als „Humanmedizin" missverstanden worden. Von den Hochschulen, die antworteten, lieferten letztlich nur wenige vollständige und rundum brauchbare Angaben. Um die Qualität des Studienführers zu sichern, mussten die vorhandenen Angaben, soweit möglich, von der Redaktion überprüft und fehlende Antworten durch eigene Recherchen ersetzt werden. Andernfalls wären einige Hochschulen mit gesundheitsbezogenen Studienangeboten im Studienführer entweder gar nicht vertreten oder unterrepräsentiert gewesen.

4   Nutzer neugierig machen

Ein Studienführer sollte sich in erster Linie am Interesse seiner Hauptnutzer, also der potenziell Studieninteressierten, ausrichten. Um das Leserinteresse für die umfangreichen Informationen im Studienführer „Studium Gesundheit in Berlin und Brandenburg" zu wecken, werden die vielen fachlich heterogenen Angebote zunächst in einem einführenden Text gesammelt vorgestellt. Die später ausführlich beschriebenen Studiengänge werden hier im Rahmen ihrer jeweiligen Gruppe präsentiert und in einen Zusammenhang gebracht. Zudem soll daraus deutlich werden, dass die Beschäftigung mit Gesundheit nicht auf medizinische Themen verengt werden sollte – schließlich hat sie die Geschichte der Menschheit auf universelle Weise geprägt.

Ein kleiner medizinhistorischer Exkurs am Anfang dieses Textes soll ein wenig die Berührungsängste vor „Wissenschaft" nehmen, die vor allem bei bildungsfern aufgewachsenen Jugendlichen verbreitet ist. Der Exkurs geht auf die Ursprünge menschlichen Denkens und Handelns in Bezug auf Gesundheit ein und zeichnet in groben Zügen die historische und geografische Entwicklung der mit Gesundheit befassten Wissenschaften nach.

Dabei werden auch einige historisch wichtige Namen und Begriffe eingeführt, die in diesem Kontext zur Allgemeinbildung gehören: der Hippokratische Eid, Galenus, Leonardo mit seinen anatomischen Zeichnungen (illustriert mit einer Zeichnung aus der Royal Collection von Schloss Windsor), die anatomischen Theater (illustriert mit einem Foto des Langhans-Hörsaals der Charité), Doktor Eisenbarth samt dem postum entstandenen Spottlied oder Ignác Semmelweis und das bis heute virulente Problem der Händedesinfektion.

Um Jugendlichen mit Migrationshintergrund besser zu vermitteln, welche Bedeutung arabische und persische Wissenschaftler für die Erforschung der Natur und der Gesundheit des Menschen in Spätantike und Mittelalter hatten, werden

Avicenna und Rhazes nicht nur mit ihren latinisierten, sondern mit ihren vollen Namen benannt: Abu Ali al-Husayn ibn Abd Allah ibn Sina und Abu Bakr Mohammad ibn Zakariya al-Razi.

Auf den historischen Exkurs folgt die Kurzvorstellung der Studienangebote, nach Gruppen geordnet und in der Reihenfolge der ausführlichen Beschreibungen im Mittelteil des Studienführers, nach Möglichkeit unter Herstellung von Bezügen und mit Querverweisen. Die Kurzpräsentation soll mit ihrer „Appetizer-Funktion" zur Lektüre der ausführlichen Studiengangbeschreibungen animieren und außerdem deutlich machen, aus welch großem inhaltlichen Reichtum ein „Studium Gesundheit" schöpfen kann, welch spannende Studienangebote die Berliner und Brandenburger Hochschulen vorhalten und mit welchen Innovationen sie bisher auf die zukunftsträchtigen Entwicklungen der regionalen Gesundheitswirtschaft reagiert haben.

Sehr viele Studiengänge sind neu und erst kürzlich im Zuge des Bologna-Prozesses als Bachelor- und Masterstudiengänge eingerichtet worden. Einige Hochschulen konnten noch nicht mit Sicherheit sagen, ob das zweiphasige Bachelor-/Masterstudium in einigen Studiengängen das Diplomstudium sofort vollständig ablösen wird, darunter die Humboldt-Universität zu Berlin und die Universität Potsdam für Psychologie sowie einige Fachhochschulen für bestimmte sozialpädagogische und pflegerische Studiengänge.

5   Studium praktisch

Wer sich für ein Studium interessiert, will natürlich auch wissen, ob und wie der Studienwunsch realisiert werden kann. Entsprechende Informationen vermittelt der zweite einführende Text des Studienführers unter dem Titel „Informationen für Bewerberinnen und Bewerber". Zunächst geht er auf die Auswirkungen des Bologna-Prozesses ein und erläutert das gestufte Studiensystem mit Bachelor-, Master- und Promotionsstudiengängen, die Rolle der Akkreditierung[7] und strukturell wichtige Reformelemente wie Module, „credits" und studienbegleitende Prüfungen.

Der folgende Absatz „Wer bewirbt sich wo bis wann?" erklärt, dass die Gruppen der deutschen und gleichgestellten sowie der nicht gleichgestellten ausländischen und staatenlosen Bewerberinnen und Bewerber sich je nach angestrebtem Studium bei verschiedenen Instanzen bewerben müssen und gegebenenfalls nach unterschiedlichen Kriterien ausgewählt werden: bei der Zentralstelle für die Vergabe von Studienplätzen (ZVS), über „uni-assist" oder direkt bei der Hochschule. Anschließend geht es um den Numerus clausus, und es werden die Unterschiede zwischen Zugangs- und Zulassungsvoraussetzungen verdeutlicht und Hinweise zur Bewerbung gegeben.

Der nächste Absatz ist dem Thema „Studium ohne Abitur" gewidmet. Ausführlich wird beschrieben, welche – recht unterschiedlichen – Vorgaben die Länder Berlin und Brandenburg in diesem Bereich machen.

---

7   Akkreditierung dient zur Sicherung der Qualität von Lehre und Studium und soll dabei helfen, internationale Vergleichbarkeit von Studienabschlüssen zu verbessern. Darüber hinaus soll sie Studierenden, Arbeitgebern und Hochschulen die Orientierung über die neu eingeführten Bachelor- und Masterstudiengänge erleichtern und die Transparenz der Studiengänge erhöhen

„Studium neben dem Beruf" ist Thema des folgenden Absatzes, in dem es vor allem um Studiengänge geht, die als Teilzeit- und/oder Fernstudium angeboten und daher berufsbegleitend absolviert werden können. Darin finden sich auch tabellarische Zusammenstellungen konkreter Angaben zu entsprechenden Studienangeboten der Region im Anschluss an die ausführlichen Studiengangbeschreibungen.

Wichtig für jede Studienentscheidung ist auch die Frage der „Studien- und Semestergebühren", worauf im nächsten Absatz eingegangen wird. In Berlin und Brandenburg erheben die öffentlichen Hochschulen spezielle Studiengebühren bisher nur für Masterstudiengänge mit Weiterbildungscharakter. Während die allgemein üblichen und von allen Immatrikulierten zu zahlenden Semestergebühren zwischen 200 und 250 Euro liegen, können weiterbildende Masterstudiengänge mehrere zehntausend Euro kosten. Auch hier wird auf entsprechende konkrete Angaben verwiesen, die im Anschluss an die ausführlichen Studiengangbeschreibungen in Tabellenform verfügbar sind.

Die letzten drei Absätze des Artikels haben beratenden Charakter: „Wie studiert man am besten?", „Studienbeginn, Studienfinanzierung und Auslandsstudium" sowie „Adressen und Tipps" runden den zweiten einführenden Text ab und verweisen auf weitere Informationsquellen und auf die Beratungseinrichtungen der Hochschulen.

6   Die ausführlichen Studiengangbeschreibungen

Herzstück des Studienführers sind die ausführlichen Beschreibungen gesundheitsbezogener Studiengänge der öffentlichen Hochschulen der Region sowie aus der synoptischen Zusammenstellung von Daten, die für die Nutzer wichtig sind und aus den Beschreibungen gewonnen werden konnten. Jeder Studiengang mit einem stärkeren Gesundheitsbezug wird auf einer Seite beschrieben; weitere gesundheitsbezogene Studiengänge werden später tabellarisch aufgeführt.

Vorangestellt sind den Studiengangbeschreibungen neben einer erläuternden Einführung zwei „interne" Inhaltsverzeichnisse. Ein Verzeichnis gibt die konkrete Reihenfolge der folgenden Kapitel und Abschnitte wieder, das andere ist hochschulspezifisch sortiert, um denjenigen Nutzern Orientierung zu bieten, die auf einen Blick wissen wollen, mit welchen Studiengängen welche Hochschule im Studienführer vertreten ist.

Die Beschreibungen sind mehrstufig gruppiert. Um den unterschiedlichen Ansprüchen der Schülerinnen und Schüler, die sich für grundständige Studiengänge bewerben wollen, und der Studierenden, die sich für Masterstudiengänge interessieren, Rechnung zu tragen, wurden die Studiengangbeschreibungen in zwei Kapitel getrennt, die inhaltlich jeweils in drei Kategorien untergliedert sind: „Gesundheit und Mensch", „Gesundheit und Gesellschaft" sowie „Gesundheit und Forschung/Entwicklung". Innerhalb der insgesamt sechs Abschnitte sind die Beschreibungen jeweils alphabetisch entsprechend der Bezeichnung des Studiengangs geordnet. Diese Gliederung wird durch das die ganze Broschüre durchziehende Farbleitsystem optisch betont.

Als visuelles Element trägt jede Seite rechts oben das Logo oder die Logos der anbietenden Einrichtung bzw. Einrichtungen. Jede Beschreibung umfasst neben der Darstellung des Studieninhalts mindestens folgende Angaben: Name des Studiengangs, Adresse der Hochschule bzw. bei Masterstudiengängen des Instituts, Webseite mit Studieninformationen, Akademischer Grad, Regelstudienzeit, Zugangsvoraussetzungen ggf. mit Bewerbungsfristen (ohne Details über Bewerbungs- und Zulassungsverfahren) sowie ggf. Unterrichtssprache, Partnereinrichtungen, Studiengebühren oder -entgelte und Aufbaustudiengänge. Außerdem werden, soweit vorhanden, die neueste Zahl der Erstsemesterplätze, der immatrikulierten Studierenden und, besonders wichtig, der Studienabschlüsse im letzten akademischen Jahr angegeben.

Auf eine Trennung in Fachhochschul- und Universitätsstudiengänge wird bei den Studiengangbeschreibungen verzichtet. Der Grund liegt darin, dass Bachelorstudiengänge – darum handelt es sich überwiegend in der Kategorie der grundständigen Studiengänge – sind im Gegensatz zu den Diplomstudiengängen der beiden Hochschultypen formal gleichgestellt; bei ihnen entfällt also das „Stigma" der Fachhochschuldiplome durch den obligatorischen Anhang „(FH)". Bei FH-Masterstudiengängen ist die Gleichstellung mit universitären Mastergraden abhängig davon, ob der betreffende FH-Masterabschluss den Zugang zum höheren Dienst eröffnet oder nicht. Ist dies der Fall, wird der Sachverhalt in der Beschreibung des jeweiligen Masterstudiengangs erwähnt.

In allen anderen Fällen wurde auf Angaben zur Akkreditierung verzichtet, um den Eindruck zu vermeiden, die fehlende Akkreditierung eines Studiengangs lasse auf Qualitätsmängel schließen. Viele Hochschulen streben gar keine flächendeckende Programmakkreditierung an, sondern warten die Einführung neuer Akkreditierungsformen (Akkreditierung von Qualitätsmanagement-Systemen, Institutional Audits) ab.

Die ausführlichen Studiengangbeschreibungen wurden nicht von den Hochschulen, sondern von der Redaktion auf der Grundlage von Informationen verfasst, die über die Webseiten der Hochschulen recherchiert werden konnten. Die Inhalte des Studienführers sollten später weltweit über das Internet zugänglich sein. Um die anvisierte Bewerberklientel anzusprechen, wurden die englischsprachigen Masterstudiengänge in englischer Sprache beschrieben. Die fertigen Entwürfe wurden als E-Mail-Anhang an die – je nach Institution verschiedenen – Adressaten in den Hochschulen geschickt mit der Bitte, sie innerhalb einer bestimmten Frist zu korrigieren bzw. zu ergänzen. Während die Beschreibungen der Bachelorstudiengänge meist von der allgemeinen Studienberatung oder anderen zuständigen Mitarbeiterinnen oder Mitarbeitern der Verwaltung bearbeitet wurden, gingen die Entwürfe der Masterstudiengänge in der Regel an die jeweilige Studiengangsleitung. Die redaktionelle Kommunikation fand außer per E-Mail fast ausschließlich telefonisch statt; auf Post oder Fax musste nur im Ausnahmefall zurückgegriffen werden. Um die Vergleichbarkeit der Beschreibungen hinsichtlich Struktur und Umfang zu gewährleisten, mussten sich auch die Korrekturen im Rahmen strikter Vorgaben bewegen, und die letzte Entscheidung über das, was veröffentlicht wurde, lag bei der Redaktion. Die Abstimmung der Inhalte erwies sich allerdings als weitgehend unproblematisch, auch wenn die Entwürfe oft mehrmals hin und her gingen und trotz so mancher verspäteten Antwort. Nur in wenigen Fällen musste um Angaben der Zuständigen regelrecht gerungen werden. Die meisten Ansprechpartner zeigten lebhaftes Interesse daran, dass ihr Studienangebot im Studienführer präsentiert wurde und kooperierten mit großem Engagement.

Schwierigkeiten gab es gelegentlich bei den gewünschten Zahlenangaben. Viele Studiengänge bestanden noch nicht lange genug, um die Menge der Studienabschlüsse zu verzeichnen. In diesen Fällen wurde statt der aktuellsten Zahl der Absolventen und Absolventinnen das Jahr der ersten Studienzulassung angegeben, woraus sich ergibt, wann mit den ersten Abschlüssen zu rechnen ist. Einige Hochschulen wollten vorhandene Absolventenzahlen zunächst nicht preisgeben, taten es aber schließlich fast ausnahmslos doch, nachdem ihnen signalisiert worden war, dass die Fehlposition in der Studiengangbeschreibung deutlich vermerkt werden würde.

Mit über 80 ausführlichen Studiengangbeschreibungen lag ein Datenbestand vor, der geradezu nach Auswertung verlangte. Im Interesse der Nutzer entschied sich die Redaktion dafür, einige Datengruppen aus den Beschreibungen zusammenzustellen und synoptisch aufzubereiten. Erfahrungen aus der Studienberatung legten nahe, anhand der Daten in den Tabellen folgende Fragen zu beantworten:
1) Welche gesundheitsbezogenen grundständigen Studiengänge der Region setzen Berufspraxis voraus und in welchem Umfang?
2) Welche gesundheitsbezogenen grundständigen Studiengänge können in welcher Form berufsbegleitend absolviert werden?
3) Welche gesundheitsbezogenen Masterstudiengänge können in welcher Form berufsbegleitend absolviert werden?
4) Wie hoch sind die Gebühren für die weiterbildenden Masterstudiengänge?
5) Welche gesundheitsbezogenen Masterstudiengänge der Region werden in englischer Sprache angeboten?
Die entsprechenden Tabellen, in denen teilweise mehrere Datengruppen zusammengefasst dargestellt sind, findet man unmittelbar im Anschluss an die ausführlichen Studiengangbeschreibungen.

Als teuerster Masterstudiengang erwies sich übrigens mit insgesamt 18.000 Euro der Studiengang Veterinary Public Health, der von der Freien Universität Berlin in Kooperation mit einer thailändischen Universität angeboten wird, gefolgt vom MBA Health Care Management der Fachhochschule für Wirtschaft Berlin mit 15.000 Euro und vom MBA Biotechnologie und Medizintechnik der Universität Potsdam mit 14.900 Euro. Die meisten weiterbildenden Masterstudiengänge kosten allerdings weit weniger als 10.000 Euro.[8]

7 Weitere Studiengänge und wissenschaftliche Weiterbildung

Studiengänge, die im Rahmen von „Studium Gesundheit in Berlin und Brandenburg" berücksichtigt werden sollten, waren zunächst nach inhaltlichen Kriterien in „gesundheitsbezogene" und „weitere" (weniger gesundheitsbezogene) Studiengänge eingeteilt worden. Als „weniger gesundheitsbezogen" eingestuft wurden 30 Studiengänge, darunter solche, die bestimmte naturwissenschaftliche Grundlagen vermitteln (zum Beispiel Agrarwissenschaften, Biologie oder Physikalische Ingenieurwissenschaft) und solche, die im weiteren Sinne mit der Erhaltung von Gesundheit zu tun haben (zum Beispiel Umwelttechnik), aber auch Angebote wie Nachhaltiger Tourismus, die nur ein einziges gesundheitsbezogenes Modul (hier

---

8   Bei diesen Kosten handelt es sich um das Studienentgelt (meist in Raten zahlbar), bei einigen Hochschulen ist zusätzlich noch die Semestergebühr zu entrichten.

„Wellness und Gesundheitstourismus") enthalten. Natürlich sind Auswahl und Zuordnung der Studiengänge zu inhaltlichen Gruppen auch Ergebnis einer subjektiven Entscheidung, aber mit dieser Problematik müssen Redaktion und Nutzer des
Studienführers gleichermaßen leben.

Eine Kategorie mit eigener Tabelle bildet im Studienführer die wissenschaftliche Weiterbildung mit Gesundheitsbezug. Dabei handelt es sich um Weiterbildungen an Hochschulen, die zwar nicht mit einem akademischen Grad, aber mit
der Verleihung einer berufsrelevanten Bezeichnung abschließen (z. B. Medizinphy-
siker/-in, Psychologische/r Psychotherapeut/-in).

8 Fachgebiete, Forschung und Service

Was machen Studieninteressierte, die sich mit Medizinethik, Rechtsmedizin oder
Medizingeschichte beschäftigen wollen? Bei diesen Disziplinen handelt es sich
nicht um Studiengänge, sondern um Fachgebiete unterschiedlicher Art, die zwar
auch Teil von Studiengängen sein können (z. B. Geschichte der Medizin oder Medizinische Soziologie als Pflichtlehrangebot im Medizinstudium), hauptsächlich aber
bestimmten Tätigkeits- und/oder Forschungsschwerpunkten gewidmet sind. Sie
sind in einem eigenen Abschnitt unter der Überschrift „Fachgebiete und Institute"
versammelt. Da manche dieser Einrichtungen in sehr unterschiedlichen und oft
eher medizinfernen Bereichen der Hochschulen angesiedelt sind, wurden sie von
den Hochschulen bei der Umfrage nicht immer angegeben und mussten daher
redaktionell recherchiert werden. Zu den Fach- und Forschungsgebieten sind in
diesem Kapitel meist auch die Namen der wissenschaftlichen Leiterinnen und Leiter angegeben, die hier eine besondere Rolle spielen.

Bei näherem Hinsehen erweist sich dieser Abschnitt als Fundgrube für das wis-
senschaftliche und gesundheitswirtschaftliche Interesse. An den Hochschulen der
Region arbeiten beispielsweise Zentren und Institute für Arbeitswissenschaft und
Produktergonomie, Bioethik, Medizinethik und Medizinrecht, Chinesische Lebens-
wissenschaften, Gesundheitsökonomie, Humanökologie, Infektionsbiologie und
Immunität, Innovative Gesundheitstechnologie, Krankenhausbau, Management
im Gesundheitswesen, Mechatronische Medizintechnik, Geschichte der Medizin,
Medizinische Soziologie, Rechtsmedizin, Rehabilitationstechnik und Gesundheitsmanagement, Sportmedizin und Prävention, Technik und Gesellschaft sowie Transkulturelle Gesundheitswissenschaften.

Auch die gesundheitsbezogene Forschung sollte im Studienführer erwähnt
werden. Schließlich sind viele Forschungsschwerpunkte für den wissenschaftlichen
Nachwuchs von Interesse, besonders, wenn es sich um Promotionsprogramme
handelt. Der auf die „Fachgebiete und Institute" folgende Abschnitt heißt „Forschungsschwerpunkte und Graduiertenprogramme" und fasst in mehreren Tabellen Informationen über gesundheitsbezogene Graduiertenkollegs und Graduate
Schools, Exzellenzcluster, Sonderforschungsbereiche sowie speziell geförderte
größere Forschergruppen und -verbünde zusammen, die von den Hochschulen gemeldet und/oder den DFG- bzw. den Hochschulwebseiten zu entnehmen waren.
Kleinere Forschungsvorhaben mussten, auch wenn sie von den Hochschulen un-
gefragt gemeldet worden waren, in diesem Zusammenhang unberücksichtigt
bleiben.

Die letzten 15 Seiten des Studienführers erfüllen wichtige Servicefunktionen.
Auf sieben Seiten sind Fotos, Adressen und teilweise weitere Angaben öffentlicher

und privater Bildungseinrichtungen der Region zu finden, die gesundheitsbezogene Studienangebote machen.

Zum Nachschlagen gedacht sind weitere vier Seiten mit Namen und Homepage wichtiger, mit Gesundheitsthemen befasster Einrichtungen der Wissenschaft und Forschung in Berlin und Brandenburg.

Abgerundet wird das Informationsangebot des Studienführers durch ein Schlagwortverzeichnis, das vor allem dabei helfen soll, Institutionen und einzelne Studienangebote rasch zu finden, sowie durch eine Seite mit Erläuterungen der verwendeten Abkürzungen.

Insgesamt sind die rund 150 Seiten des Studienführers zwar vor allem für Schüler und Schülerinnen und für Studierende bestimmt, aber auch Experten aus Wirtschaft, Politik und Medien werden darin neben nützlichen Informationen auch manche Inspiration finden können. Die Gesundheits- und Wissenschaftsregion Berlin-Brandenburg bietet jedenfalls schon jetzt beste Grundlagen für weitere innovative und zukunftsweisende Entwicklungen.

Literatur

HealthCapital – Netzwerk Gesundheitswirtschaft Berlin-Brandenburg (Hrsg.):
Der Studienführer Studium Gesundheit in Berlin und Brandenburg, Berlin 2007
(Download unter www.studieren-in-bb.de, www.healthcapital.de/downloadbereich.html
und im Datenbankformat unter www.medinet-ausbildung.de).

Hilbert, Josef/Fretschner, Rainer/Dülberg, Alexandra:
Rahmenbedingungen und Herausforderungen der Gesundheitswirtschaft,
Gelsenkirchen 2002.

Ostwald, Dennis Alexander/Rauscht, Anja:
Wachstums- und Beschäftigungspotenziale der Gesundheitswirtschaft in Berlin-
Brandenburg. Studie im Auftrag von HealthCapital Berlin-Brandenburg, Berlin 2007.

■ Interdisziplinäre Graduiertenschule für Regenerative Therapien in Berlin-Brandenburg

Von der Grundlagenforschung zu neuen Behandlungsmethoden

Sabine Bartosch/Georg Duda

Abstract

Die Berlin-Brandenburger Schule für Regenerative Therapien (BSRT) bildet Ärzte, Biologen und Ingenieure aus. Als DFG-Graduiertenschule 203 aus der zweiten Runde der Exzellenzinitiative bietet sie eine herausragende Doktorandenausbildung und Forschungsmöglichkeiten für junge Wissenschaftler und Wissenschaftlerinnen, die im Bereich Regenerative Therapien forschen wollen, mit dem Ziel einer klinischen Umsetzung ihrer Ergebnisse. Die BSRT will einen neuen Wissenschaftlertyp ausbilden, der nicht nur ein tief greifendes Verständnis für das eigene Gebiet aufweist, sondern auch ein umfangreiches Verständnis für die damit verbundenen klinischen Belange und ein breites Wissen in Zellbiologie, Molekularbiologie, Bioingenieurwesen, Biotechnologie und Biomaterialien mitbringt.

1 Konzept

Die Regenerative Medizin ist ein neues, interdisziplinäres Forschungsfeld, bei dem versucht wird, das körpereigene Regenerationspotenzial anzuregen. Dazu werden Zellen mit Faktoren und wo nötig auch mit Biomaterialien kombiniert, um erkrankte Zellen, Gewebe und Organe zu heilen, ihre Funktion wiederherzustellen oder die Regeneration der betroffenen Gewebe zu unterstützen. Im Zentrum dieser neuen Versorgungsansätze stehen Erkrankungen des Immunsystems, des Herzens und der Gefäße, der Nerven, der Knochen, Muskeln und auch der Gelenke. Zu diesem Forschungsansatz lassen sich die Verfahren des „Tissue Engineering" (Gewebezüchtung, bei der lebende Zellen eines Organismus außerhalb des Zellgewebes kultiviert werden) als auch die Verfahren der Zelltherapie, der Defektfüllung mit Biomaterialien oder innovative Beschichtungstechnologien von Biomaterialien zählen. Unterstützt werden viele dieser Ansätze durch gezielte Freisetzung von Wirksubstanzen und Medikamenten, die sowohl lokal als auch systemisch die Heilung unterstützen. Diese Auflistung der unter der Überschrift Regenerative Medizin zusammengefassten Themenbereiche macht deutlich, dass eine erfolgreiche Übertragung der wissenschaftlichen Konzepte in tatsächliche Behandlungsverfahren für Patienten eine enge Zusammenarbeit von Medizinern, Biologen und (Bio-)Ingenieuren erfordert. Derzeit stehen diesem Anspruch nach einer interdisziplinären Kooperation allerdings keine entsprechenden Lösungen in Ausbildung und Promotion gegenüber.

Die Berlin-Brandenburg School for Regenerative Therapies (BSRT) setzt genau an diesem Punkt an. Als Graduiertenschule (GS 203) der Deutschen Forschungsgemeinschaft (DFG) hat sie sich zum Ziel gesetzt, einen „neuartigen" Wissenschaftlertyp auszubilden: Die Studierenden sollen nicht nur ein tief greifendes Verständnis des eigenen Forschungsfeldes erwerben, sondern es geht auch darum, ihnen ein breites Wissen in Zellbiologie, Molekularbiologie, Ingenieurwissenschaften, Biotechnologie und Biomaterialien sowie detaillierte Kenntnisse der klinischen Aspekte zu vermitteln. Mit rund fünf Millionen Euro fördert die Exzellenzinitiative von Bund und Ländern die BSRT bis zum Jahr 2012. Die Graduiertenschule ist das Ergebnis einer gemeinsamen Initiative von Wissenschaftlern und Wissenschaftlerinnen aus Medizin, Biologie und Ingenieurwissenschaften unter der Führung der Charité – Universitätsmedizin Berlin, mit Beteiligung der Humboldt-Universität zu Berlin, der Freien Universität Berlin, der Technischen Universität Berlin und der Universität Potsdam. Vertreten sind außerdem hochrangige außeruniversitäre Forschungseinrichtungen wie das Max-Planck-Institut für molekulare Genetik, das Max-Planck-Institut für Kolloid- und Grenzflächenforschung, das GKSS Forschungszentrum, das Max-Delbrück-Zentrum für Molekulare Medizin, das Deutsche Rheumaforschungszentrum, das Deutsche Herzzentrum, das Robert-Koch-Institut und das Zuse-Institut Berlin.

Die BSRT bietet ein dreijähriges Promotionsprogramm für junge Forscher/-innen aus aller Welt, die nach Wegen suchen, verletzte Gewebestrukturen zur Regeneration anzuregen. Mittelfristig besteht ein Bedarf an Ingenieuren und Ingenieurinnen, die komplexe biologische Prozesse verstehen, sowie nach Biologen und Biologinnen, die die technischen Herausforderungen der Therapieansätze begreifen. Ärzte und Ärztinnen profitieren von der Graduiertenschule, indem sie schnell für die Anwendung dieser neuen Therapien qualifiziert werden können. Zu den Forschungsschwerpunkten der BSRT gehören die biologischen Prozesse der Geweberegeneration und die damit verbundenen hochkomplexen zellulären Signalkaskaden, über die bisher wenig bekannt ist. Ein weiterer Schwerpunkt ist die Entwicklung von „smarten" Biomaterialien, die als temporäre Matrix für das Überleben, die Differenzierung und die Teilung von Zellen ein geeignetes Milieu schaffen. Schließlich befassen sich Forscher/-innen in einem dritten Schwerpunkt mit den biologisch-mechanischen Aspekten der Knochenheilung und Regeneration.

Die Region Berlin-Brandenburg bietet für diese Graduiertenschule eine ideale Basis, da sie zu den führenden Biotech-Regionen Europas gehört. Außerdem ist die Regenerative Medizin einer der fünf Hauptforschungsbereiche der Berliner Charité, dem größten Universitätskrankenhaus in Europa. Die BSRT will neue Standards setzen, um sich zu einem international sichtbaren und anerkannten Exzellenzzentrum der Ausbildung und Forschung zu entwickeln. Die Kluft zwischen Grundlagenforschung und klinischer Anwendung soll überbrückt und die neu erworbenen Forschungserkenntnisse schnellstmöglich in medizinische Anwendungen umgesetzt werden.

Die BSRT ist eng mit dem interdisziplinär ausgerichteten Berlin-Brandenburg Centrum for Regenerative Therapies (BCRT) verknüpft, das vom Bundesministerium für Bildung und Forschung (BMBF) und der Helmholtz-Gemeinschaft unterstützt wird. Das BCRT verfolgt das Ziel, neue regenerative Therapiekonzepte in die Praxis umzusetzen. Alle Fakultätsmitglieder der Graduiertenschule waren an der Gründung des BCRT beteiligt. Beide Institutionen bilden zusammen ein großes, leistungsstarkes Netzwerk von Wissenschaftlerinnen und Wissenschaftlern aus der Region Berlin-Brandenburg mit zahlreichen Kontakten zu hochrangigen Partnern aus Industrie und Forschung auf nationaler und internationaler Ebene. Zu den Industriepartnern zählen BBRaun, Berlex, MiltenyiBiotec, Storz und Synthes. Diese Unternehmen stellen pharmazeutische und medizintechnische Produkte im Bereich der Regeneration her.

Als Mitglied der Humboldt Graduate School ist die BSRT eng mit anderen Einrichtungen für Graduierte verbunden und kann neben den eigenen Lehrveranstaltungen auch Zugang zu den Veranstaltungen anderer Schulen ermöglichen. Dazu zählen die DFG-Graduiertenschule 86 „Berlin School of Mind & Brain", die DFG-Graduiertenschule 14 „Berlin Mathematical School", die „International Max Planck Research School on Biomimetic Systems" und die „International Max Planck Research School for Computational Biology". Es bestehen außerdem Vereinbarungen zwischen der BSRT und international hochrangigen Universitäten, die den BSRT-Studierenden mehrmonatige Forschungsaufenthalte in diesen Partnerinstitutionen ermöglichen. Zu diesen Kooperationspartnern gehören die National University of Singapore, Stanford University, University of Oxford, Queensland University of Technology und die University of Pittsburgh.

2 Studierende, Fakultät und Administration

Ungefähr 15 bis 20 Studierende werden pro Jahr in die BSRT aufgenommen. Die Zahl der Doktoranden und Doktorandinnen wird in den nächsten Jahren bei etwa 70 liegen. Die offizielle Sprache ist Englisch, damit Studierende aus aller Welt die Möglichkeit haben, eine Ausbildung an der BSRT zu absolvieren. Das Verhältnis von Studierenden der Medizin, Biologie und Ingenieurwissenschaften wird voraussichtlich bei einem Verhältnis von 0,5 : 1 : 1 liegen. Die BSRT will sich insbesondere der Förderung von Frauen in der Forschung widmen und strebt daher einen 50 %igen Anteil von Wissenschaftlerinnen an – nicht nur für Doktoranden, sondern auch für Nachwuchswissenschaftler nach der Promotion.

Gestützt wird die BSRT-Initiative von rund 150 Wissenschaftler/-innen, von jungen PostDocs bis zum Professor. Die BSRT-Fakultät umfasst 25 Professorinnen und Professoren. Im Rahmen der DFG-Förderung der Graduiertenschule werden künftig noch zwei neue Arbeitsgruppen im Bereich „Biological Basis of Regeneration" und „Engineering Basis of Regeneration" eingerichtet, die mit jeweils einer W 2-Professur und einer Postdoc-Stelle ausgestattet werden. Beide Professuren werden ausschließlich zur Lehre an der BSRT verpflichten und in die verfügbaren Räumlichkeiten der Schule integriert sein. Die zwei neu berufenen Professoren bzw. Professorinnen übernehmen dann auch die wissenschaftliche Koordination der Graduiertenschule.

Die derzeitigen BSRT-Fakultätsmitglieder sind immer noch sehr stark in den traditionellen Disziplinen wie Biologie, Biochemie, Ingenieurwissenschaften, Biotechnologie oder Medizin verankert. Deshalb sind international angesehene Forschungsgruppenleiter/-innen unverzichtbar, die zum Beispiel die Fachgebiete der Biologie und Ingenieurwissenschaften stärker verknüpfen können. Durch die Einrichtung einer W 3-Professur und einer W 2/3-S-Professur im Bereich Prävention und Rehabilitation im Centrum für Sportwissenschaften und Sportmedizin an der Humboldt-Universität werden solche Strukturen geschaffen. Das Centrum für Sportwissenschaften und Sportmedizin arbeitet eng mit der BSRT zusammen und beide Professuren werden zu gleichen Teilen mit Lehrverpflichtungen an der Humboldt-Universität zu Berlin und an der BSRT verbunden sein. Die W 3-Professur schließt auch die Mitwirkung bei der Erarbeitung didaktischer Konzepte und das Übernehmen von Verantwortung für die Qualität der Lehre an der BSRT mit ein – nach dem Konzept „Teach the Teacher", bei dem auch die Lehrenden regelmäßig fortgebildet werden.

Acht Fakultätsmitglieder der BSRT bilden den Vorstand der Graduiertenschule unter der Leitung von Prof. Georg Duda, der auch die Forschungsabteilung am Centrum für Muskuloskeletale Chirurgie der Charité leitet sowie Direktor des Julius Wolff Instituts ist. Der Vorstand hat die Aufgabe, die Exzellenz der Ausbildung und Forschung sowie der Fakultät und der Studierenden zu gewährleisten. Drei Studentenvertreter/-innen werden ebenfalls benannt und wirken im Vorstand mit.

Die administrative Arbeit der BSRT wird von einem Koordinationsbüro übernommen. Das Koordinationsbüro ist Anlaufstelle für alle Studierenden in sämtlichen administrativen Angelegenheiten. Es betreut die internationalen Studierenden bei allen Sorgen am Anfang einer Doktorarbeit, beginnend mit Fragen zu Visum und Versicherung, bei der Wohnungssuche und in anderen Bereichen, um ihnen den Start in ein neues Leben in Deutschland zu erleichtern. Zum Ende der Doktorarbeit wird allen Studenten und Studentinnen Hilfe bei der Karriereplanung angeboten. Bei der Erfüllung dieser Aufgaben wird das Koordinationsbüro von der Humboldt Graduate School und der Dahlem Research School unterstützt, der Dachorganisation strukturierter Promotionsprogramme an der Humboldt-Universität zu Berlin sowie der Freien Universität Berlin. Diese Zusammenarbeit ermöglicht eine größere Effizienz in den Bereichen von Administration und Organisation. Das Koordinationsbüro kümmert sich auch um die Öffentlichkeitsarbeit der Graduiertenschule und um den Auf- und Ausbau des nationalen und internationalen BSRT-Netzwerkes. Zudem ist es für einen möglichst reibungslosen Ablauf des Ausbildungsprogramms verantwortlich und steuert und organisiert die Rekrutierung der Studierenden sowie die Meetings, Symposien und Retreats, die im Rahmen der BSRT stattfinden.

3   Curriculum

Die BSRT bietet für Biologen/Biochemiker, Chemiker/Physiker/Ingenieure und Mediziner jeweils einen eigenständigen Ausbildungspfad an, der jedoch viele gemeinsame, interdisziplinär ausgerichtete Kurse beinhaltet. Biologen/Biochemiker und Chemiker/Physiker/Ingenieure werden in drei Jahren auf eine Laufbahn in der Wissenschaft, Industrie oder im öffentlichen Dienst vorbereitet. Mediziner erhalten eine fünfjährige Ausbildung als „Clinical Scientist" mit der Option, als Facharzt eine akademische oder medizinische Laufbahn einzuschlagen. Jeder Wissenschaftler wird während seiner Ausbildung in ein Klinisches Forschungsfeld integriert. Um Biologen/Biochemiker und Chemiker/Physiker/Ingenieure mit der Praxis und den medizinischen Problemen vor Ort vertraut zu machen, werden neben den wissenschaftlichen Laborkursen und begleitenden Seminaren auch klinische Rotationen angeboten. Zur Förderung der engen Zusammenarbeit zwischen den einzelnen Disziplinen erhalten alle Doktoranden eine eingehende Ausbildung in den jeweils komplementären Fachrichtungen. Zusätzlich wird eine umfassende Fortbildung in den jeweiligen Spezialfächern angeboten. Der Großteil des Kursangebots wird einmal jährlich in einem Blockkurs organisiert, damit den Studierenden im restlichen Jahr genügend Zeit bleibt, um sich auf ihre Forschungsarbeiten zu konzentrieren.

Neben der fachlichen Ausbildung im Bereich Regenerative Medizin will die BSRT auch Kurse anbieten, die von generellem Interesse für alle jungen Naturwissenschaftler/-innen sind. Zu Beginn sollen Kurse zu „Good Research Practise", zu ethischen Aspekten in Regenerativer Medizin sowie Projektmanagement ein gutes Fundament für die weitere Ausbildung legen. Darauf aufbauend können Veranstaltungen in Statistik, Quantitativer Datenanalyse, Posterpräsentationen sowie zu Methoden des wissenschaftlichen Vortrags und Schreibens belegt werden. Der Anspruch der BSRT, neueste Forschungsergebnisse möglichst schnell in der therapeutischen Anwendung umzusetzen, erfordert auch einen gründlichen Einblick in wirtschaftliche Zusammenhänge, die in Kooperation mit den Industriepartnern der Graduiertenschule praxisnah vermittelt werden.

Für eine erfolgreiche Karriere in der Wissenschaft reicht Fachwissen bei Weitem nicht aus, stattdessen bedarf es weiterer Kompetenzen. So werden unter anderem spezifische kommunikative Fähigkeiten benötigt, um in der Lage zu sein, auf internationaler Ebene und in interdisziplinären Projekten zu kooperieren, vor einem öffentlichen Publikum Ergebnisse zu präsentieren oder qualifiziert Inhalte zu vermitteln bzw. zu lehren. Dieses breite Aufgabenspektrum erfordert exzellente Englischkenntnisse, kommunikative und soziale Kompetenzen, Konfliktfähigkeit sowie die Fähigkeit, wissenschaftliche Zusammenhänge verständlich darzustellen. Die BSRT bietet daher in Zusammenarbeit mit der Humboldt Graduate School und der Dahlem Research School eine große Vielfalt an Kursen an, die auf den Erwerb solcher Kompetenzen zielen: Dazu gehören Kommunikations- und Sprachkurse, wie beispielsweise Deutsch für Ausländer oder englische Kommunikation für Nicht-Muttersprachler, die darauf ausgerichtet sind, die kommunikativen Fähigkeiten der Studenten und Studentinnen zu fördern – im Austausch mit anderen Studierenden, Angehörigen der Fakultät oder Personen im außeruniversitären Bereich. Ein weiterer Schwerpunkt ist eine strukturierte Ausbildung in Didaktik, um die Wissenschaftler/-innen auf zukünftige Lehrtätigkeiten vorzubereiten. Die Studierenden werden auch darin bestärkt, ihre neu erworbenen Fähigkeiten in Seminaren für Masterstudenten zu trainieren, sowie Vortrags- und Lehrtätigkeiten zu übernehmen, zum Beispiel in Schulseminaren oder bei Veranstaltungen für eine breitere Öffentlichkeit, wie beispielsweise der „Langen Nacht der Wissenschaften".

Ein zentrales Ziel der BSRT ist die intensive persönliche Betreuung der Doktoranden und Doktorandinnen bei der Karriereplanung und -entwicklung. Jeder Doktorand und jede Doktorandin wird von zwei Wissenschaftlern bzw. Wissenschaftlerinnen betreut, die aus den Biowissenschaften, den Ingenieurwissenschaften oder der Medizin kommen, um eine interdisziplinäre Unterstützung zu gewährleisten. Dieses Betreuungsmodell hat sich in der Vergangenheit schon bei anderen Projekten als sehr effektiv erwiesen. Hinzu kommt eine dritte Betreuungsperson, ein Mentor oder eine Mentorin aus der akademischen Forschung oder der Industrie, die eine externe Beratungsfunktion übernimmt. Das Betreuungskomitee trifft sich mit dem Studenten bzw. der Studentin mindestens einmal pro Jahr, um die Fortschritte im Projekt zu begutachten und voranzutreiben. Um die Gleichstellung von Frauen und Männern aktiv zu fördern, werden den Doktorandinnen erfahrene Wissenschaftlerinnen unterstützend zur Seite gestellt, damit sie den Nachwuchswissenschaftlerinnen dabei helfen können, sich gezielt auf eine Karriere in der Forschung vorzubereiten.

Da die BSRT über die Doktorandenausbildung hinaus ein Ausbildungszentrum mit internationaler Ausstrahlung sein möchte, wird eine zweiwöchige Sommerakademie für Studierende aus Europa und Übersee angeboten, um Einblicke in die neuesten Forschungsentwicklungen zu geben. Die Sommerakademie wird alle zwei Jahre stattfinden und eignet sich auch als ideale Marketingstrategie für die Rekrutierung internationaler Studenten und Studentinnen als zukünftige Doktoranden und Doktorandinnen der BSRT. Eine weitere Ausbildungs- und PR-Strategie ist das Doktorandensymposium des BSRT, das von Studierenden für Studierende organisiert wird. Solche Veranstaltungen sind für die jungen Wissenschaftler/-innen sehr gute Gelegenheiten, ihre Ergebnisse zum ersten Mal öffentlich vorzustellen und zu diskutieren. Außerdem fördert die gemeinsame Organisation eines solchen Symposiums das Wir-Gefühl in der Studentenschaft und schult Fähigkeiten im Wissenschaftsmanagement.

Die BSRT bietet auch eine spezielle Ausbildung zum Clinical Scientist für Mediziner/-innen mit einem MD (Dr. med.) an. Das fünfjährige Programm umfasst eine Kombination aus klinischer und wissenschaftlicher Ausbildung. Die Mediziner/-innen nehmen dabei am Seminar- und Kursprogramm der BSRT teil, um Einsicht in die biologischen Prozesse und die technischen Aspekte Regenerativer Medizin zu gewinnen. Gleichzeitig arbeiten sie an einem Forschungsprojekt. Nach erfolgreicher Beendigung eröffnet ihnen diese Ausbildung die Möglichkeit, eine akademische oder medizinische Laufbahn einzuschlagen. In den ersten beiden Jahren arbeiten die Mediziner/-innen hauptsächlich in der Klinik und sammeln Erfahrungen in den Bereichen Trauma, Chirurgie, Orthopädie und Transplantation. Am Ende dieses ersten Ausbildungsabschnitts durchlaufen sie Laborrotationen in den verschiedenen Forschungseinrichtungen der BSRT. Einblicke in laufende Projekte sollen dazu dienen, ein praxisnahes Forschungsprojekt zu konzipieren, da dieses in engem Zusammenhang mit den Problemen stehen soll, denen sie während ihrer klinischen Arbeit begegnen. Im dritten Jahr widmen sich die Mediziner/-innen ausschließlich ihrem Forschungsprojekt und der Laborarbeit, während sie in den beiden noch verbleibenden Jahren parallel an ihrem Forschungsprojekt und im Krankenhaus arbeiten. Im Anschluss haben sie die Option, sich in weiteren zwei Jahren im Bereich Orthopädie, Hämatologie, Nephrologie oder auf einem anderen Gebiet zu spezialisieren.

4 Qualitätssicherung

Die BSRT strebt eine Ausbildung in Regenerativer Medizin nach den neuesten Standards und auf höchstem wissenschaftlichem Niveau an. Aus diesem Grund ist eine unabhängige und regelmäßige Qualitätssicherung unerlässlich. Ein externes, internationales Gremium, bestehend aus drei Spitzenforschern bzw. -forscherinnen relevanter Forschungsgebiete, wird in regelmäßigen Abständen die Entwicklung der Ausbildung und der Forschung an der BSRT überprüfen. Das Gremium steht der BSRT beratend zur Seite und wird anhand von BSRT-Jahresberichten, die über laufende Forschungsgruppen, Projekte und Publikationen informieren, die BSRT unterstützen und langfristige Strategien für ihre Ausbildung und Forschung entwickeln.

Um die komplexen Aufgaben in der wissenschaftlichen Nachwuchsförderung zu bewältigen, wurden im Jahr 2005 die Dahlem Research School an der Freien

Universität Berlin und im Jahr 2006 die Humboldt Graduate School an der Humboldt-Universität zu Berlin als Dach- und Serviceorganisationen strukturierter Promotionsprogramme eingerichtet. Das Ziel beider Graduiertenschulen ist es, ausgezeichnete Rahmenbedingungen für die Promotion als erster selbstständiger Forschungsleistung in der Karriere einer Wissenschaftlerin oder eines Wissenschaftlers zu schaffen. Ein zentrales Element ist daher die Qualitätssicherung der strukturierten Doktorandenausbildung. Als Mitglied sowohl der Dahlem Research School als auch der Humboldt Graduate School profitiert die BSRT von den Dienstleistungen beider Einrichtungen und von dem erweiterten Ausbildungsangebot für Doktoranden und Doktorandinnen.

5   Bewerbungsverfahren

Für die BSRT werden Studierende aus aller Welt rekrutiert. Die Ausschreibung erfolgt jährlich im ersten Quartal in internationalen Printmedien, auf Online-Portalen, durch Marketingmaßnahmen auf Career Fairs und internationalen Symposien zum Thema Regenerative Therapien. Die BSRT hat auch eine eigene Webseite mit ausführlichen Informationen zu Programm, Ausbildungsangebot und Auswahlverfahren.[1] Das komplette Bewerbungsverfahren wird online durchgeführt, um allen Studenten und Studentinnen zeitnah und weltweit eine Bewerbung zu ermöglichen und den administrativen Aufwand der BSRT auf ein Minimum zu reduzieren. Ein weiterer Vorteil ist die leichtere Vergleichbarkeit der Bewerbungen durch standardisierte Online-Bewerbungsbögen.

Bewerben können sich alle Anwärter/-innen auf einen Master oder einen vergleichbaren Abschluss in den Fächern Biologie, Biochemie, Chemie, Physik und Ingenieurwissenschaften bzw. auf einen MD oder Dr. med. aus der Medizin. Um geeignete Kandidaten und Kandidatinnen für die jeweiligen BSRT-Forschungsgruppen herauszufiltern, ist ein aufwändiges Auswahlverfahren mit Beteiligung der gesamten Fakultät erforderlich. Nach mehrstufiger Evaluierung der schriftlichen Bewerbungen werden 20 bis 30 Bewerber/-innen ausgewählt und zum Assessment Center nach Berlin eingeladen. Dort werden ihnen die BSRT-Fakultät, die Labore und Projekte vorgestellt. Weiterhin haben sie die Gelegenheit zu persönlichen Gesprächen mit den Leiter/-innen der Forschungsgruppen. Die Bewerber/-innen stellen außerdem ihre bisherigen Arbeiten in einem kleinen Vortrag dar, der im Anschluss diskutiert wird, damit das Auswahlgremium Aufschluss über ihre wissenschaftliche Qualifikation gewinnen kann.

6   Ort

Die Berlin-Brandenburg School for Regenerative Therapies (BSRT) wird im Gebäude des Berlin-Brandenburg Center for Regenerative Therapies (BCRT), der ehemaligen Zahnklinik auf dem Charité Campus Virchow-Klinikum in Berlin-Wedding, ihren Hauptsitz haben. Die Renovierung des Gebäudes wird voraussichtlich Ende 2008 abgeschlossen sein. Die Graduiertenschule wird im ersten Stock des Gebäu-

---

1   Alle aktuellen Informationen zur Berlin-Brandenburg School for Regenerative Therapies unter www.bsrt.de.

des über der BCRT angesiedelt. Auf den 400 Quadratmetern, die der Graduiertenschule zur Verfügung stehen, befinden sich Büroräume für die beiden neu zu besetzenden BSRT-Professuren und für die Administration sowie Räume für Doktorandinnen und Doktoranden, Labore, Seminar- und Kursräume.

Auf dem Gelände des Charité Campus Virchow-Klinikum arbeiten die meisten BSRT-Forschergruppen; die kurzen Wege bieten somit einen logistischen Vorteil. Auch der Charité Campus Mitte ist in Kürze mit dem Charité-eigenen Shuttle Service zu erreichen. Weitere Büroräume werden in dem neuen Gebäude der Humboldt Graduate School in der Luisenstraße 56 zur Verfügung stehen, das Ende 2008 fertig gestellt wird und sich ebenfalls in der Nähe des Charité Campus Mitte befindet.

■ Innovations- und Steuerungsfähigkeit im demografischen Wandel

Gerontologische Leitungsqualifikation für Gesundheits- und Sozialberufe durch den Masterstudiengang Gerontologie an der Fachhochschule Lausitz[1]

Eva-Maria Neumann

Abstract

An der Fachhochschule Lausitz wurde ein fünfsemestriger Weiterbildungsstudiengang mit dem Abschluss „MA Gerontologie" eingerichtet; Zielgruppe sind Berufstätige aus unterschiedlichsten Arbeitsfeldern mit einem ersten Hochschulabschluss. Dieser neue Studiengang reagiert auf die veränderten Anforderungen, die sich im Zuge des demografischen Wandels in vielen Berufsfeldern ergeben. Unterschiedliche Kohorten älterer Menschen bilden einen wachsenden Anteil an Kunden und Klienten verschiedener Dienstleistungen und stellen andererseits selbst ein unverzichtbares gesellschaftliches Ressourcenpotenzial dar. Insbesondere Professionelle in Leitungsstellen, aber auch Selbstständige im Gesundheits- und Sozialbereich können bei dieser Ausbildung Kenntnisse und Handlungskompetenzen für komplexe Handlungsfelder erwerben, um Modelle guter Praxis zu etablieren. Die Bandbreite der Erstausbildungen wird für den interdisziplinären Diskurs gezielt genutzt, der für fruchtbare Problemlösungen in gesellschaftlichen Aufgabenfeldern erforderlich ist.

1 Masterstudiengang Gerontologie in Cottbus: Organisation und Zielgruppen

Am Fachbereich Sozialwesen der Fachhochschule Lausitz (FHL) studiert seit dem Sommersemester 2007 der erste Jahrgang den Masterstudiengang „Gerontologie".[2] Dieser stellt ein neues Angebot dar und führt zum akademischen Grad „Master of Arts – Gerontologie". Die Regelstudienzeit beträgt fünf Semester, in denen 14 Module (einschließlich Mastermodul) mit studienbegleitenden Prüfungen zu absolvieren sind (vgl. Tabelle 1 am Ende dieses Beitrags).

---

[1] Teile dieses Artikels beruhen auf: Behrend, Christoph/Neumann, Eva-Maria/Schmidt-Wiborg, Petra: Gerüstet für den demografischen Wandel. Gerontologische Qualifikation für viele Berufsfelder durch den Masterstudiengang Gerontologie an der Fachhochschule Lausitz, in: Zeitschrift für Gerontologie und Geriatrie, Jg. 40, 2007, H. 6, S. 427–432.

[2] Das Konzept des Studiengangs wurde im Juni 2005 von der Autorin in Zusammenarbeit mit der damaligen wissenschaftlichen Mitarbeiterin, Diplompflegepädagogin Sabine Ried, entwickelt und zur Akkreditierung gebracht.

Das Studium ist organisatorisch auf die Bedürfnisse Teilzeitberufstätiger zuge-schnitten. Neben einer Blockwoche am Semesteranfang finden im Semester in der Regel zweimal im Monat ganztägige Präsenzveranstaltungen am Freitag und Samstag statt, die durch einen hohen Selbststudienanteil sowie durch vor- und nachbereitende E-Learning-Aufgaben und -Beratung ergänzt werden.

In der Akkreditierung durch die AHPGS[3] 2006 wurde der innovative Charakter des Studiengangs in doppelter Hinsicht hervorgehoben.

– Zum einen bietet er Berufstätigen aus den unterschiedlichsten Disziplinen und Arbeitsfeldern nach einem ersten Hochschulabschluss eine Weiterbildungs-möglichkeit auf Hochschulniveau, die zur Erbringung von Dienstleistungen für alternde und ältere Menschen qualifiziert.

– Zum anderen gibt es einen unmittelbaren Transfer von gerontologischem Fachwissen, Forschungs- und Praxismethoden in dem zweijährigen Regional-entwicklungsprojekt, das jeder und jede Studierende plant, implementiert und evaluiert (vgl. Tabelle 1: Module 3 und 4). Dabei werden die Studierenden durch Supervision und Coaching unterstützt.

Ausdrücklich bezieht der Masterstudiengang die neuen östlichen EU-Länder ein, die von gesellschaftlichen Transformationsprozessen im Zuge des demografischen Wandels zum Teil gravierender betroffen sind als die westlichen Länder. Über einen Kooperationsvertrag mit dem Collegium Polonicum in Słubice und Partner-hochschulen in Polen und Rumänien werden das transkulturelle Lernen, deutsch-polnische Praxisprojekte und Dozentenaustausch ermöglicht.

Neben den „klassischen" Zielgruppen aus Sozial- und Gesundheitsberufen der bisherigen Aufbaustudiengänge Gerontologie[4] ist unser Studiengang insbeson-dere gedacht für

– Architekten, Stadtplaner, Bauingenieure und sonstige Berufsgruppen, die sich mit Fragen der Stadtplanung und Stadtentwicklung, Wohnungsanpassung bzw. Bauen im Bestand oder – gerade in unserer Region – mit dem „Rückbau" unter Gesichtspunkten der Generationenverträglichkeit beschäftigen, darun-ter die Kompensation von funktionellen Einbußen bei einer alternden Mieter-schaft, die im Sinne biografischer Kontinuität überwiegend in ihren oft seit Jahrzehnten bewohnten Quartieren bleiben möchten,

– Ingenieure, die Technik für die wachsenden Zielgruppen Älterer entwickeln (z. B. aus unserem hochschuleigenen Studiengang „Medizintechnik"),

– Verwaltungskräfte, die sich mit Stadt-, Verkehrs-, Gesundheits-, Sozial- und Altenhilfeplanung befassen bzw. in den Bereichen Arbeit, Bildung, Soziales oder Pflege tätig sind,

– Angestellte oder Selbstständige im Bank- und Versicherungswesen, deren Kunden zum großen Teil ältere Menschen sind,

---

3 AHPGS ist die Akkreditierungsagentur für Studiengänge im Bereich Heilpädagogik, Pflege, Gesundheit und Soziale Arbeit e.V. Die Akkreditierung von Studiengängen soll eine Qualitätssicherung gewährleisten und wird von privatrechtlichen Agenturen durch-geführt, die wiederum vom staatlich kontrollierten Akkreditierungsrat (Stiftung zur Ak-kreditierung von Studiengängen) geprüft werden.

4 Diese Aufbaustudiengänge bestehen an den Universitäten Kassel (seit 1984), Vechta (1985), Erlangen-Nürnberg (1986), Heidelberg (1988), Dortmund (1998). Vgl. Backes, Gertrud/Klie, Thomas/Lasch, Vera: Stand der Entwicklung der gerontologischen Studien-angebote – Bolognaprozess, Profile und Besonderheiten, in: Zeitschrift für Gerontologie und Geriatrie, Jg. 40, 2007, H. 6, S. 403–416.

- Volks- und Betriebswirte, die Produkte für ältere Menschen entwickeln und vermarkten oder die in privaten oder öffentlichen Betrieben und Abteilungen zum Beispiel mit der Personal- und Organisationsentwicklung oder der Qualitätssicherung betraut sind,
- Interessenten aus Lehramts- und anderen pädagogischen Berufen, die sich aufgrund sinkender Schülerzahlen bzw. persönlicher Motive auf einen Wechsel in die Altenbildung/-kulturarbeit oder eine Lehre in Gesundheitsberufen vorbereiten möchten,
- Publizisten, Fachredakteure, Medienmitarbeiter, die Themen um das „Alter" bzw. den demografischen Wandel für die verschiedenen Medien „entdeckt" haben.

Voraussetzungen für die Aufnahme in das Masterprogramm sind:
- der Nachweis über einen ersten Hochschulabschluss sowie eine daran anschließende Berufserfahrung: mindestens ein Jahr Berufserfahrung in Sozial-, Gesundheits- oder Bildungsberufen, bei anderen Studiengängen/Berufsfeldern in der Regel drei Jahre,[5]
- eine Bewerbung, in der die Motivation für den Studiengang und die beabsichtigte berufliche Anwendung detailliert beschrieben wird,
- ein Bewerbungs- und Beratungsgespräch.

2 Beweggründe für die Einführung des Studienganges

Bevölkerungswandel

Die Einführung des Masterstudiengangs Gerontologie an der Fachhochschule Lausitz ist zum einen durch die Demografieforschung motiviert, die seit Jahrzehnten auf die Veränderungen der Bevölkerungsstruktur hinweist, insbesondere auf die Zunahme der alten und hochaltrigen Bevölkerung. Die Erkenntnis der besonderen Dringlichkeit von Qualifizierungsangeboten für die Region und die östlichen Bundesländer insgesamt (in denen entsprechende Angebote bisher fehlen) basiert darüber hinaus auf den Erfahrungen und dem Erleben von gesellschaftlichen Veränderungsprozessen unmittelbar vor Ort und in den anderen Regionen Brandenburgs.[6] Das Land Brandenburg mit seinen jeweiligen Regionen bildet exemplarisch diejenigen demografischen und gesellschaftlichen Entwicklungstendenzen ab, die

---

5   Diese Auflage der Akkreditierungsagentur ist inhaltlich kaum zu begründen und wohl eher berufspolitisch motiviert: So müssen z. B. Bewerber mit nur einem Jahr Berufserfahrung nach dem Architekturdiplom warten, auch wenn sie sich bereits während des Studiums in gerontologische Fragen eingearbeitet haben, indem sie sich im Alten- und Behindertenheimbau spezialisierten und neben dem Studium in einem einschlägig ausgewiesenen Architekturbüro tätig waren. Ein Sozialarbeiter aber kann – auch wenn er keinerlei gerontologische Inhalte im Studium belegt hat – nach einem Jahr beliebiger Berufstätigkeit aufgenommen werden.

6   Ein Gerontologie-Aufbaustudiengang war von der Autorin und einer Kollegin daher bereits Mitte der 1990er-Jahre angedacht worden, ließ sich in der gewünschten Form (die Studierenden mit Diplom sind nach dem Erwerb des Masters promotionsberechtigt) jedoch erst nach Umstellung auf Bachelor-/Masterstudiengänge umsetzen.

sich – wenn auch in unterschiedlichem Ausmaß – in anderen Bundesländern ebenso zeigen. Allerdings besteht der Unterschied, dass Trends in Brandenburg beschleunigt bzw. früher einsetzen. Für die wissenschaftliche und politische Beobachtung bieten sich in diesem Land daher Chancen des Erkenntnisgewinns, die für künftige Planungen und Interventionen auch in anderen Bundesländern hilfreich sein können.

Am Beispiel Brandenburgs wird deutlich, dass die zukünftige demografische Entwicklung im Hinblick auf Gestaltungsnotwendigkeiten vor allem kleinräumig betrachtet werden muss. So wird bis 2030 mit einem Bevölkerungsverlust von insgesamt 13 % gerechnet, was ca. 470.300 Personen entspricht. Da das Bundesland aufgrund der Nähe zur Bundeshauptstadt Berlin und um die Landeshauptstadt Potsdam herum über regionale Wachstumszonen verfügt, wird sich der Bevölkerungsrückgang vor allem in den ländlichen Peripherien und Kreisstädten vollziehen. Dort wird er allein 334.500 Personen, also über 70 %, betragen.[7]

Ein Grund dafür liegt in der Entwicklung der Geburtenrate. Es wird zwar davon ausgegangen, dass diese von 1,28 (2004) auf 1,35 Kinder pro Frau ansteigen und sich damit bereits bis 2010 der Rate im Bundesgebiet anpassen wird.[8] Die Besonderheiten – alle ostdeutschen Länder betreffend – liegen aber im extremen Einbruch der Geburtenentwicklung in den Jahren 1990 bis 1992, in denen ein Rückgang auf 0,7 zu verzeichnen war. Dieser Geburtenausfall hat in Brandenburg unter anderem zur Schließung von Grund- und weiterführenden Schulen geführt und macht sich bereits heute im Bereich der universitären und beruflichen Ausbildung bemerkbar. In naher Zukunft ergeben sich Auswirkungen wie eine Ausdünnung sozialer Netzwerke generell und eine Abnahme von Unterstützungspotenzialen innerhalb der Familien, die einen steigenden Bedarf professioneller Versorgungsleistungen mit sich bringen.[9]

Entscheidender für den forcierten Bevölkerungsrückgang in den neuen Bundesländern ist aber die Abwanderung insbesondere jüngerer Geburtskohorten aus der Region. Seit der Wende sind etwa 1,5 Millionen der ostdeutschen Bürgerinnen und Bürger in den Westen Deutschlands oder ins Ausland gezogen. Hierunter befinden sich vor allem junge, beruflich gut qualifizierte Frauen. Ursachen sind nicht allein der Mangel an Beschäftigungsangeboten, sondern auch eine eingeschränkte Partnerauswahl, da männliche Jugendliche in den neuen Ländern, insbesondere auch in Brandenburg, zum Teil erhebliche soziale und Bildungsdefizite aufweisen. Die Abwanderung führt zu einer deutlichen Beschleunigung der relativen Alterung in den einzelnen Regionen.[10]

7   Vgl. Weidner, Silke: Die schrumpfende Stadt, in: Baum, Detlef (Hrsg.), Die Stadt in der Sozialen Arbeit, Wiesbaden 2007, S. 345–357.

8   Vgl. Statistisches Bundesamt: 11. koordinierte Bevölkerungsvorausberechnung – Annahmen und Ergebnisse, Wiesbaden 2006, S. 9.

9   Vgl. Kunz, Eva: Sozial- und arbeitsmarktpolitische Konsequenzen der demographischen Entwicklung, in: Ministerium für Landwirtschaft, Umweltschutz und Raumordnung und Landesumweltamt Brandenburg (Hrsg.), Demographischer Wandel im gemeinsamen Planungsraum Berlin-Brandenburg, Potsdam 2003, S. 26–29.

10 Vgl. Berlin-Institut für Bevölkerung und Entwicklung: Gutachten zum demografischen Wandel im Land Brandenburg. Expertise im Auftrag des Brandenburgischen Landtages (Download unter http://www.berlin-institut.org).

Folgen der Veränderungen in der Struktur der Erwerbspersonen für die Region und die östlichen Bundesländer

Bei der Altersstruktur von Personen im erwerbsfähigen Alter (15 bis 65 Jahre) ist mit starken – ebenfalls räumlich differenzierten – Veränderungen zu rechnen. Im engeren Verflechtungsraum Brandenburgs erwartet man einen Rückgang um 3,4 %, für die äußeren Entwicklungsräume hingegen 24,4 %. Dabei verringert sich die Altersgruppe der 20- bis 45-Jährigen sogar um fast ein Drittel. Diese Veränderung, die derzeit auch unter dem Stichwort des Fachkräftemangels diskutiert wird, bedeutet zugleich, dass ältere erwerbsfähige Brandenburger (45 bis 65 Jahre) ein immer größeres Gewicht haben werden. Die Zahl der über 65-Jährigen in Brandenburg soll von 423.000 im Jahr 2001 um 44 % auf 610.000 im Jahr 2020 wachsen.[11]

Prognosen für Regionen und Landkreise in den anderen östlichen Bundesländern zeigen ebenfalls eine starke Diskrepanz zwischen den Entwicklungen der Ballungsräume und den Gebieten fern von diesen Zentren.

In Berlin wird die Zahl Erwerbstätiger zwischen 18 und 65 Jahren bis 2030 lediglich um 10 % abnehmen, die der jungen Erwerbstätigen (18 bis 25 Jahre) allerdings um 2 %. Die Zahl der über 75-Jährigen wird um 80 % steigen.

Dies hat Folgen für alle Bereiche der Gesellschaft. Ältere Menschen werden nicht nur einen hohen Anteil der Berufstätigen und auf diese Weise eine entscheidende Zielgruppe in der Personal- und Organisationsentwicklung darstellen. Ihre Kaufkraft trägt bereits heute zu mehr als der Hälfte des Konsums bei, ohne dass sich Hersteller und Handel darauf in allen Sparten angemessen einstellen. Auch künftig werden ältere Menschen einen großen Konsumentenanteil bilden und damit direkt und indirekt zu Zielgruppen in vielen Arbeitsfeldern werden. In künftigen Rentnergenerationen wird aber aufgrund der Häufung heutiger „prekärer Beschäftigungsverhältnisse" und Phasen von (Langzeit-)Arbeitslosigkeit Altersarmut wieder ein Thema sein – bei andererseits wohlhabenden Älteren. Ebenso ist an die „jungen Alten" zu denken, die frühzeitig aus dem Erwerbsleben ausscheiden, und auf der anderen Seite an die wachsende Zahl hochaltriger Menschen, die sich nicht mehr ohne Weiteres selbstständig versorgen können.

Wie die Menschen alltäglich miteinander arbeiten und leben werden, hängt maßgeblich von Bedürfnissen und Bedarfen, aber auch von Fähigkeiten und Kompetenzen ab – und bekanntlich sind diese Bedürfnisse und Bedarfe bestimmter Gruppen älterer Menschen sehr heterogen; dasselbe gilt für ihre Fähigkeiten und Kompetenzen.[12]

---

11 Vgl. Beyer, Wolf: 50 Jahre demographischer Wandel in Brandenburg, in: Ministerium für Landwirtschaft, Umweltschutz und Raumordnung und Landesumweltamt Brandenburg (Hrsg.), Demographischer Wandel im gemeinsamen Planungsraum Berlin-Brandenburg, Potsdam 2003, S. 8–13.

12 Vgl. Niejahr, Elisabeth: Alt sind nur die anderen, Frankfurt a. M. 2004.

3 Herausforderungen für Berufe in der Gesundheits- und Sozialwirtschaft

Mit steigendem Alter – insbesondere in der Hochaltrigkeit[13] – wächst das Risiko von Multimorbidität und damit auch von Behinderung und Pflegebedürftigkeit. Gerade die Hochaltrigen sind jedoch die in den nächsten Jahrzehnten am stärksten wachsende Gruppe: Der Anteil der über 80-Jährigen in Brandenburg wird sich zwischen 2001 und 2020 vermutlich verdoppeln, die Zahl demenzkranker Menschen bis 2015 um etwa 60 % steigen. Zusammen mit dem Rückgang familiärer Pflegemöglichkeiten wird der prognostizierte Fachkräftemangel eine für die bisherigen Strukturen schwierige Versorgungslage schaffen. Waren 2001 in Brandenburg von 1.000 Personen im Erwerbsalter statistisch gesehen 6,4 in ambulanter und stationärer Pflege tätig, wird prognostiziert, dass 2020 fast 50 % mehr Beschäftigte in der Altenpflege benötigt werden.[14]

Die bereits Anfang der 1990er-Jahre aufgrund von empirischen Studien für die Pflegeberufe vorhergesagte Verknappung von Personalressourcen (vgl. Abbildung 1)[15] lässt sich für das Land Brandenburg konkret beziffern.[16]

Es ist offensichtlich, dass sich aus den Entwicklungen der Bevölkerungszahl und der Veränderung der Altersstruktur erhebliche ökonomische und soziale Folgen ergeben. Allein vor dem Hintergrund der exemplarisch ausgewählten Daten ist es nachvollziehbar, die altersstrukturellen Entwicklungen in Brandenburg und anderen Bundesländern als *Gerontologisierung der Gesellschaft* zu charakterisieren.

Professionelle, Ehrenamtliche und Angehörige in neuen Verhältnissen: systemisches Denken und Handeln in der Altenhilfe

Die Veränderungen durch den demografischen Wandel, aber auch der Rückzug des Staates aus der gesundheitlichen und sozialen Versorgung konfrontiert Berufstätige, Angehörige, Nachbarschaften und Kommunen mit veränderten Aufgaben und Herausforderungen. Angehörige pflegebedürftiger Menschen haben selber meist Informations-, Beratungs-, Schulungs- und Entlastungsbedarf. Angehörige pflegebedürftiger hochaltriger Menschen sind als betreuende Partner in der Regel selbst alt und gesundheitlich belastet. Als (Schwieger-)Kinder befinden sie sich zum Teil in einer „Sandwich-Rolle" (mit doppelten Betreuungsverpflichtungen: gegenüber der Enkel- wie der eigenen Elterngeneration). Andererseits wird es angesichts begrenzter materieller und personeller Ressourcen unausweich-

---

13 Traditionell wird in der Gerontologie ab etwa 80 Jahren von „Hochaltrigkeit" gesprochen; aufgrund der weiter steigenden Lebenserwartung und „Kompression der Morbidität" verschiebt sich die Grenze allmählich auf 85 Jahre.

14 Vgl. Kunz, Eva: Sozial- und arbeitsmarktpolitische Konsequenzen der demographischen Entwicklung, S. 26–29.

15 Vgl. Meyer-ter-Vehn, Helga/Prosteder, Hella/Reinmann, Christiane: Wege zur Verbesserung des Ansehens von Fachberufen der mittleren Ebene – dargestellt am Beispiel der Pflegeberufe, in: Dietrich, Hans/Stooß, Friedemann (Hrsg.), Wege zur Verbesserung des Ansehens von Pflegeberufen. Zwei Studien zum Problembereich, Nürnberg 1994, S. 11–103.

16 Vgl. Abschnitt „Komplexe Aufgaben erfordern komplexes Denken und Handeln: Interdisziplinarität" in diesem Beitrag.

lich, Angehörige oder freiwillig Engagierte künftig stärker in die Betreuung, auch im stationären Bereich, einzubeziehen; dabei benötigen sie wiederum qualifizierte Begleitung.

Die WHO hat diese Entwicklung vor 15 Jahren als unabdingbar dargestellt: „Demographic changes will result in more home-based very old people and fewer ‚young elderly'. It is from these young elderly that the carers of tomorrow will emerge."[17]

Dies impliziert, dass die Aufgaben- und Rollenverteilung zwischen Professionellen und Nichtprofessionellen neu gestaltet werden muss; bisher kann jedoch nicht die Rede davon sein, dass die Berufsgruppen darauf ausreichend vorbereitet sind. Systematischer (statt beliebiger) Einbezug von Angehörigen oder gar Ehrenamtlichen hat weder in der Altenpflegeausbildung einen angemessenen Stellenwert noch in der Praxis vieler Pflegeeinrichtungen („Angehörigenarbeit" wird häufig als „Feigenblatt" im Konzept angehängt). Noch weniger ist ein systemischer Bezug in den therapeutischen Berufen mit einem großen Anteil älterer Klienten zu finden. Ihre Ausbildung ist bisher einseitig medizinlastig, dagegen sozialwissenschaftlich und gerontologisch eindeutig defizitär.[18] Zu lernen ist von der Gerontopsychiatrie und manchen Geriatrien, die sich in ihrem Selbstverständnis auf das (soziologische und politikwissenschaftliche) Lebenslagekonzept stützen und somit im gesamten Behandlungsprozess von der Diagnostik bis zur Neuaushandlung von Lebenswelten einem systemischen Ansatz verpflichtet sind.[19]

Die Betrachtung des Alters und des Alterns steht daher in unserem Studiengang selbstverständlich immer unter systemischem Blickwinkel – nicht nur in den Modulen, die sich mit Gesundheit, Krankheit und Behinderung befassen. Exemplarische Vertiefungen zu den häufigsten psychischen Erkrankungen im Alter (Schwerpunktthema: Demenzen) erfolgen daher nicht nur von erfahrenen Gerontopsychiatern, die ihre klinische Arbeit wie ihre gesundheitspolitische Beratungstätigkeit in Expertengremien selbst systemisch verstanden und ausgerichtet haben. Beteiligt ist auch die Alzheimer-Gesellschaft Brandenburg e.V. als Selbsthilfeorganisation, da sie maßgeblich ambulante Versorgungsstrukturen erschließt und modernisiert, zum Beispiel Kontakt- und Beratungsstellen, neue Wege bei der Öffentlichkeitsarbeit zur Information von Angehörigen sowie Förderung von ambulant betreuten Wohngemeinschaften Demenzkranker als neue Wohnform – unter Einsatz ehrenamtlicher Moderatoren.[20] An diesen Versorgungsstrukturen können Bedarfsanalysen, regionale Strukturentwicklung, Vernetzung und Politikberatung exemplarisch vermittelt werden. Die Studierenden sollen so in die Lage versetzt werden, die Betrachtungsebenen zu wechseln: Verständnis für die Lebenslage des

---

17 Briggs, J.: Home care for the disabled elderly, in: World Health, 47. Jg., 1994, H. 4, S. 10.

18 In meiner Lehre im dualen – d. h. gleichzeitig mit der Fachschulausbildung erfolgenden – BA-Studiengang Physiotherapie an der Fachhochschule Lausitz finde ich bei der Mehrzahl der Studierenden, die ihre parallele Fachschulausbildung an unterschiedlichen Schulen in Brandenburg, Berlin und Sachsen absolvieren, zahlreiche gesellschaftliche Altersstereotype, die der Forschung teilweise eklatant widersprechen, sowie eine eher patronisierende therapeutische Haltung Älteren gegenüber.

19 Vgl. Helmchen, Hanfried/Kanowski, Siegfried/Lauter, Hans: Ethik in der Altersmedizin, Stuttgart 2006.

20 Vgl. Alzheimer-Gesellschaft Brandenburg e.V.: Ambulante Betreuung von Menschen mit Demenz in Wohngemeinschaften, Potsdam 2005.

hilfebedürftigen Individuums und seiner Umwelt zu erlangen (vgl. Tabelle 1: Modul 2), aber auch gesundheits- und sozialpolitische Entwicklungs- und Reformnotwendigkeiten zu verstehen und Entscheidungsprozesse nachzuvollziehen (vgl. Tabelle 1: Modul 4).

Komplexe Aufgaben erfordern komplexes Denken und Handeln: Interdisziplinarität

Angesichts des schnellen Wandels beruflicher Anforderungen zielt das Studium vor allem darauf, die Kompetenz, über die die Studierenden durch Studium und Berufserfahrungen schon verfügen, auf vielseitige Weise zu ergänzen und zu fundieren.

Im Unterschied zu anderen Studiengängen ist daher weniger eine Weiterführung der Spezialisierung gerontologischer Wissensbestände intendiert, beispielsweise mit Schwerpunkten der psychologischen, sozialen oder sozialpolitischen Gerontologie.

Unser Konzept unterstellt vielmehr, dass die künftigen gesellschaftlichen Veränderungsprozesse und Herausforderungen in einer „Gerontologisierung" der verschiedenen Lebensräume (und ihrer diversen Verflechtungen) bestehen werden, und zwar

– des Lebens- und Wohnraumes: dazu gehören die Themen Wohnen, Wohnumfeld, Wohnquartiere, Bewohnerschaft, Mobilität sowie Infrastruktur und wohnumfeldbasierte Dienstleistungen;
– des Arbeitsraumes: dies betrifft die Themen Arbeitsplätze, Arbeitsstätten, Gesundheitsförderung und Prävention, flexible Übergänge in den Ruhestand und Nutzung des Expertenwissens Älterer, berufliche Einbindung, Einkommen;
– des Versorgungsraumes: hier stehen die Themen Infrastruktureinrichtungen im Mittelpunkt, insbesondere medizinische und rehabilitative Angebote, Handel/Gastronomie, Flexibilisierung von Verwaltungsleistungen und Dienstleistungsangeboten;
– des Sozialraumes: dabei geht es um die Themen Kultur- und Sozialeinrichtungen, Milieus, Nachbarschaften, bürgerschaftliches Engagement, Identifikation und Identität.[21]

Das Anliegen des Studiengangs ist es daher, den in den verschiedenen Berufen und Beschäftigungsfeldern verankerten Studierenden Multidimensionalität und Zusammenhänge von individuellen und gesellschaftlichen Alternsprozessen zu vermitteln – sie also nicht nur „demografiesensibel", sondern auch „gerontologiesensibel" zu machen. Die intendierte Berufsmischung nutzen wir mit der didaktischen Zielsetzung, Verständnis für die spezifischen Fragestellungen und Heurismen zu entwickeln, die das jeweilige Fachhandeln begründen. Zur Lösung komplexer gesellschaftlicher Aufgaben ist der Dialog mit anderen beteiligten Berufsgruppen für effiziente Problemanalysen und -lösungsansätze unverzichtbar.

Deshalb möchte der Studiengang gerade auch die traditionellen Zielgruppen für gerontologische Aufbaustudiengänge – die Sozial- und Gesundheitsberufe – für den demografischen Wandel rüsten. Das Ausbildungsprofil der Sozialarbeit hat sich in den letzten Jahren zu verändern begonnen, um wachsenden Qualifika-

---

21 Vgl. Weidner, Die schrumpfende Stadt, S. 345–357.

Abbildung 1
Gegensätzliche Entwicklung von Personalressourcen und -bedarf in der Pflege

▼ Rekrutierungspotenzial	Personalbedarf ▲
Demografische Entwicklung	
weniger Schulabgänger	Zunahme hochaltriger Menschen
weniger Personen im Erwerbsalter	kürzere Verweildauer im Krankenhaus > höherer Patientendurchlauf
sinkende Attraktivität der Pflegeberufe	pflegeintensivere Patienten
Änderung im Bildungs- verhalten	gestiegene Anforderungen durch Hochtechnisierung der Medizin
steigende Nachfrage nach qualifizierten Abschlüssen und Einsatzfeldern	steigende Nachfrage nach neuen Wohnformen (statt Heim)
	neue Aufgaben in der ambulanten Pflege: u. a. Information, Beratung, Gesundheitserziehung, Vernetzung von Angeboten

Übersicht modifiziert nach Meyer-ter-Vehn, Prosteder, Helga / Prosteder, Hella / Reinmann, Christine: Wege zur Verbesserung des Ansehens von Fachberufen der mittleren Ebene – dargestellt am Beispiel der Pflegeberufe, in: Dietrich/Stooß (Hrsg.), Wege zur Verbesserung des Ansehens von Pflegeberufen. Zwei Studien zum Problembereich, Nürnberg 1994, S. 16.

tionsansprüchen aufgrund diversifizierter Aufgabenfelder zu genügen, für die ihre generalistische (nur an wenigen Hochschulen auch gerontologische Fragen berührende bzw. vertiefende) Ausbildung nicht hinreichend ist.

Die in Abbildung 1 dargestellte Personalressourcenverknappung im Zuge des demografischen Wandels erfordert dringend Erweiterungen in der Qualifikation für Leitungskräfte (oder Mitarbeiter und Mitarbeiterinnen, die sich spezialisieren und höherqualifizieren wollen) aus

– Gesundheits- und Pflegeeinrichtungen mit Hochschulabschluss in Pflegestu-diengängen, Medizinpädagogik, Heil- und Rehabilitiationspädagogik, Psycho-logie o. ä.,

– der offenen und stationären Altenhilfe mit Hochschulabschlüssen in Sozialer Arbeit oder (Sozial-)Pädagogik.

Diese werden verstärkt Multiplikatorentätigkeiten übernehmen, Praxisforschungsaufgaben durchführen (zum Beispiel sich wandelnde Bedarfe beobachten und analysieren, zielgruppenadäquate Konzepte erstellen sowie Innovationen umsetzen und evaluieren), die sich verknappenden Personalressourcen optimal einsetzen und Personal für neue Aufgaben fortbilden (wie Zusammenarbeit mit Laien und Semiprofessionellen zur Gewinnung von ehrenamtlichen Helfern und Stärkung des Selbsthilfepotenzials) – das heißt, es sind Lehr-, Management-, Forschungs- und Entwicklungsaufgaben zu übernehmen.

Mit Mitteln des Ministeriums für Wissenschaft, Forschung und Kultur des Landes Brandenburg wurde am Fachbereich Sozialwesen der FHL im November 2007 ein *Kompetenzzentrum Gerontologie* eingerichtet (www.kola.de). An den jahrgangsweisen gerontologischen Forschungsschwerpunkten der im Studiengang lehrenden Hochschullehrer/-innen beteiligen sich Masterstudenten und -studentinnen der Gerontologie mit ihren Regionalentwicklungsprojekten. Auch davon unabhängig geplante und durchgeführte Regionalentwicklungsprojekte von Masterstudierenden tragen zum Wissensbestand des Kompetenzzentrums bei. Es soll sich als Informations- und Vermittlungszentrum etablieren, eine Wissensplattform für den Brandenburger Raum aufbauen, Experten und Expertinnen für spezifische Gebiete und Themen zusammenführen sowie Themen des Alters, des Alterns und des demografischen Wandels für die Öffentlichkeit aufbereiten. Damit bietet es Absolventen und Absolventinnen auch weiterführende Wirkungsmöglichkeiten.

Tabelle 1
Masterstudiengang Gerontologie – Modulübersicht nach Semestern[a]

1. Semester	LP
M1 **Alt werden – alt sein** **Herausforderungen und Konsequenzen** *Präsenztage: 10 (80 STD), Selbststudium: 160 STD* – Historische Entwicklung der Alternsforschung – Altersbilder, Theorien und Modelle zum Altern – Lebenslagen, Lebensverläufe, Lebenswelten älterer Menschen – Generationenbeziehungen – Altern im 20. und 21. Jahrhundert, aktuelle Lage, demographische Prognosen, sozioökonomische und soziokulturelle Konsequenzen – Grundlagen der quantitativen und qualitativen Sozialforschung – Methoden: Bedarfsanalyse, Fallanalyse, Konzeptentwicklung, Biographiearbeit	8
M2 **Altern und Gesundheit** *Präsenztage: 7 (56 STD), Selbststudium: 154 STD* – Lebenslagespezifische Ressourcen und Risiken für Gesundheit, Krankheit und Behinderung – Chronische Krankheit, dauerhafte Beeinträchtigung und ihre Bewältigung – Förderkonzepte, z. B. für alte geistig behinderte Menschen und autonome Handlungssphären	7

[a] In der Tabelle stehen die Abkürzungen „M" für Modul, „LP" für Leistungspunkte, „STD" für Stunden.

1. Semester	LP

- Begleitung am Lebensende
- Individuelle Auswirkungen rechtlicher Bestimmungen für Prävention, Gesundheit, Krankheit und Behinderung
- Methoden: Professionelle Moderation, Case Management Forschungsmethoden: Grounded Theory

M 3 **Praxisprojekt I** 3

Präsenztage: 3 (24 STD), Intervision, Selbststudium, Praxisarbeit: 66 STD

Die Studierenden arbeiten (vorzugsweise) in Gruppen an Praxisprojekten, die gerontologische Bezüge in Problemen der Regionalentwicklung (mit)berücksichtigen. Über Reflexion und Evaluation wird das individuelle Kompetenzprofil geklärt und Förder- und Trainingsmöglichkeiten werden ermöglicht.
- Projektentwicklung und -design
- Evaluationsmethoden

	18

2. Semester	LP

M 4 **Ältere Menschen im Gesundheits- und Sozialsystem** 5

Präsenztage: 7 (56 STD), Selbststudium: 94 STD

- Ethik im Gesundheits- und Sozialwesen
- Politische Entscheidungsprozesse im Gesundheits- und Sozialwesen
- Gesundheitsversorgung und Finanzierungssysteme
- Versorgungsangebote und -strukturen im Wandel
- Vernetzung von Alten- und Behindertenhilfe, Schnittstellenmanagement
- Informationssysteme, Beratungs- und Versorgungsangebote für formelle und informelle Hilfen

M 5 **Lebensweltorientierung, Stadtteilarbeit, Stadtentwicklung, Techniknutzung** 5

Präsenztage: 5 (40 STD), Selbststudium: 110 STD

- Technikanpassung an Lebenswelten Älterer
- Modalitäten der Technikbildung und -nutzung durch Ältere
- Biographieorientierte Präferenzen der Wohnungsgestaltung und Inanspruchnahme technischer Ausstattung/Hilfen
- Alters- und behinderungskorrelierte Veränderung bezüglich Wohnen und Mobilität
- Bedeutung altersfreundlicher Umwelten für soziale und kulturelle Teilhabe
- Methoden: Delphi-Runden, Praxiserkundungen, Beratung, Interviewtechniken

M 6 **Bildung** 5

Präsenztage: 5 (40 STD), Selbststudium: 110 STD

- Lernen im Alter
- Ansätze und Methoden der Erwachsenenbildung
- Programmplanung, -durchführung, -evaluation
- Lebensbegleitendes und selbstgesteuertes Lernen: Konzepte und Strategien
- Mediengestütztes Lernen

2. Semester	LP

M3 **Praxisprojekt I** 3

Präsenztage: 2 (16 STD), Intervision, Selbststudium, Praxisarbeit: 74 STD

Die Studierenden arbeiten (vorzugsweise) in Gruppen an Praxisprojekten, die gerontologische Bezüge in Problemen der Regionalentwicklung (mit)berücksichtigen. Über Reflexion und Evaluation wird das individuelle Kompetenzprofil geklärt und es werden Förder- und Trainingsmöglichkeiten ermöglicht.
  – Projektentwicklung und -design
  – Evaluationsmethoden

	18

3. Semester	LP

M7 **Selbstorganisation und Netzwerkarbeit** 5

Präsenztage: 5 (40 STD), Selbststudium: 110 STD

  – Bedeutung des freiwilligen Engagements vor dem Hintergrund der demographischen Entwicklung
  – Zielgruppen: Angehörige, Seniorexperten u. a.
  – Personalentwicklung für Freiwillige
  – Schulung, Einbindung in professionelle Strukturen
  – Anerkennungskultur
  – Organisationen und Strukturen der Freiwilligenarbeit
  – Selbsthilfegruppen und -organisationen
  – Bedeutung, Rahmenbedingungen, Organisation von Netzwerken, Netzwerkarbeit und Schnittstellenmanagement

M8 **Ältere Menschen als Ressource in der Arbeitswelt** 5

Präsenztage: 5 (40 STD), Selbststudium: 110 STD

  – Die Bedeutung von Arbeit im sozialgeschichtlichen Kontext
  – Berufliche Schlüsselqualifikationen im Wandel von der Industrie- zur Dienstleistungsgesellschaft
  – Sozialversicherungsrechtliche Steuerungsmöglichkeiten der Beschäftigung im höheren Erwerbsalter
  – Alternsspezifischer beruflicher Leistungswandel
  – Altersintegrative Konzepte betrieblicher Beschäftigungspolitik
  – Mitarbeiterförderung: Gesundheitsprävention, Fort- und Weiterbildung, Motivationsmanagement

M9 **Organisationen, Management und Qualität** 5

Präsenztage: 5 (40 STD), Selbststudium: 110 STD

  – Organisationswandel (und ältere Menschen)
    Organisationsmodelle und -strukturen
    Organisationsanalyse und -entwicklung
  – Führung in Organisationen
    Mitarbeiter, Führung, Motivation
  – Führungskonzepte, -stile und Kommunikation
  – Führungsinstrumente
  – Personalwirtschaft, -entwicklung, -einsatz
  – Qualitätsmanagement/-entwicklung

3. Semester	**LP**

M 10 **Praxisprojekt II** 5

Präsenztage: 3 (24 STD), Intervision, Selbststudium, Praxisarbeit: 66 STD

- Projektdesign von Praxisprojekt I umsetzen
- Projektmanagement
- Presse- und Öffentlichkeitsarbeit
- Informationsmanagement
- Prozess- und Schlussevaluation

18

4. Semester	**LP**

M 11 **Management und Recht, Controlling, Marketing** 5

Präsenztage: 5 (40 STD), Selbststudium: 110 STD

- Recht und Management
  Gesellschaftsrecht
  Handelsrecht
  besondere Schutzrechte
- Controlling
  Jahresabschluss
  Kostenrechnung
  Strategisches und operatives Controlling
- Marketing
  Ziele und Elemente des Marketings
  Marketingplanung
  Marketingstrategien und -instrumente

M 12 **Ältere Menschen im wirtschaftlichen Kontext** 5

Präsenztage: 5 (40 STD), Selbststudium: 110 STD

- Das System der Marktwirtschaft
- Entwicklung der Systeme der Alterssicherung, Einkommens- und
  Vermögenssituation Älterer
- Analyse des Generationentransfers
- Der Markt der älteren Konsumenten und die Konsequenzen für das
  Marketing
- Technikentwicklung, Produktentwicklung und -gestaltung für Ältere

M 13 **Altern in Europa** 5

Präsenztage: 6 (48 STD), Selbststudium: 102 STD

- Alt werden in unterschiedlichen Gesellschaften
- Generationenbeziehungen im kulturellen Kontext
- Transformationen von Gesellschaften und biographischer Wandel:
  theoretische und methodische Zugänge
- Arbeit, Freizeit, Bildung und Altern in Europa (exemplarisch)
- Pflege, Wohnen und Altern in Europa (exemplarisch)
- Sozial- und gesundheitspolitische Rahmenbedingungen in Europa
- Interkulturelle Kompetenz

4. Semester	LP
M 10 Praxisprojekt II	5

Präsenztage: 3 (24 STD), Intervision, Selbststudium, Praxisarbeit: 66 STD

- Projektdesign von Praxisprojekt I umsetzen
- Projektmanagement
- Presse- und Öffentlichkeitsarbeit
- Informationsmanagement
- Prozess- und Schlussevaluation

	18

5. Semester	LP
M 14 Mastermodul	3

Präsenztage: 2 (16 STD), Selbststudium: 542 STD

- Erstellung des Designs der Masterarbeit
- Präsentation und Diskussion im Kolloquium
- Anfertigung der schriftlichen Arbeit
  Präsentation und Disputation

15

Literatur

Alzheimer-Gesellschaft Brandenburg e. V.:
Ambulante Betreuung von Menschen mit Demenz in Wohngemeinschaften,
2., verb. u. erg. Aufl., Potsdam 2005.

Backes, Gertrud M./Klie, Thomas/Lasch, Vera:
Stand der Entwicklung der gerontologischen Studienangebote – Bolognaprozess,
Profile und Besonderheiten, in: Zeitschrift für Gerontologie und Geriatrie, 40. Jg., 2007,
H. 6, S. 403–416.

Behrend, Christoph/Neumann, Eva-Maria/Schmidt-Wiborg, Petra:
Gerüstet für den demografischen Wandel: Gerontologische Qualifikation für viele
Berufsfelder durch den Masterstudiengang Gerontologie an der Fachhochschule
Lausitz, in: Zeitschrift für Gerontologie und Geriatrie, 40. Jg., 2007, H. 6, S. 427–432.

Berlin-Institut für Bevölkerung und Entwicklung:
Gutachten zum demografischen Wandel im Land Brandenburg. Expertise im Auftrag
des Brandenburgischen Landtages,
URL: http://www.berlin-institut.org/studien/gutachten_zum_demografischen_wandel_
im_land_brandenburg.html, Datum des Zugriffs: 8. 7. 2008.

Beyer, Wolf:
50 Jahre demographischer Wandel in Brandenburg, in: Ministerium für Landwirtschaft,
Umweltschutz und Raumordnung/Landesumweltamt Brandenburg (Hrsg.), Demographischer Wandel, S. 8–13.

Briggs, J.:
Home care for the disabled elderly, in: World Health, 47. Jg., 1994, H. 4, S. 10–11.

Helmchen, Hanfried/Kanowski, Siegfried/Lauter, Hans:
Ethik in der Altersmedizin, Stuttgart 2006.

Kröhnert, Steffen/Reiner Klingholz:
  Not am Mann. Von Helden der Arbeit zur neuen Unterschicht? Lebenslagen junger
  Erwachsener in wirtschaftlichen Abstiegsregionen der neuen Bundesländer.
  Eine Studie des Berlin-Instituts für Bevölkerung und Entwicklung,
  URL: http://www.berlin-institut.org/studien/not_am_mann.html, Datum des Zugriffs:
  08.07.2008.

Kunz, Eva:
  Sozial- und arbeitsmarktpolitische Konsequenzen der demographischen Entwicklung,
  in: Ministerium für Landwirtschaft, Umweltschutz und Raumordnung/Landesumwelt-
  amt Brandenburg (Hrsg.), Demographischer Wandel, S. 26–29.

Meyer-ter-Vehn, Helga/Prosteder, Hella/Reinmann, Christiane:
  Wege zur Verbesserung des Ansehens von Fachberufen der mittleren Ebene –
  dargestellt am Beispiel der Pflegeberufe, in: Dietrich, Hans/Stooß, Friedemann (Hrsg.),
  Wege zur Verbesserung des Ansehens von Pflegeberufen. Zwei Studien zum Problem-
  bereich (= Beiträge zur Arbeitsmarkt- und Berufsforschung 180), Nürnberg 1994,
  S. 11–103.

Ministerium für Landwirtschaft, Umweltschutz und Raumordnung/Landesumweltamt
Brandenburg (Hrsg.):
  Demographischer Wandel im gemeinsamen Planungsraum Berlin-Brandenburg.
  Gemeinsames Symposium des Landesumweltamtes Brandenburg Referat Raum-
  beobachtung und der gemeinsamen Landesplanungsabteilung der Länder Berlin und
  Brandenburg, Potsdam 2003.

Niejahr, Elisabeth:
  Alt sind nur die anderen, Frankfurt a. M. 2004.

Statistisches Bundesamt:
  11. koordinierte Bevölkerungsvorausberechnung – Annahmen und Ergebnisse,
  Wiesbaden 2006.

Weidner, Silke:
  Die schrumpfende Stadt, in: Baum, Detlef (Hrsg.), Die Stadt in der Sozialen Arbeit,
  Wiesbaden 2007, S. 345–357.

■ Kommunikation im Zentrum der Managementausbildung

Der MBA in Health Communication Management an der FHTW Berlin

Karsten Schulz

Abstract

Aufgrund der großen Bedeutung von Kommunikation bei Managementaufgaben müssen entsprechende Fähigkeiten schon in der Managementausbildung vermittelt werden. Die Fachhochschule für Technik und Wirtschaft (FHTW) Berlin bietet deshalb ab 2009 den berufsbegleitenden MBA-Studiengang Health Communication Management (HCM) an, der einen neuen Ansatz verfolgt: Ziel ist es, die drei Bereiche Managementwissen, Fachwissen und Kommunikation zu integrieren. Der neue MBA-Studiengang wurde für die Gesundheitsbranche entwickelt – angefangen bei Krankenkassen und Pflegeeinrichtungen über Verbände und andere Institutionen bis hin zu Pharmaunternehmen und Medien –, und er bietet durch die Fokussierung auf Kommunikation einen interessanten konzeptionellen Ansatz. Das Studienkonzept umfasst die für einen MBA (Master of Business Administration) wichtigen Aspekte des betriebswirtschaftlichen Fächerkanons für das General Management, erweitert diese aber neben spezifischen Fachaspekten zusätzlich um eine zentrale kommunikative Komponente.

1   Neue konzeptionelle Ansätze in der Managementausbildung

„Chefs mit Charakter dringend gesucht" überschrieb der Spiegel einen Online-Artikel, in dem die zunehmende Austauschbarkeit von Managern und deren immer größer werdende Schwierigkeit, ihre Anliegen zu kommunizieren, kritisiert wurde.[1] Weiter wurde konstatiert, dass die Parole „Der Mensch im Mittelpunkt" wohl häufig nicht ernst gemeint sei, dass Führungskräfte aber unternehmensintern und -extern Identifikation und Geborgenheit geben müssten.

Die in diesem Beitrag implizierte Kritik an den klassischen Ansätzen der Managementausbildung hat auch der bekannte kanadische Professor Henry Mintzberg, der Management eben nicht als reine Wissenschaft, sondern als ein auf Erfahrung gegründetes Handwerk begreift, schon 2005 in seinem Buch „Manager statt MBAs" geübt.[2] Sie sollte jedoch nicht als grundsätzliche Ablehnung von MBA-

---

1   Vgl. Siebenhüter, Sandra: Chefs mit Charakter dringend gesucht, in: Spiegel Online, 1. September 2007.
2   Vgl. Mintzberg, Henry: Manager statt MBAs. Eine kritische Analyse, Frankfurt a. M. 2005.

Studiengängen (miss)verstanden werden, sondern als Plädoyer dafür, dass in der Managementausbildung neben dem notwendigen spezifischen Fachwissen aus der Praxis auch neue konzeptionelle Ansätze gefunden werden müssen.

Einen solchen Ansatz verfolgt der neue MBA-Studiengang der Fachhochschule für Technik und Wirtschaft (FHTW) Berlin. Das Konzept wurde maßgeblich von Reinhold Roski und Karsten Schulz, zwei Vertretern des dort angebotenen Studiengangs Wirtschaftskommunikation, in Zusammenarbeit mit Kooperationspartnern aus der Praxis und dem Hochschulbereich entwickelt. In den Fokus der Ausbildung wurde die Kommunikation gerückt. Das integrierte Studienkonzept umfasst die für einen MBA wichtigen Aspekte des betriebswirtschaftlichen Fächerkanons für das General Management und kombiniert diese mit verschiedenen Fokussierungen und speziellen Ausrichtungen in den Bereichen Diversity Management, Public Communication Management und Health Communication Management. Damit reiht sich dieser neue MBA zwar durchaus in die Tradition bisheriger Studiengangskonzepte ein, erweitert diese aber neben den spezifischen Fachaspekten zusätzlich um eine zentrale kommunikative Komponente.

Gerade die Region Berlin-Brandenburg ist für einen solchen Studiengang mit dem speziellen Fokus Health Communication Management prädestiniert, da sie das Kompetenzfeld Gesundheit/Life Sciences als Wachstumscluster identifiziert hat. Hier sind Pharmaindustrie, Gesundheitswirtschaft, Forschung, Medizintechnik sowie Medienwirtschaft als Beispiele zu nennen. Hinzu kommt außerdem die Hauptstadtfunktion Berlins. Alle diese Bereiche brauchen die Unterstützung durch Kommunikation.

2 Grundlagen der Managementausbildung

Aspekte einer branchenspezifischen MBA-Ausbildung

Die Anzahl der MBA-Studiengänge in Deutschland hat in den letzten Jahren rapide zugenommen, mittlerweile liegt die Zahl der Angebote im dreistelligen Bereich. Zum einen basiert diese Entwicklung auf einer zunehmenden Internationalisierung und Globalisierung der Wirtschaft und der wirtschaftsbezogenen Ausbildung vor allem in den beiden vergangenen Dekaden, zum anderen auf der Wahrnehmung, dass lebenslanges Lernen auf allen Managementebenen eines Unternehmens und in allen Branchen einer Volkswirtschaft eine immer größere Bedeutung erlangt, sich ein zusätzlicher akademischer Titel karrierewirksam einsetzen lässt und sich letztendlich auch – trotz der Studienentgelte und Gebühren, die für ein solches Studium verlangt werden – monetär positiv auswirkt. Inhaltlich wichtig ist dabei die Verknüpfung der notwendigen Theorie mit der Praxis in verschiedenen Unternehmen sowie die Interaktion der Studierenden untereinander und mit den Lehrenden, wie sich dies beispielsweise bei der – eher in der angelsächsischen Tradition stehenden – Bearbeitung von Fallstudien gut umsetzen lässt.

Insgesamt ist die deutsche Entwicklung der MBA-Ausbildung noch relativ jung. So betont die Fachhochschule für Wirtschaft (FHW) Berlin mit ihren Programmen von Anfang der 1990er-Jahre ihre Pionierrolle auf diesem Gebiet. Die 15-jährige Geschichte dieser Programme wurde am 21. September 2007 mit einem großen Managementforum im Berliner Hotel Ritz-Carlton gefeiert. Andere Anbieter – häufig auch private Bildungsträger und Hochschulen – haben in den letzten

Jahren ebenfalls interessante Studiengänge entwickelt. Preislich liegen diese Angebote meist im fünfstelligen Eurobereich, sind aber im Vergleich zu den renommierten internationalen Hochschulen im europäischen und außereuropäischen Ausland – bei häufig ähnlicher Qualität – in vielen Fällen recht günstig.

Unterscheiden kann man dabei verschiedene Arten von MBA-Studiengängen. Es gibt zum einen klassische Vollzeit- und Teilzeitprogramme, die sich meist an eine jüngere Zielgruppe richten, die nach einigen Jahren Berufserfahrung durch eine weitere Ausbildung einen zusätzlichen Karriereschub anstreben. Auf der anderen Seite stehen die „Executive MBAs", die als Teilzeitprogramm – abgesehen von wenigen, etwas längeren Präsenzphasen – nur am Wochenende Lehrveranstaltungen durchführen und sich an Vertreter des mittleren und gehobeneren Managements richten, die sich weiterbilden wollen und für ihre berufliche Praxis neue Anregungen suchen. Diese Exekutiv-Studienangebote sind neben den Vollzeitstudiengängen bei Unternehmen recht beliebt.[3]

Eine weitere Unterscheidung bringt die Ausrichtung des MBAs mit sich: Klassisch ist ein solcher Studiengang auf das „General Management" fokussiert; es werden jedoch immer mehr branchenspezifische MBAs angeboten, die neben dem Management auch spezielles Fachwissen vermitteln. Im Gesundheitswesen ist diese Art der Ausbildung immer noch unterrepräsentiert, obwohl dieser Sektor in der Vergangenheit eine wachsende Bedeutung erlangt hat, die in Zukunft – besonders aufgrund der sich wandelnden sozialpolitischen und demografischen Rahmenbedingungen – noch weiter zunehmen wird. So lassen sich sehr gute und renommierte Ausbildungsgänge finden, die vor allem spezifisches Fachwissen vermitteln und teilweise zu MBAs, meist aber zu anderen Masterabschlüssen führen, zum Beispiel mit den Ausrichtungen „Public Health", „Health Care Management" oder „Health Services Management". Gute und neuere Ansätze versuchen mittlerweile, diese zielgruppenrelevanten Informationen mit den klassischen Managementinhalten zu verbinden.

Allerdings werden diese Ansätze auch kritisch hinterfragt, da sie nicht durchgehend mit dem klassischen MBA-Studiengang, der sich vertiefend auf das Managementwissen und entsprechende Fähigkeiten konzentriert, in Übereinstimmung zu bringen sind. Mittlerweile findet jedoch ein Umdenken statt: Branchen- und Zielgruppenspezifika spielen eine immer wichtigere Rolle, der Marktbezug der Managementausbildung wird mehr und mehr betont. Dazu gehört ebenfalls, dass neben der allgemeinen auch die spezielle Fachkompetenz sowie Methoden- und soziale Kompetenzen der Führungskräfte gestärkt werden.

Kommunikation als zentraler Aspekt in Theorie und Praxis

Die zunehmende Bedeutung der Kommunikation zeigt sich in der betrieblichen Praxis im Allgemeinen wie auch im Gesundheitswesen im Besonderen, zum einen bereits grundsätzlich in der Kommunikationstheorie angesichts des meta-kommunikativen Axioms Paul Watzlawicks, das besagt, dass wir nicht ‚nicht kommunizieren' können,[4] zum anderen bei der Betrachtung, dass branchenübergreifend die

3   Weitere Informationen dazu sind auch im Internet zu finden, z.B. unter www.mba-info.de.
4   Vgl. Watzlawick, Paul/Beavin, Janet H./Jackson, Don D.: Menschliche Kommunikation. Formen, Störungen, Paradoxien, Bern 1969.

– vor allem auf Kommunikation basierende – Kundenzufriedenheit bei der Entwicklung praxisbezogener Modelle und Bildungsangebote immer relevanter wird. Beispiele für das Aufgreifen und Integrieren dieser kommunikativen Fokussierung finden sich beispielsweise im vom Hamburger CareHelix Institut entwickelten „HealthCare Relationship Management-Ansatz"[5] und in den Ergebnissen der Management-Fachtagung für die Gesundheitsbranche „Kundenbeziehungsmanagement als ganzheitlicher Managementansatz"[6]. Im akademischen Bereich ist diese Schwerpunktsetzung auf Kommunikation als ein zentraler Aspekt in Theorie und Praxis trotz der vielen internationalen und nationalen Weiterbildungsangebote und Studiengänge häufig nur rudimentär in die curricularen Konzepte integriert. In neueren konzeptionellen Ansätzen der Managementausbildung sollte Kommunikation aber ein viel stärkeres Gewicht erhalten. Dies kann vor allem über zwei Wege erreicht werden: erstens durch die Integration fachspezifischer Wissensmodule in den Bereichen der externen und internen Unternehmenskommunikation, zweitens durch die praxisorientierte Vermittlung von Methodenkenntnissen in Seminaren zu den sogenannten Management und Soft Skills – also den „weichen" Faktoren wie zum Beispiel Verhandlungs- oder Gesprächsführung.

Von großer Bedeutung ist jedoch, dass am Ende einer solchen Ausbildung nicht der „weichgespülte" oder besser: „normierte" Manager steht, der in verschiedenen sozialen – und damit kommunikativen – Situationen antrainierte Floskeln und sprachliche Versatzstücke verwendet. Gewünschtes Ergebnis ist eine fachlich und emotional kompetent handelnde Führungspersönlichkeit, die möglichst mit empathischen Fähigkeiten die Bildung funktionierender Teams und verkaufspsychologisch die Verbesserung der ökonomischen Situation unterstützen kann. Es werden also ethische, soziale und vor allem kommunikative Fähigkeiten der Studierenden gestärkt und gefördert. Diesen Aspekten sollte in neueren Konzepten der MBA-Studiengänge eine zentrale Stellung eingeräumt werden. Denn nur durch eine solche vielseitige Ausbildung lässt sich der „Einheitsmanager" vermeiden, der weder über diese Kompetenzen verfügt noch über spezifisches Fachwissen, das die notwendige Unternehmenspraxis ergänzen sollte.

Wirtschaftsbezogene Fächer im MBA

Wissensvermittlung in MBA-Studiengängen stützt sich auf zwei Säulen: zum einen auf die Interaktion der Studierenden untereinander, damit Erfahrungen aus verschiedenen Unternehmen ausgetauscht werden können und so ein Lernen von- und miteinander geschieht, zum anderen auf die Bearbeitung von praxisorientierten Fallstudien in Verbindung mit dem notwendigen theoretischen Hintergrund.

Die ökonomisch orientierten Inhalte, die auf den „klassischen" betriebswirtschaftlichen Fächern basieren und das allgemeine Managementwissen beinhalten, lassen sich in typische Gruppen unterteilen. Neben den wichtigen Soft Skills werden Kenntnisse aus den Bereichen Strategie, Unternehmensführung und Personal-

---

5   Schaaf, Michael: HealthCare Relationship Management. Kundenbeziehungsmanagement und Leistungssteuerung in der Krankenversicherung, Sankt Augustin 2005.
6   Die Veranstaltung fand im Jahr 2006 in Heidelberg statt, die Folgeveranstaltung Ende April 2008 in Hamburg. Informationen zur Fachtagung unter http://www.terraconsult.de/index.php?id=veranstaltungen.

wirtschaft sowie rechnungswesenbezogene Controllingaspekte zur Beurteilung eines Unternehmens anhand von finanzwirtschaftlichen Kennzahlen unterrichtet. Inhalte mit einem externen Marktbezug sind zum einen eher volkswirtschaftliche Themen als „Business Economics", wie eine Darstellung des Umfeldes und der Rahmenbedingungen für Unternehmen (bei speziellen MBA-Studiengängen sind diese Lehrveranstaltungen dann branchenbezogen), zum anderen werden Marketingkenntnisse und Kommunikation, auch im technischen Bereich der Informations- und Kommunikationstechnologien, in den Mittelpunkt einzelner Veranstaltungen gestellt.

Grundsätzlich sollten diese Inhalte so konzipiert und vermittelt werden, dass ein Praktiker mit Berufserfahrung den Anwendungsbezug erkennt und das neue Wissen verstehen und in seinen Arbeitsalltag transferieren kann, ohne zuvor ein grundständiges Wirtschaftsstudium abgeschlossen zu haben. Deshalb werden MBAs für „Fachfremde" und damit für Nichtökonomen vermutlich einen noch größeren Nutzen haben als für Absolventen wirtschaftswissenschaftlicher Studiengänge.

In den Entwürfen für Studiengänge nach den Vorgaben des sogenannten Bologna-Prozesses, der für eine Vereinheitlichung von Studienabschlüssen in Europa steht, sind die einzelnen Lehrveranstaltungen modularisiert und mit Leistungspunkten – gemäß European Credit Transfer and Accumulation System (ECTS) – versehen, wobei ein Punkt für eine Arbeitsbelastung von 30 Stunden steht. So wird ein Studienplatzwechsel und eine Anerkennung auf europäischer Ebene erleichtert und ermöglicht. Für ein MBA-Studium eignet sich ein Wechsel an eine andere Hochschule in den meisten Fällen jedoch nicht, da es unterschiedliche Konzepte und Modularisierungen gibt, auch wenn sich der wirtschaftsbezogene Fächerkanon im MBA-Bereich bei vielen Anbietern nur marginal unterscheidet.

Kommunikationsorientierte Fächer im MBA

In den neueren konzeptionellen Ansätzen ist die klassische betriebswirtschaftliche Perspektive weiterhin integriert, erweitert wird das Studium aber nicht nur um einen fachspezifischen Hintergrund, sondern auch um zusätzliche Vertiefungen wie primär kommunikationsorientierte Fächer.

Dazu gehören in erster Linie die Entwicklung und Verfeinerung der Management-Skills, also der Techniken und Methoden, die in sozial-kommunikativen Situationen angewendet werden können. Angefangen beim Zeit- und Selbstmanagement werden in diesen Veranstaltungen rhetorische Fähigkeiten, Moderation und Präsentationstechniken trainiert sowie die Organisation von Projekten oder das ergebnisorientierte Verhandeln – auch in Fremdsprachen – verbessert.

Daneben spielt die Kommunikation sowohl unternehmensintern als typische Führungsaufgabe wie auch unternehmensextern als markt- und zielgruppenbezogene Tätigkeit der Unternehmensleitung eine große Rolle. So finden sich in einem kommunikationsfokussierten MBA-Studiengang eine Reihe von Veranstaltungen, die sich – betriebswirtschaftlich fundiert – mit diesen Charakteristika auseinandersetzen. Angefangen bei den Informations-, Kommunikations- und Kontrollsystemen eines Unternehmens werden im personalwirtschaftlichen Bereich Aspekte des Wissens- oder Change-Managements betrachtet. Denn zum einen ist eine zentrale Frage, wie schwer quantifizierbare oder speicherfähige Wissensinhalte auch bei Wechsel oder Fluktuation von Mitarbeitern erhalten und damit nutzbar gemacht werden können, und zum anderen ist es eine wichtige Problemstellung, wie notwendige und teilweise auch unangenehme Veränderungen im Unternehmen den Mitarbeitern vermittelt werden können, ohne dass die Loslösung von Althergebrachtem oder Umstrukturierungspläne blockiert werden oder zu einem massiven Motivationsverlust führen.

Externe Kommunikation ist typischerweise im Marketing angesiedelt. Die Eingrenzung auf eine werbliche Ebene wäre aber deutlich zu kurz gegriffen. Sie beinhaltet Öffentlichkeitsarbeit, die primär um das Vertrauen unterschiedlicher Bezugsgruppen wirbt, aber ebenso gezielte Maßnahmen zur Stärkung der Beziehungen zu den Kunden (im Gesundheitswesen zu den Patienten), angefangen bei der Neugewinnung über die Kundenbindung bis hin zu einer eventuellen Rückgewinnung abgewanderter Kunden, sowie interessengeleitete Kommunikation gegenüber Entscheidungsträgern oder Multiplikatoren, also das sogenannte Lobbying. In einer Wissens- und Informationsgesellschaft ist daher der Aspekt der Entwicklung, Förderung und Vertiefung einer breit angelegten Kompetenz im kommunikativen Bereich auf der Managementebene ein bedeutendes Merkmal einer praxisnahen MBA-Ausbildung, die auf die sich verändernden Herausforderungen adäquat reagiert. Die Konzeption eines Studiengangs für allgemeine Managementaufgaben, in dem fachspezifische Kenntnisse genauso wie kommunikative Kompetenzen vermittelt werden, ist daher eine zukunftsweisende Perspektive, um die Suche nach „Chefs mit Charakter" leichter zu einem positiven Ergebnis zu bringen. Wesentliche Voraussetzungen bleiben jedoch eine entsprechende Führungspersönlichkeit als auch ein hohes Maß an Wissen, das in der Praxis erworben wurde.

3 Branchenspezifische Managementausbildung

Der MBA in Health Communication Management

Die Fachhochschule für Technik und Wirtschaft (FHTW) in Berlin hat sich den neuen Herausforderungen gestellt und verschiedene Master- und MBA-Studiengänge entwickelt. Reinhold Roski und Karsten Schulz vom dortigen Studiengang Wirtschaftskommunikation haben eine MBA-Ausbildung entworfen, die auf einer gemeinsamen betriebswirtschaftlichen Grundlage drei verschiedene Fokussierungen und Abschlüsse anbietet und neben dem notwendigen Fachwissen die kommunikativen Aspekte verstärkt integriert. Neben „Public Communication Management" (PCM) – also der „öffentlichen" und „politischen" Kommunikation – und „Diversity Management" (DM) ist für die Gesundheitsbranche – angefangen bei Krankenkassen und Pflegeeinrichtungen über Verbände und andere Institutionen bis hin zu Pharmaunternehmen und Medien – der MBA in Health Communication Management (HCM) entwickelt worden, um die drei angesprochenen Bereiche – Managementwissen, Fachwissen und Kommunikation – in einem vertiefenden Studiengang zu integrieren. Einige der Veranstaltungen, insbesondere in den Grundlagenfächern des ersten Semesters sowie in den Seminaren zu den Soft Skills, werden gemeinsam für alle drei Abschlüsse angeboten, um den Studierenden einen überfachlichen und interdisziplinären Austausch zu ermöglichen; die inhaltliche Gestaltung der meisten Module ist jedoch fachspezifisch und daher nur für einen der drei möglichen MBA-Abschlüsse konzipiert.

Neben vier Seminaren zu den Soft Skills existieren insgesamt fünf weitere Lernfelder, die jeweils drei Module beinhalten. Bis auf das Lernfeld I „Controlling", für das je einwöchige Präsenzphasen am Anfang eines jeden Semesters eingeplant sind, und das Lernfeld V, das als Masterprüfung das gesamte vierte Semester umfasst und neben der Masterarbeit auch ein Masterseminar als forschungsmethodisches Vorbereitungsseminar beinhaltet, werden alle Module jeweils an zwei und im Lernfeld III „Markt und Umfeld" an drei Intensivwochenenden von Freitag abends bis Sonntag abends unterrichtet und zeitnah abgeschlossen, sodass es keine komprimierte Prüfungsphase am Semesterende gibt. Das bedeutet zwar eine hohe Arbeits- und Studienintensität, entspricht aber der Struktur eines MBA-Studiengangs als „Executive Programme". Anders als in Programmen, die sich ausschließlich an langjährige Top-Manager richten, sind die Zugangsvoraussetzungen für diesen entgeltpflichtigen Studiengang:

– ein erster akademischer Abschluss
– Berufserfahrung nach dem Erststudium von mindestens zwei bis drei Jahren in der Gesundheitsbranche
– ein Schreiben, in dem die Studienmotivation dargelegt wird
– ein Beratungs- und Bewerbungsgespräch.

Abbildung 1 zeigt die Konzeption der inhaltlichen Ausrichtung der einzelnen Module für die Lernfelder im Studiengang MBA in Health Communication Management (HCM) mit den Spezifika für das Gesundheitswesen. Die einzelnen Lernfelder decken damit zum einen die notwendige betriebswirtschaftliche Fachkompetenz ab, zum anderen werden in den meisten Modulen die branchen- und fachspezifischen Besonderheiten im Gesundheitswesen behandelt und die sozialen und Methodenkompetenzen gestärkt.

Die Absolventen des MBA-Studiengangs können nach dem Abschluss eine Schnittstellenfunktion bei und zwischen Unternehmen, Organisationen und Institutionen übernehmen, da ihnen durch das Studium die charakteristische Denkhaltung des jeweiligen Gegenübers bekannt ist und damit notwendige Kommunikationsinhalte und -prozesse identifiziert und entsprechende Kommunikationsstrategien zielgerichtet und zielgruppenorientiert geplant und durchgeführt werden können. Die möglichen beruflichen Tätigkeiten sind daher breit gestreut und erstrecken sich von Gesundheitsmarketing und Öffentlichkeitsarbeit für verschiedene Leistungserbringer über beratende und aufklärende Tätigkeiten im Gesundheitswesen bis zum Gesundheitsjournalismus.

Dass ein solches Studienangebot am Standort Berlin angeboten wird, ist ebenfalls leicht zu begründen: Die Region Berlin-Brandenburg hat das Kompetenzfeld Gesundheit/Life Sciences als Wachstumscluster identifiziert, hier sind die Pharmazeutische Industrie und die Gesundheitswirtschaft, Klinische Forschung und Versorgung, Medizin-, Informations- und Kommunikationstechnik sowie die Medienwirtschaft zu nennen. Hinzu kommt außerdem die Hauptstadtfunktion Berlins mit der vielfältigen Arbeit von Verbänden, Politik und Politikberatung. Diese ganzen Bereiche brauchen die Unterstützung durch Vernetzung, Kommunikation und Vermarktung, wozu der MBA-Studiengang in Health Communication Management beitragen kann.

Abbildung 1
Module im MBA-Studiengang Health Communication Management
an der FHTW Berlin

Lernfeld V Masterprüfung	Schriftliche Abschlussarbeit Mündliche Abschlussprüfung Masterseminar
Soft Skills	4 Module, z. B. Zeit- und Selbstmanagement Präsentation und Moderation Projektmanagement Gesprächs- und Verhandlungsführung
Lernfeld IV Führung und Kommunikation	Spezielle Gebiete und Kommunikation im Gesundheitswesen
	Leadership: Medizinethik und Recht- licher Rahmen
	Informations- und Kommunikations- systeme/E-Business
Lernfeld III Markt und Umfeld	Interessengeleitete Kommunikation im Gesundheitswesen: Lobbying und Campaigning
	Marketing im Gesundheitswesen
	Business Economics/Gesundheitssysteme
Lernfeld II Strategisches Management	Strategisches Management im Gesund- heitswesen
	Interne Kommunikation, Personal- und Change-Management
	Unternehmensführung/Corporate Social Responsibility
Lernfeld I Controlling	Planspiel „Business Simulation"
	Strategisches Controlling/Finanz- management
	Controlling: Grundlagen und Instrumente

Fachliche Weiterbildung zum HRM-Beauftragten und zum HRM-Manager[7]

Da nicht alle Interessierten an einer beruflichen Weiterbildung – häufig aus zeitlichen Gründen – sofort den Weg in Richtung eines MBA-Studiengangs beschreiten können oder wollen, werden auch andere Möglichkeiten, sich zu qualifizieren und die eigenen Kompetenzen auszubauen, geschaffen. Vom Hamburger CareHelix Institut wurden in Zusammenarbeit mit der FHTW Berlin zwei aufeinander aufbauende, mehrtägige Seminare entwickelt, die im ersten Schritt zunächst die Akteure und Rahmenbedingungen im Gesundheitswesen vorstellen und die Grundlagen für ein marktorientiertes Handeln schaffen, um dann im zweiten Schritt die Markt- und Marketingkenntnisse und die einzelnen Aspekte des HRM-Ansatzes – das Management von Kundenbeziehungen, von Personal, von Leistungen und Kosten sowie von Prozessen und Organisationsfragen – zu vertiefen.

Nach erfolgreichem Besuch des Basisseminars wird ein Zertifikat als HRM-Beauftragter, der notwendige Veränderungsprozesse anstoßen und begleiten kann, ausgestellt. Der HRM-Manager hat zusätzlich am Aufbauseminar teilgenommen und ist daher in der Lage, HRM-Projekte zu planen, zu organisieren und verantwortlich durchzuführen. Eine Verbindung beider Weiterbildungsangebote zum MBA-Studiengang in Health Communication Management ist dadurch geschaffen, dass diese beim jeweils erfolgreichen Ablegen einer zusätzlichen Prüfung nach dem Basis- und dem Aufbauseminar im Lernfeld III „Markt und Umfeld" für das Studium angerechnet werden können. Zusätzlich zu den akademisch notwendigen Inhalten für das Studium, die von einem wissenschaftlichen Beirat kontrolliert und gewährleistet und von Lehrenden der FHTW vermittelt werden, stehen in beiden Angeboten natürlich eine Vielzahl weiterer praxisbezogener Inhalte im Fokus.

Die Absolventen dieser Seminare erhalten dadurch auf der einen Seite im Vergleich zu einem Studium einen inhaltlichen und formalen Mehrwert, gleichzeitig können sie auf der anderen Seite testen, ob ein Studium zum MBA in HCM nicht vielleicht doch eine zusätzliche Möglichkeit ist, um neuen Herausforderungen in sich verändernden Märkten zu begegnen und sich mit den dabei erworbenen Qualifikationen im Berufsleben erfolgreich neu positionieren zu können. Kommunikation im Fokus innovativer konzeptioneller Ansätze in der Managementausbildung, wie in den Seminaren zum HRM-Beauftragten und zum HRM-Manager und vor allem wie im Studiengang zum MBA in Health Communication Management, soll letztendlich zu „Chefs mit Charakter" führen.

---

7   HRM steht für HealthCare Relationship Management.

Literatur

Mintzberg, Henry:
  Manager statt MBAs. Eine kritische Analyse, Frankfurt a. M. 2005.

Schaaf, Michael:
  HealthCare Relationship Management. Kundenbeziehungsmanagement und Leistungssteuerung in der Krankenversicherung, Sankt Augustin 2005.

Siebenhüter, Sandra:
  Chefs mit Charakter dringend gesucht, in: Spiegel Online, 1. September 2007.

Watzlawick, Paul/Beavin, Janet H./Jackson, Don D.:
  Menschliche Kommunikation. Formen, Störungen, Paradoxien, Bern 1969.

■ Verzeichnis der Autorinnen und Autoren

Dr. Sabine Bartosch
Koordinatorin der Berlin Brandenburg School for Regenerative Therapies (BSRT); Arbeitsschwerpunkt: Adminstrative Koordination

Dr. rer. med. Neeltje van den Berg
Institut für Community Medicine, Abteilung Versorgungsepidemiologie und Community Health an der Ernst-Moritz-Arndt Universität Greifswald; wissenschaftliche Koordinatorin der AGnES-Projekte

Adina Dreier, MSc
Dipl.-Pflegewirtin (FH), Institut für Community Medicine, Abteilung Versorgungsepidemiologie und Community Health an der Ernst-Moritz-Arndt Universität Greifswald; Koordinatorin im InCareNet/Equal-Projekt Qualifikation „Community Medicine Nursing"

Prof. Dr.-Ing. Georg Duda
Sprecher der Berlin-Brandenburg School for Regenerative Therapies (BSRT), Direktor des Julius Wolff Instituts, Centrum für Musculoskeletale Chirurgie, Charité - Universitätsmedizin Berlin, Arbeitsschwerpunkt: Muskuloskeletale Forschung

PD Dr. med. Parwis Fotuhi
Leiter der HELIOS Akademie, die als zentraler Dienst der HELIOS Kliniken Gruppe für die Fort- und Weiterbildung der HELIOS Mitarbeiter zuständig ist, sowie Geschäftsführer des HELIOS Research Centers, der zentralen Schnittstelle für klinische Studien und Forschungsvorhaben im HELIOS Konzern

Dr. med. Gunter Frenzel
Facharzt für Orthopädie und Sportmedizin, Geschäftsführer der Tagesklinik Esplanade in Berlin, 1. Vorsitzender des Förderkreises Bildungszentrum Berlin-Buch e.V.; Arbeitsschwerpunkte u. a.: Arthroskopische Chirurgie, Aus- und Weiterbildung Orthopädie und Arthroskopie

Tobias Funk
Berater bei der SPI Consult GmbH, Treuhänderin und beliehenes Unternehmen des Landes Berlin, hier im Projekt „MediNet plus – Flexibilisierung der Berufsausbildung in der Gesundheitswirtschaft" im Rahmen des vom BMBF geförderten JOBSTARTER-Programms

Karin Gavin-Kramer
Publizistin, viele Jahre als Wissenschaftsjournalistin, Übersetzerin und Studienberaterin einer großen Universität tätig, heute freie Autorin

Dr. Marion Haß
Geschäftsführerin Innovation und Umwelt der Industrie- und Handelskammer (IHK) zu Berlin

Prof. Dr. rer. oec. habil. Karl Hartmann
freiberuflicher Wissenschaftsberater in den Bereichen Maschinenbau, Biotechnologie und Betriebswirtschaft, Vorstandsmitglied des Förderkreises Bildungszentrum Berlin Buch e.V.; Arbeitsschwerpunkte u.a.: Analyse und Prognose von Entwicklungstendenzen im Gesundheitswesen und den damit verbundenen Prozessen der Qualifizierung und sozialen Entwicklung

Markus Höhne
Betriebswirt, Mitarbeiter der Landesagentur für Struktur und Arbeit GmbH (LASA) des Landes Brandenburg, hier im Projekt Regionalbüros für Fachkräftesicherung als Koordinator für Ansiedlung tätig

Prof. Dr. med. Wolfgang Hoffmann, MPH
Institut für Community Medicine, Abteilung Versorgungsepidemiologie und Community Health an der Ernst-Moritz-Arndt Universität Greifswald; Leiter des Institutes für Community Medicine und Projektleiter der AGnES-Projekte

Dr. Carsten Kampe
Soziologe, Mitarbeiter der Landesagentur für Struktur und Arbeit GmbH (LASA) des Landes Brandenburg, hier im Projekt Regionalbüros für Fachkräftesicherung als wissenschaftlicher Mitarbeiter im Arbeitsbereich Fachkräftemonitoring tätig

Igor Koscak
Diplom-Wirtschaftsingenieur; Arbeitsschwerpunkt: Fachkräftemonitoring

Claudia Meinke
Diplom-Psychologin, Institut für Community Medicine, Abteilung Versorgungsepidemiologie und Community Health an der Ernst-Moritz-Arndt Universität Greifswald; Wissenschaftliche Mitarbeiterin AGnES

Prof. Dr. Eva-Maria Neumann
Fachhochschule Lausitz (FHL) in Cottbus, Fachbereich Sozialwesen, Studien-
dekanin Gerontologie, Gründerin der Seniorenakademie am Fachbereich
Sozialwesen der FHL

Dr. Dennis Alexander Ostwald
Diplom-Wirtschaftsingenieur, wissenschaftlicher Mitarbeiter am Fachgebiet
Finanz- und Wirtschaftspolitik an der Technischen Universität Darmstadt;
Forschungsschwerpunkte: Gesundheitsökonomie, Demografische Entwick-
lung, Soziale Sicherung

Stephan Padberg
M.A., Koordinator und Dozent im Bereich Weiterbildung bei maxQ. im
Berufsfortbildungswerk (bfw), einer gemeinnützigen Bildungseinrichtung
des DGB GmbH; Themenschwerpunkte: Systemwandel, Organisations- und
Personalentwicklung in der Gesundheits- und Seniorenwirtschaft

Dr. Anja Ranscht
Diplom-Wirtschaftsingenieurin, M.Sc. wissenschaftliche Mitarbeiterin am
Fachgebiet Finanz- und Wirtschaftspolitik an der Technischen Universität
Darmstadt; Forschungsschwerpunkte: Gesundheitsökonomie, Globalisierung,
Soziale Sicherung

Stefanie Richter
Branchenkoordinatorin Gesundheitswirtschaft der Industrie- und Handelskammer (IHK) zu Berlin

Olaf Schenk
Diplom-Berufspädagoge (FH), Krankenpfleger und Fachkrankenpfleger für
Intensivpflege und Anästhesie, Leiter der Fachweiterbildung in der Intensiv-
pflege und Anästhesie am HELIOS Bildungszentrum West Bereich Wuppertal

Lukas Schmid
Diplom-Betriebswirt (FH), für die HELIOS Kliniken als Referent in der
Konzernabteilung Personal und für die HELIOS Akademie in den Bereichen
Personalentwicklung und Personalmarketing tätig

Karsten Schulz
Diplom-Kommunikationswirt, B.A., MBA, Vertretungsprofessor für Marke-
ting und Kommunikationsprozesse im Studiengang Wirtschaftskommunika-
tion an der Fachhochschule für Technik und Wirtschaft (FHTW) Berlin,
Academic Director für den Studiengang MBA General Management – Dual
Award am Institute of Management Berlin (IMB) der Fachhochschule für
Wirtschaft (FHW)

Prof. Dr. phil. Jochen Sieper
  Krankenpfleger, Lehrer für Pflegeberufe und Diplommedizinpädagoge,
  Leiter des Bildungszentrums West, Sprecher der Bildungsstätten des HELIOS-
  Konzerns

Anja Walter
  Soziologin, Mitarbeiterin der Landesagentur für Struktur und Arbeit GmbH
  (LASA) des Landes Brandenburg, hier im Projekt Regionalbüros für Fachkräftesicherung als wissenschaftliche Mitarbeiterin im Arbeitsbereich Fachkräftemonitoring tätig

Thomas Winschuh
  freier Organisationsberater für Personalführung und -entwicklung unter
  dem Label „Anstoß für Unternehmenswandel"